ALBANÉS
VOCABULARIO

PALABRAS MÁS USADAS

ESPAÑOL-
ALBANÉS

Las palabras más útiles
Para expandir su vocabulario y refinar
sus habilidades lingüísticas

9000 palabras

Vocabulario Español-Albanés - 9000 palabras más usadas
por Andrey Taranov

Los vocabularios de T&P Books buscan ayudar en el aprendizaje, la memorización y la revisión de palabras de idiomas extranjeros. El diccionario se divide por temas, cubriendo toda la esfera de las actividades cotidianas, de negocios, ciencias, cultura, etc.

El proceso de aprendizaje de palabras utilizando los diccionarios temáticos de T&P Books le proporcionará a usted las siguientes ventajas:

- La información del idioma secundario está organizada claramente y predetermina el éxito para las etapas subsiguientes en la memorización de palabras.
- Las palabras derivadas de la misma raíz se agrupan, lo cual permite la memorización de grupos de palabras en vez de palabras aisladas.
- Las unidades pequeñas de palabras facilitan el proceso de reconocimiento de enlaces de asociación que se necesitan para la cohesión del vocabulario.
- De este modo, se puede estimar el número de palabras aprendidas y así también el nivel de conocimiento del idioma.

T&P Books Publishing
www.tpbooks.com

ISBN: 978-1-78716-999-9

Este libro está disponible en formato electrónico o de E-Book también.
Visite www.tpbooks.com o las librerías electrónicas más destacadas en la Red.

VOCABULARIO ALBANÉS
palabras más usadas

Los vocabularios de T&P Books buscan ayudar al aprendiz a aprender, memorizar y repasar palabras de idiomas extranjeros. Los vocabularios contienen más de 9000 palabras comúnmente usadas y organizadas de manera temática.

- El vocabulario contiene las palabras corrientes más usadas.
- Se recomienda como ayuda adicional a cualquier curso de idiomas.
- Capta las necesidades de aprendices de nivel principiante y avanzado.
- Es conveniente para uso cotidiano, prácticas de revisión y actividades de auto-evaluación.
- Facilita la evaluación del vocabulario.

Aspectos claves del vocabulario

- Las palabras se organizan según el significado, no según el orden alfabético.
- Las palabras se presentan en tres columnas para facilitar los procesos de repaso y auto-evaluación.
- Los grupos de palabras se dividen en pequeñas secciones para facilitar el proceso de aprendizaje.
- El vocabulario ofrece una transcripción sencilla y conveniente de cada palabra extranjera.

El vocabulario contiene 256 temas que incluyen lo siguiente:

Conceptos básicos, números, colores, meses, estaciones, unidades de medidas, ropa y accesorios, comida y nutrición, restaurantes, familia nuclear, familia extendida, características de personalidad, sentimientos, emociones, enfermedades, la ciudad y el pueblo, exploración del paisaje, compras, finanzas, la casa, el hogar, la oficina, el trabajo en oficina, importación y exportación, promociones, búsqueda ce trabajo, deportes, educación, computación, la red, herramientas, la naturaleza, los países, las nacionalidades y más ...

TABLA DE CONTENIDO

GUÍA DE PRONUNCIACIÓN

T&P alfabeto fonético	Ejemplo albanés	Ejemplo español
[a]	flas [flas]	radio
[e], [ɛ]	melodi [mɛlodí]	princesa
[ə]	kërkoj [kərkój]	llave
[i]	pikë [píkə]	ilegal
[o]	motor [motór]	bordado
[u]	fuqi [fucí]	mundo
[y]	myshk [myʃk]	pluma
[b]	brakë [brákə]	en barco
[c]	oqean [ocɛán]	porche
[d]	adoptoj [adoptój]	desierto
[ʣ]	lexoj [lɛdzój]	inglés kids
[ʤ]	xham [ʤam]	jazz
[ð]	dhomë [ðómə]	alud
[f]	i fortë [i fórtə]	golf
[g]	bullgari [buɫgarí]	jugada
[h]	jaht [jáht]	registro
[j]	hyrje [hýrjɛ]	asiento
[ɟ]	zgjedh [zɟɛð]	guía
[k]	korik [korík]	charco
[l]	lëviz [ləvíz]	lira
[ɫ]	shkallë [ʃkáɫə]	hablar
[m]	medalje [mɛdáljɛ]	nombre
[n]	klan [klan]	número
[ɲ]	spanjoll [spaɲóɫ]	leña
[ŋ]	trung [truŋ]	rincón
[p]	polici [politsí]	precio
[r]	i erët [i érət]	era, alfombra
[ɾ]	groshë [gróʃə]	pero
[s]	spital [spitál]	salva
[ʃ]	shes [ʃɛs]	shopping
[t]	tapet [tapét]	torre
[ʦ]	batica [batítsa]	tsunami
[ʧ]	kaçube [katʃúbɛ]	mapache
[v]	javor [javór]	travieso
[z]	horizont [horizónt]	desde
[ʒ]	kuzhinë [kuʒínə]	adyacente
[θ]	përkthej [pərkθéj]	pinzas

ABREVIATURAS
usadas en el vocabulario

Abreviatura en español

adj	-	adjetivo
adv	-	adverbio
anim.	-	animado
conj	-	conjunción
etc.	-	etcétera
f	-	sustantivo femenino
f pl	-	femenino plural
fam.	-	uso familiar
fem.	-	femenino
form.	-	uso formal
inanim.	-	inanimado
innum.	-	innumerable
m	-	sustantivo masculino
m pl	-	masculino plural
m, f	-	masculino, femenino
masc.	-	masculino
mat	-	matemáticas
mil.	-	militar
num.	-	numerable
p.ej.	-	por ejemplo
pl	-	plural
pron	-	pronombre
sg	-	singular
v aux	-	verbo auxiliar
vi	-	verbo intransitivo
vi, vt	-	verbo intransitivo, verbo transitivo
vr	-	verbo reflexivo
vt	-	verbo transitivo

Abreviatura en albanés

f	-	sustantivo femenino
m	-	sustantivo masculino
pl	-	plural

CONCEPTOS BÁSICOS

Conceptos básicos. Unidad 1

1. Los pronombres

yo	Unë, mua	[unə], [múa]
tú	ti, ty	[ti], [ty]
él	ai	[aí]
ella	ajo	[ajó]
ello	ai	[aí]
nosotros, -as	ne	[nɛ]
vosotros, -as	ju	[ju]
ellos	ata	[atá]
ellas	ato	[ató]

2. Saludos. Salutaciones. Despedidas

¡Hola! (fam.)	Përshëndetje!	[pərʃəndétjɛ!]
¡Hola! (form.)	Përshëndetje!	[pərʃəndétjɛ!]
¡Buenos días!	Mirëmëngjes!	[mirəmənjés!]
¡Buenas tardes!	Mirëdita!	[mirədíta!]
¡Buenas noches!	Mirëmbrëma!	[mirəmbrémа!]
decir hola	përshëndes	[pərʃəndés]
¡Hola! (a un amigo)	Ç'kemi!	[tʃ'kémi!]
saludo (m)	përshëndetje (f)	[pərʃəndétjɛ]
saludar (vt)	përshëndes	[pərʃəndés]
¿Cómo estáis?	Si jeni?	[si jéni?]
¿Cómo estás?	Si je?	[si jɛ?]
¿Qué hay de nuevo?	Çfarë ka të re?	[tʃfárə kɛ́ tə ré?]
¡Hasta la vista! (form.)	Mirupafshim!	[mirupáfʃim!]
¡Hasta la vista! (fam.)	U pafshim!	[u páfʃim!]
¡Hasta pronto!	Shihemi së shpejti!	[ʃíhɛmi sə ʃpéjti!]
¡Adiós!	Lamtumirë!	[lamtum rə!]
despedirse (vr)	përshëndetem	[pərʃəndétɛm]
¡Hasta luego!	Tungjatjeta!	[tunjatjéta!]
¡Gracias!	Faleminderit!	[falɛmindérit!]
¡Muchas gracias!	Faleminderit shumë!	[falɛmindérit ʃúmə!]
De nada	Të lutem	[tə lútɛm]
No hay de qué	Asgjë!	[asɟə́!]
De nada	Asgjë	[asɟə́]

¡Disculpa!	Më fal!	[mə fal!]
¡Disculpe!	Më falni!	[mə fálni!]
discular (vt)	fal	[fal]

disculparse (vr)	kërkoj falje	[kərkój fáljɛ]
Mis disculpas	Kërkoj ndjesë	[kərkój ndjésə]
¡Perdóneme!	Më vjen keq!	[mə vjɛn kɛc!]
perdonar (vt)	fal	[fal]
¡No pasa nada!	S'ka gjë!	[s'ka ɟə!]
por favor	të lutem	[tə lútɛm]

¡No se le olvide!	Mos harro!	[mos haró!]
¡Ciertamente!	Sigurisht!	[siguríʃt!]
¡Claro que no!	Sigurisht që jo!	[siguríʃt cə jo!]
¡De acuerdo!	Në rregull!	[nə réguɫ!]
¡Basta!	Mjafton!	[mjaftón!]

3. Modos del trato: Como dirigirse a otras personas

¡Perdóneme!	Më falni, ...	[mə fálni, ...]
señor	zotëri	[zotərí]
señora	zonjë	[zóɲə]
señorita	zonjushë	[zoɲúʃə]
joven	djalë i ri	[djálə i rí]
niño	djalosh	[djalóʃ]
niña	vajzë	[vájzə]

4. Números cardinales. Unidad 1

cero	zero	[zéro]
uno	një	[ɲə]
dos	dy	[dy]
tres	tre	[trɛ]
cuatro	katër	[kátər]

cinco	pesë	[pésə]
seis	gjashtë	[ɟáʃtə]
siete	shtatë	[ʃtátə]
ocho	tetë	[tétə]
nueve	nëntë	[nəntə]

diez	dhjetë	[ðjétə]
once	njëmbëdhjetë	[ɲəmbəðjétə]
doce	dymbëdhjetë	[dymbəðjétə]
trece	trembëdhjetë	[trɛmbəðjétə]
catorce	katërmbëdhjetë	[katərmbəðjétə]

quince	pesëmbëdhjetë	[pɛsəmbəðjétə]
dieciséis	gjashtëmbëdhjetë	[ɟaʃtəmbəðjétə]
diecisiete	shtatëmbëdhjetë	[ʃtatəmbəðjétə]
dieciocho	tetëmbëdhjetë	[tɛtəmbəðjétə]
diecinueve	nëntëmbëdhjetë	[nəntəmbəðjétə]

veinte	njëzet	[ɲəzét]
veintiuno	njëzet e një	[ɲəzét ɛ ɲə]
veintidós	njëzet e dy	[ɲəzét ɛ dy]
veintitrés	njëzet e tre	[ɲəzét ɛ trɛ]

treinta	tridhjetë	[triðjétə]
treinta y uno	tridhjetë e një	[triðjétə ɛ ɲə]
treinta y dos	tridhjetë e dy	[triðjétə ɛ dy]
treinta y tres	tridhjetë e tre	[triðjétə ɛ trɛ]

cuarenta	dyzet	[dyzét]
cuarenta y uno	dyzet e një	[dyzét ɛ ɲə]
cuarenta y dos	dyzet e dy	[dyzét ɛ dy]
cuarenta y tres	dyzet e tre	[dyzét ɛ trɛ]

cincuenta	pesëdhjetë	[pɛsəðjétə]
cincuenta y uno	pesëdhjetë e një	[pɛsəðjétə ɛ ɲə]
cincuenta y dos	pesëdhjetë e dy	[pɛsəðjétə ɛ dy]
cincuenta y tres	pesëdhjetë e tre	[pɛsəðjétə ɛ trɛ]

sesenta	gjashtëdhjetë	[ɟaʃtəðjétə]
sesenta y uno	gjashtëdhjetë e një	[ɟaʃtəðjétə ɛ ɲə]
sesenta y dos	gjashtëdhjetë e dy	[ɟaʃtəðjétə ɛ dý]
sesenta y tres	gjashtëdhjetë e tre	[ɟaʃtəðjétə ɛ tré]

setenta	shtatëdhjetë	[ʃtatəðjétə]
setenta y uno	shtatëdhjetë e një	[ʃtatəðjétə ɛ ɲə]
setenta y dos	shtatëdhjetë e dy	[ʃtatəðjétə ɛ dy]
setenta y tres	shtatëdhjetë e tre	[ʃtatəðjétə ɛ trɛ]

ochenta	tetëdhjetë	[tɛtəðjéłə]
ochenta y uno	tetëdhjetë e një	[tɛtəðjéłə ɛ ɲə]
ochenta y dos	tetëdhjetë e dy	[tɛtəðjéłə ɛ dy]
ochenta y tres	tetëdhjetë e tre	[tɛtəðjéłə ɛ trɛ]

noventa	nëntëdhjetë	[nəntəð étə]
noventa y uno	nëntëdhjetë e një	[nəntəð étə ɛ ɲə]
noventa y dos	nëntëdhjetë e dy	[nəntəð étə ɛ dy]
noventa y tres	nëntëdhjetë e tre	[nəntəð étə ɛ trɛ]

5. Números cardinales. Unidad 2

cien	njëqind	[ɲəcínd]
doscientos	dyqind	[dycínd]
trescientos	treqind	[trɛcínd]
cuatrocientos	katërqind	[katərcínd]
quinientos	pesëqind	[pɛsəcínd]

seiscientos	gjashtëqind	[ɟaʃtəcínd]
setecientos	shtatëqind	[ʃtatəcínd]
ochocientos	tetëqind	[tɛtəcínd]
novecientos	nëntëqind	[nəntəc nd]
mil	një mijë	[ɲə míjɛ]
dos mil	dy mijë	[dy míjɛ]

tres mil	tre mijë	[trɛ míjə]
diez mil	dhjetë mijë	[ðjétə míjə]
cien mil	njëqind mijë	[ɲəcínd míjə]
millón (m)	milion (m)	[milión]
mil millones	miliardë (f)	[miliárdə]

6. Números ordinales

primero (adj)	i pari	[i pári]
segundo (adj)	i dyti	[i dýti]
tercero (adj)	i treti	[i tréti]
cuarto (adj)	i katërti	[i kátərti]
quinto (adj)	i pesti	[i pésti]

sexto (adj)	i gjashti	[i ɟáʃti]
séptimo (adj)	i shtati	[i ʃtáti]
octavo (adj)	i teti	[i téti]
noveno (adj)	i nënti	[i nénti]
décimo (adj)	i dhjeti	[i ðjéti]

7. Números. Fracciones

fracción (f)	thyesë (f)	[θýɛsə]
un medio	gjysma	[ɟýsma]
un tercio	një e treta	[ɲə ɛ tréta]
un cuarto	një e katërta	[ɲə ɛ kátərta]

un octavo	një e teta	[ɲə ɛ téta]
un décimo	një e dhjeta	[ɲə ɛ ðjéta]
dos tercios	dy të tretat	[dy tə trétat]
tres cuartos	tre të katërtat	[trɛ tə kátərtat]

8. Números. Operaciones básicas

sustracción (f)	zbritje (f)	[zbrítjɛ]
sustraer (vt)	zbres	[zbrɛs]
división (f)	pjesëtim (m)	[pjɛsətím]
dividir (vt)	pjesëtoj	[pjɛsətój]
adición (f)	mbledhje (f)	[mbléðjɛ]
sumar (totalizar)	shtoj	[ʃtoj]
adicionar (vt)	mbledh	[mbléð]
multiplicación (f)	shumëzim (m)	[ʃuməzím]
multiplicar (vt)	shumëzoj	[ʃuməzój]

9. Números. Miscelánea

| cifra (f) | shifër (f) | [ʃífər] |
| número (m) (~ cardinal) | numër (m) | [númər] |

numeral (m)	numerik (m)	[numɛr k]
menos (m)	minus (m)	[minús]
más (m)	plus (m)	[plus]
fórmula (f)	formulë (f)	[formúlə]

cálculo (m)	llogaritje (f)	[ɫogarítɛ]
contar (vt)	numëroj	[numərɔ́j]
calcular (vt)	llogaris	[ɫogaríɛ]
comparar (vt)	krahasoj	[krahasɔ́j]

¿Cuánto?	Sa?	[sa?]
suma (f)	shuma (f)	[ʃúma]
resultado (m)	rezultat (m)	[rɛzultá:]
resto (m)	mbetje (f)	[mbétjɛ]

algunos, algunas ...	disa	[disá]
poco (adv)	pak	[pak]
poco (innum.)	pak	[pak]
poco (num.)	disa	[disá]
resto (m)	mbetje (f)	[mbétjɛ]
uno y medio	një e gjysmë (f)	[ɲə ɛ ɟýsmə]
docena (f)	dyzinë (f)	[dyzínə]

en dos	përgjysmë	[pərɟýsnə]
en partes iguales	gjysmë për gjysmë	[ɟýsmə pər ɟýsmə]
mitad (f)	gjysmë (f)	[ɟýsmə]
vez (f)	herë (f)	[hérə]

10. Los verbos más importantes. Unidad 1

abrir (vt)	hap	[hap]
acabar, terminar (vt)	përfundoj	[pərfundɔ́j]
aconsejar (vt)	këshilloj	[kəʃiɫój]
adivinar (vt)	hamendësoj	[hamɛndəsɔ́j]
advertir (vt)	paralajmëroj	[paralajmərój]
alabarse, jactarse (vr)	mburrem	[mbúrɛn]

almorzar (vi)	ha drekë	[ha drékə]
alquilar (~ una casa)	marr me qira	[mar mɛ cirá]
amenazar (vt)	kërcënoj	[kərtsənój]
arrepentirse (vr)	pendohem	[pɛndóhɛm]
ayudar (vt)	ndihmoj	[ndihmɕj]
bañarse (vr)	notoj	[notój]

bromear (vi)	bëj shaka	[bəj ʃaká]
buscar (vt)	kërkoj ...	[kərkój ...]
caer (vi)	bie	[bíɛ]
callarse (vr)	hesht	[hɛʃt]
cambiar (vt)	ndryshoj	[ndryʃój]
castigar, punir (vt)	ndëshkoj	[ndəʃkój]

cavar (vt)	gërmoj	[gərmój]
cazar (vi, vt)	dal për gjah	[dál pər ɟáh]
cenar (vi)	ha darkë	[ha dárkə]

cesar (vt)	ndaloj	[ndalój]
coger (vt)	kap	[kap]
comenzar (vt)	filloj	[fiɫój]

comparar (vt)	krahasoj	[krahasój]
comprender (vt)	kuptoj	[kuptój]
confiar (vt)	besoj	[bɛsój]
confundir (vt)	ngatërroj	[ŋatərój]
conocer (~ a alguien)	njoh	[ɲóh]
contar (vt) (enumerar)	numëroj	[numərój]

contar con ...	mbështetem ...	[mbəʃtétɛm ...]
continuar (vt)	vazhdoj	[vaʒdój]
controlar (vt)	kontrolloj	[kontroɫój]
correr (vi)	vrapoj	[vrapój]
costar (vt)	kushton	[kuʃtón]
crear (vt)	krijoj	[krijój]

11. Los verbos más importantes. Unidad 2

dar (vt)	jap	[jap]
dar una pista	aludoj	[aludój]
decir (vt)	them	[θɛm]
decorar (para la fiesta)	zbukuroj	[zbukurój]

defender (vt)	mbroj	[mbrój]
dejar caer	lëshoj	[ləʃój]
desayunar (vi)	ha mëngjes	[ha mənɟés]
descender (vi)	zbres	[zbrɛs]

dirigir (administrar)	drejtoj	[drɛjtój]
disculpar (vt)	fal	[fal]
disculparse (vr)	kërkoj falje	[kərkój fáljɛ]
discutir (vt)	diskutoj	[diskutój]
dudar (vt)	dyshoj	[dyʃój]

encontrar (hallar)	gjej	[ɟéj]
engañar (vi, vt)	mashtroj	[maʃtrój]
entrar (vi)	hyj	[hyj]
enviar (vt)	dërgoj	[dərgój]

equivocarse (vr)	gaboj	[gabój]
escoger (vt)	zgjedh	[zɟɛð]
esconder (vt)	fsheh	[fʃéh]
escribir (vt)	shkruaj	[ʃkrúaj]
esperar (aguardar)	pres	[prɛs]

esperar (tener esperanza)	shpresoj	[ʃprɛsój]
estar de acuerdo	bie dakord	[bíɛ dakórd]
estudiar (vt)	studioj	[studiój]

exigir (vt)	kërkoj	[kərkój]
existir (vi)	ekzistoj	[ɛkzistój]
explicar (vt)	shpjegoj	[ʃpjɛgój]

| faltar (a las clases) | humbas | [humbés] |
| firmar (~ el contrato) | nënshkruaj | [nənʃkrúaj] |

girar (~ a la izquierda)	kthej	[kθɛj]
gritar (vi)	bërtas	[bərtás]
guardar (conservar)	mbaj	[mbáj]
gustar (vi)	pëlqej	[pəlcéj]
hablar (vi, vt)	flas	[flas]

hacer (vt)	bëj	[bəj]
informar (vt)	informoj	[informój]
insistir (vi)	këmbëngul	[kəmbɛŋúl]
insultar (vt)	fyej	[fýɛj]

interesarse (vr)	interesohem ...	[intɛrɛsóhɛm ...]
invitar (vt)	ftoj	[ftoj]
ir (a pie)	ec në këmbë	[ɛts nə kémbə]
jugar (divertirse)	luaj	[lúaj]

12. Los verbos más importantes. Unidad 3

leer (vi, vt)	lexoj	[lɛdzój]
liberar (ciudad, etc.)	çliroj	[tʃlirój]
llamar (por ayuda)	thërras	[θərás]
llegar (vi)	arrij	[aríj]
llorar (vi)	qaj	[caj]

matar (vt)	vras	[vras]
mencionar (vt)	përmend	[pərménd]
mostrar (vt)	tregoj	[trɛgój]
nadar (vi)	notoj	[notój]

negarse (vr)	refuzoj	[rɛfuzó]
objetar (vt)	kundërshtoj	[kundəʃtój]
observar (vt)	vëzhgoj	[vəʒgó]
oír (vt)	dëgjoj	[dəɟój]

olvidar (vt)	harroj	[harój]
orar (vi)	lutem	[lútɛm]
ordenar (mil.)	urdhëroj	[urðərćj]
pagar (vi, vt)	paguaj	[pagúaj]
pararse (vr)	ndaloj	[ndalój]

participar (vi)	marr pjesë	[mar pjésə]
pedir (ayuda, etc.)	pyes	[pýɛs]
pedir (en restaurante)	porosis	[porosís]
pensar (vi, vt)	mendoj	[mɛndoj]

percibir (ver)	vërej	[vəréj]
perdonar (vt)	fal	[fal]
permitir (vt)	lejoj	[lɛjój]
pertenecer a ...	përkas ...	[pərkás ...]
planear (vt)	planifikoj	[planifiˇój]
poder (v aux)	mund	[mund]

poseer (vt)	zotëroj	[zotərój]
preferir (vt)	preferoj	[prɛfɛrój]
preguntar (vt)	pyes	[pýɛs]

preparar (la cena)	gatuaj	[gatúaj]
prever (vt)	parashikoj	[paraʃikój]
probar, tentar (vt)	përpiqem	[pərpícɛm]
prometer (vt)	premtoj	[prɛmtój]
pronunciar (vt)	shqiptoj	[ʃciptój]

proponer (vt)	propozoj	[propozój]
quebrar (vt)	ndahem	[ndáhɛm]
quejarse (vr)	ankohem	[ankóhɛm]
querer (amar)	dashuroj	[daʃurój]
querer (desear)	dëshiroj	[dəʃirój]

13. Los verbos más importantes. Unidad 4

recomendar (vt)	rekomandoj	[rɛkomandój]
regañar, reprender (vt)	qortoj	[cortój]
reírse (vr)	qesh	[cɛʃ]
repetir (vt)	përsëris	[pərsərís]
reservar (~ una mesa)	rezervoj	[rɛzɛrvój]
responder (vi, vt)	përgjigjem	[pərɟíɟɛm]

robar (vt)	vjedh	[vjɛð]
saber (~ algo mas)	di	[di]
salir (vi)	dal	[dal]
salvar (vt)	shpëtoj	[ʃpətój]
seguir ...	ndjek ...	[ndjék ...]
sentarse (vr)	ulem	[úlɛm]

ser necesario	nevojitet	[nɛvojítɛt]
ser, estar (vi)	jam	[jam]
significar (vt)	nënkuptoj	[nənkuptój]
sonreír (vi)	buzëqesh	[buzəcéʃ]
sorprenderse (vr)	çuditem	[tʃudítɛm]

subestimar (vt)	nënvlerësoj	[nənvlɛrəsój]
tener (vt)	kam	[kam]
tener hambre	kam uri	[kam urí]
tener miedo	kam frikë	[kam fríkə]

tener prisa	nxitoj	[ndzitój]
tener sed	kam etje	[kam étjɛ]
tirar, disparar (vi)	qëlloj	[cətój]
tocar (con las manos)	prek	[prɛk]
tomar (vt)	marr	[mar]
tomar nota	mbaj shënim	[mbáj ʃəním]

trabajar (vi)	punoj	[punój]
traducir (vt)	përkthej	[pərkθéj]
unir (vt)	bashkoj	[baʃkój]
vender (vt)	shes	[ʃɛs]

| ver (vt) | shikoj | [ʃikój] |
| volar (pájaro, avión) | fluturoj | [fluturój] |

14. Los colores

color (m)	ngjyrë (f)	[nɟýrə]
matiz (m)	nuancë (f)	[nuántsə]
tono (m)	tonalitet (m)	[tonalitet]
arco (m) iris	ylber (m)	[ylbér]

blanco (adj)	e bardhë	[ɛ bárðə]
negro (adj)	e zezë	[ɛ zézə]
gris (adj)	gri	[gri]

verde (adj)	jeshile	[jɛʃílɛ]
amarillo (adj)	e verdhë	[ɛ vérðə]
rojo (adj)	e kuqe	[ɛ kúcɛ]

azul (adj)	blu	[blu]
azul claro (adj)	bojëqielli	[bojəcieɫi]
rosa (adj)	rozë	[rózə]
naranja (adj)	portokalli	[portokáɫi]
violeta (adj)	bojëvjollcë	[bojəvjoɫtsə]
marrón (adj)	kafe	[káfɛ]

| dorado (adj) | e artë | [ɛ ártə] |
| argentado (adj) | e argjendtë | [ɛ arɟérdtə] |

beige (adj)	bezhë	[béʒə]
crema (adj)	krem	[krɛm]
turquesa (adj)	e bruztë	[ɛ brúzɫə]
rojo cereza (adj)	qershi	[cɛrʃí]
lila (adj)	jargavan	[jargaván]
carmesí (adj)	e kuqe e thellë	[ɛ kúcɛ ɛ θéɫə]

claro (adj)	e hapur	[ɛ hápuɾ]
oscuro (adj)	e errët	[ɛ érət]
vivo (adj)	e ndritshme	[ɛ ndrítˈmɛ]

de color (lápiz ~)	e ngjyrosur	[ɛ nɟyrɛ́suɾ]
en colores (película ~)	ngjyrë	[nɟýrə]
blanco y negro (adj)	bardhë e zi	[bárðə ɛ zi]
unicolor (adj)	njëngjyrëshe	[nənɟýrəʃɛ]
multicolor (adj)	shumëngjyrëshe	[ʃumən‿ýrəʃɛ]

15. Las preguntas

¿Quién?	Kush?	[kuʃ?]
¿Qué?	Çka?	[tʃká?]
¿Dónde?	Ku?	[ku?]
¿Adónde?	Për ku?	[pər kuʔ]
¿De dónde?	Nga ku?	[ŋa kuʔ]

¿Cuándo?	Kur?	[kur?]
¿Para qué?	Pse?	[psɛ?]
¿Por qué?	Pse?	[psɛ?]

¿Por qué razón?	Për çfarë arsye?	[pər tʃfárə arsýɛ?]
¿Cómo?	Si?	[si?]
¿Qué ...? (~ color)	Çfarë?	[tʃfárə?]
¿Cuál?	Cili?	[tsíli?]

¿A quién?	Kujt?	[kújt?]
¿De quién? (~ hablan ...)	Për kë?	[pər kə?]
¿De qué?	Për çfarë?	[pər tʃfárə?]
¿Con quién?	Me kë?	[mɛ kə?]

| ¿Cuánto? | Sa? | [sa?] |
| ¿De quién? | Të kujt? | [tə kujt?] |

16. Las preposiciones

con ... (~ algn)	me	[mɛ]
sin ... (~ azúcar)	pa	[pa]
a ... (p.ej. voy a México)	për në	[pər nə]
de ... (hablar ~)	për	[pər]
antes de ...	përpara	[pərpára]
delante de ...	para ...	[pára ...]

debajo de ...	nën	[nən]
sobre ..., encima de ...	mbi	[mbí]
en, sobre (~ la mesa)	mbi	[mbí]
de (origen)	nga	[ŋa]
de (fabricado de)	nga	[ŋa]

| dentro de ... | për | [pər] |
| encima de ... | sipër | [sípər] |

17. Las palabras útiles. Los adverbios. Unidad 1

¿Dónde?	Ku?	[ku?]
aquí (adv)	këtu	[kətú]
allí (adv)	atje	[atjé]

| en alguna parte | diku | [dikú] |
| en ninguna parte | askund | [askúnd] |

| junto a ... | afër | [áfər] |
| junto a la ventana | tek dritarja | [tɛk dritárja] |

¿A dónde?	Për ku?	[pər ku?]
aquí (venga ~)	këtu	[kətú]
allí (vendré ~)	atje	[atjé]
de aquí (adv)	nga këtu	[ŋa kətú]
de allí (adv)	nga atje	[ŋa atjɛ]

| cerca (no lejos) | pranë | [pránə] |
| lejos (adv) | larg | [larg] |

cerca de ...	afër	[áfər]
al lado (de ...)	pranë	[pránə]
no lejos (adv)	jo larg	[jo lárg]

izquierdo (adj)	majtë	[májtə]
a la izquierda (situado ~)	majtas	[májtaɛ]
a la izquierda (girar ~)	në të majtë	[nə tə májtə]

derecho (adj)	djathtë	[djáθtə]
a la derecha (situado ~)	djathtas	[djáθtaɜ]
a la derecha (girar)	në të djathtë	[nə tə djáθtə]

delante (yo voy ~)	përballë	[pərbáłə]
delantero (adj)	i përparmë	[i pərparmə]
adelante (movimiento)	përpara	[pərpára]

detrás de ...	prapa	[prápa]
desde atrás	nga prapa	[ŋa prápa]
atrás (da un paso ~)	pas	[pas]

| centro (m), medio (m) | mes (m) | [mɛs] |
| en medio (adv) | në mes | [nə mɛs] |

de lado (adv)	në anë	[nə anə]
en todas partes	kudo	[kúdo]
alrededor (adv)	përreth	[pəréθ]

de dentro (adv)	nga brenda	[ŋa brénda]
a alguna parte	diku	[dikú]
todo derecho (adv)	drejt	[dréjt]
atrás (muévelo para ~)	pas	[pas]

| de alguna parte (adv) | nga kudo | [ŋa kúdo] |
| no se sabe de dónde | nga diku | [ŋa dikú] |

primero (adv)	së pari	[sə pári]
segundo (adv)	së dyti	[sə dýti]
tercero (adv)	së treti	[sə tré·i]

de súbito (adv)	befas	[béfas]
al principio (adv)	në fillim	[nə fitím]
por primera vez	për herë të parë	[pər hèrə tə párə]
mucho tiempo antes ...	shumë përpara ...	[ʃúmə ɔərpára ...]
de nuevo (adv)	sërish	[səríʃ]
para siempre (adv)	një herë e mirë	[ɲə hé·ə ɛ mírə]

jamás, nunca (adv)	kurrë	[kúrə]
de nuevo (adv)	përsëri	[pərsərí]
ahora (adv)	tani	[táni]
frecuentemente (adv)	shpesh	[ʃpɛʃ]
entonces (adv)	atëherë	[atəhérə]
urgentemente (adv)	urgjent	[urɟéntʃ]
usualmente (adv)	zakonisht	[zakoníʃt]

a propósito, ...	meqë ra fjala, ...	[mécə ra fjála, ...]
es probable	ndoshta	[ndóʃta]
probablemente (adv)	mundësisht	[mundəsíʃt]
tal vez	mbase	[mbásɛ]
además ...	përveç	[pərvétʃ]
por eso ...	ja përse ...	[ja pərsé ...]
a pesar de ...	pavarësisht se ...	[pavarəsíʃt sɛ ...]
gracias a ...	falë ...	[fálə ...]

qué (pron)	çfarë	[tʃfárə]
que (conj)	që	[cə]
algo (~ le ha pasado)	diçka	[ditʃká]
algo (~ así)	ndonji gjë	[ndoɲí ɟə]
nada (f)	asgjë	[asɟə́]

quien	kush	[kuʃ]
alguien (viene ~)	dikush	[dikúʃ]
alguien (¿ha llamado ~?)	dikush	[dikúʃ]

nadie	askush	[askúʃ]
a ninguna parte	askund	[askúnd]
de nadie	i askujt	[i askújt]
de alguien	i dikujt	[i dikújt]

tan, tanto (adv)	aq	[ác]
también (~ habla francés)	gjithashtu	[ɟiθaʃtú]
también (p.ej. Yo ~)	gjithashtu	[ɟiθaʃtú]

18. Las palabras útiles. Los adverbios. Unidad 2

¿Por qué?	Pse?	[psɛ?]
no se sabe porqué	për një arsye	[pər ɲə arsýɛ]
porque ...	sepse ...	[sɛpsé ...]
por cualquier razón (adv)	për ndonjë shkak	[pər ndóɲə ʃkak]

y (p.ej. uno y medio)	dhe	[ðɛ]
o (p.ej. té o café)	ose	[ósɛ]
pero (p.ej. me gusta, ~)	por	[por]
para (p.ej. es para ti)	për	[pər]

demasiado (adv)	tepër	[tépər]
sólo, solamente (adv)	vetëm	[vétəm]
exactamente (adv)	pikërisht	[pikəríʃt]
unos ...,	rreth	[rɛθ]
cerca de ... (~ 10 kg)		

aproximadamente	përafërsisht	[pərafərsíʃt]
aproximado (adj)	përafërt	[pəráfərt]
casi (adv)	pothuajse	[poθúajsɛ]
resto (m)	mbetje (f)	[mbétjɛ]

el otro (adj)	tjetri	[tjétri]
otro (p.ej. el otro día)	tjetër	[tjétər]
cada (adj)	çdo	[tʃdo]

cualquier (adj)	çfarëdo	[tʃfarədó]
mucho (innum.)	shumë	[ʃúmə]
mucho (num.)	disa	[disá]
muchos (mucha gente)	shumë njerëz	[ʃúmə ɼérəz]
todos	të gjithë	[tə ɟíθə]

a cambio de ...	në vend të ...	[nə vérd tə ...]
en cambio (adv)	në shkëmbim të ...	[nə ʃkəmbím tə ...]
a mano (hecho ~)	me dorë	[mɛ dórə]
poco probable	vështirë se ...	[vəʃtírə sɛ ...]

probablemente	mundësisht	[mundəsíʃt]
a propósito (adv)	me qëllim	[mɛ cə-ím]
por accidente (adv)	aksidentalisht	[aksidɛntalíʃt]

muy (adv)	shumë	[ʃúmə]
por ejemplo (adv)	për shembull	[pər ʃémbuɫ]
entre (~ nosotros)	midis	[midís]
entre (~ otras cosas)	rreth	[rɛθ]
tanto (~ gente)	kaq shumë	[kác ʃúmə]
especialmente (adv)	veçanërisht	[vɛtʃanəríʃt]

Conceptos básicos. Unidad 2

19. Los días de la semana

lunes (m)	E hënë (f)	[ɛ hénə]
martes (m)	E martë (f)	[ɛ mártə]
miércoles (m)	E mërkurë (f)	[ɛ mərkúrə]
jueves (m)	E enjte (f)	[ɛ éɲtɛ]
viernes (m)	E premte (f)	[ɛ prémtɛ]
sábado (m)	E shtunë (f)	[ɛ ʃtúnə]
domingo (m)	E dielë (f)	[ɛ díɛlə]
hoy (adv)	sot	[sot]
mañana (adv)	nesër	[nésər]
pasado mañana	pasnesër	[pasnésər]
ayer (adv)	dje	[djé]
anteayer (adv)	pardje	[pardjé]
día (m)	ditë (f)	[dítə]
día (m) de trabajo	ditë pune (f)	[dítə púnɛ]
día (m) de fiesta	festë kombëtare (f)	[féstə kombətárɛ]
día (m) de descanso	ditë pushim (m)	[dítə puʃím]
fin (m) de semana	fundjavë (f)	[fundjávə]
todo el día	gjithë ditën	[ɟíθə dítən]
al día siguiente	ditën pasardhëse	[díten pasárðəsɛ]
dos días atrás	dy ditë më parë	[dy dítə mə párə]
en vísperas (adv)	një ditë më parë	[ɲə dítə mə párə]
diario (adj)	ditor	[ditór]
cada día (adv)	çdo ditë	[tʃdo dítə]
semana (f)	javë (f)	[jávə]
semana (f) pasada	javën e kaluar	[jávən ɛ kalúar]
semana (f) que viene	javën e ardhshme	[jávən ɛ árðʃmɛ]
semanal (adj)	javor	[javór]
cada semana (adv)	çdo javë	[tʃdo jávə]
2 veces por semana	dy herë në javë	[dy hérə nə jávə]
todos los martes	çdo të martë	[tʃdo tə mártə]

20. Las horas. El día y la noche

mañana (f)	mëngjes (m)	[mənɟés]
por la mañana	në mëngjes	[nə mənɟés]
mediodía (m)	mesditë (f)	[mɛsdítə]
por la tarde	pasdite	[pasdítɛ]
noche (f)	mbrëmje (f)	[mbrémjɛ]
por la noche	në mbrëmje	[nə mbrémjɛ]

noche (f) (p.ej. 2:00 a.m.)	natë (f)	[nátə]
por la noche	natën	[nátən]
medianoche (f)	mesnatë (f)	[mɛsnátə]

segundo (m)	sekondë (f)	[sɛkóndə]
minuto (m)	minutë (f)	[minútɛ]
hora (f)	orë (f)	[órə]
media hora (f)	gjysmë ore (f)	[ɟýsmə órɛ]
cuarto (m) de hora	çerek ore (m)	[tʃɛrék orɛ]
quince minutos	pesëmbëdhjetë minuta	[pɛsəmbəðjétə minúta]
veinticuatro horas	24 orë	[ɲəzét ɛ kátər órə]

salida (f) del sol	agim (m)	[agím]
amanecer (m)	agim (m)	[agím]
madrugada (f)	mëngjes herët (m)	[mənɟés hérət]
puesta (f) del sol	perëndim dielli (m)	[pɛrəncím diéɬi]

de madrugada	herët në mëngjes	[hérət nə mənɟés]
esta mañana	sot në mëngjes	[sot nə mənɟés]
mañana por la mañana	nesër në mëngjes	[nésər ɲə mənɟés]
esta tarde	sot pasdite	[sot pasdítɛ]
por la tarde	pasdite	[pasdítɛ]
mañana por la tarde	nesër pasdite	[nésər ɔasdítɛ]
esta noche (p.ej. 8:00 p.m.)	sonte në mbrëmje	[sóntɛ nə mbrəmjɛ]
mañana por la noche	nesër në mbrëmje	[nésər ɲə mbrémjɛ]

a las tres en punto	në orën 3 fiks	[nə órən trɛ fiks]
a eso de las cuatro	rreth orës 4	[rɛθ órəs kátər]
para las doce	deri në orën 12	[déri nə órən dymbəðjétə]

dentro de veinte minutos	për 20 minuta	[pər ɲəzét minúta]
dentro de una hora	për një orë	[pər ɲə órə]
a tiempo (adv)	në orar	[nə orár]

... menos cuarto	çerek ...	[tʃɛrék ..]
durante una hora	brenda një ore	[brénda ɲə órɛ]
cada quince minutos	çdo 15 minuta	[tʃdo pɛsəmbəðjétə minúta]
día y noche	gjithë ditën	[ɟíθə dítən]

21. Los meses. Las estaciones

enero (m)	Janar (m)	[janár]
febrero (m)	Shkurt (m)	[ʃkurt]
marzo (m)	Mars (m)	[mars]
abril (m)	Prill (m)	[priɬ]
mayo (m)	Maj (m)	[maj]
junio (m)	Qershor (m)	[cɛrʃór]

julio (m)	Korrik (m)	[korík]
agosto (m)	Gusht (m)	[guʃt]
septiembre (m)	Shtator (m)	[ʃtatór]
octubre (m)	Tetor (m)	[tɛtór]
noviembre (m)	Nëntor (m)	[nəntór]
diciembre (m)	Dhjetor (m)	[ðjɛtór]

primavera (f)	pranverë (f)	[pranvérə]
en primavera	në pranverë	[nə pranvérə]
de primavera (adj)	pranveror	[pranvɛrór]

verano (m)	verë (f)	[vérə]
en verano	në verë	[nə vérə]
de verano (adj)	veror	[vɛrór]

otoño (m)	vjeshtë (f)	[vjéʃtə]
en otoño	në vjeshtë	[nə vjéʃtə]
de otoño (adj)	vjeshtor	[vjéʃtor]

invierno (m)	dimër (m)	[dímər]
en invierno	në dimër	[nə dímər]
de invierno (adj)	dimëror	[dimərór]

mes (m)	muaj (m)	[múaj]
este mes	këtë muaj	[kətə múaj]
al mes siguiente	muajin tjetër	[múajin tjétər]
el mes pasado	muajin e kaluar	[múajin ɛ kalúar]

hace un mes	para një muaji	[pára ɲə múaji]
dentro de un mes	pas një muaji	[pas ɲə múaji]
dentro de dos meses	pas dy muajsh	[pas dy múajʃ]
todo el mes	gjithë muajin	[ɟíθə múajin]
todo un mes	gjatë gjithë muajit	[ɟátə ɟíθə múajit]

mensual (adj)	mujor	[mujór]
mensualmente (adv)	mujor	[mujór]
cada mes	çdo muaj	[tʃdo múaj]
dos veces por mes	dy herë në muaj	[dy hérə nə múaj]

año (m)	vit (m)	[vit]
este año	këtë vit	[kətə vít]
el próximo año	vitin tjetër	[vítin tjétər]
el año pasado	vitin e kaluar	[vítin ɛ kalúar]

hace un año	para një viti	[pára ɲə víti]
dentro de un año	për një vit	[pər ɲə vit]
dentro de dos años	për dy vite	[pər dy vítɛ]
todo el año	gjithë vitin	[ɟíθə vítin]
todo un año	gjatë gjithë vitit	[ɟátə ɟíθə vítit]

cada año	çdo vit	[tʃdo vít]
anual (adj)	vjetor	[vjɛtór]
anualmente (adv)	çdo vit	[tʃdo vít]
cuatro veces por año	4 herë në vit	[kátər hérə nə vit]

fecha (f) (la ~ de hoy es ...)	datë (f)	[dátə]
fecha (f) (~ de entrega)	data (f)	[dáta]
calendario (m)	kalendar (m)	[kalɛndár]

medio año (m)	gjysmë viti	[ɟýsmə víti]
seis meses	gjashtë muaj	[ɟáʃtə múaj]
estación (f)	stinë (f)	[stínə]
siglo (m)	shekull (m)	[ʃékuɫ]

22. La hora. Miscelánea

tiempo (m)	kohë (f)	[kóhə]
momento (m)	çast, moment (m)	[tʃást], [momént]
instante (m)	çast (m)	[tʃást]
instantáneo (adj)	i çastit	[i tʃástit]
lapso (m) de tiempo	interval (m)	[intɛrvél]
vida (f)	jetë (f)	[jétə]
eternidad (f)	përjetësi (f)	[pərjɛtəsí]

época (f)	epokë (f)	[ɛpókə]
era (f)	erë (f)	[érə]
ciclo (m)	cikël (m)	[tsíkəl]
período (m)	periudhë (f)	[pɛriúðə]
plazo (m) (~ de tres meses)	afat (m)	[afát]

futuro (m)	ardhmëria (f)	[arðmɛría]
futuro (adj)	e ardhme	[ɛ árðmɛ]
la próxima vez	herën tjetër	[hérən tjétər]
pasado (m)	e shkuara (f)	[ɛ ʃkúa ‑a]
pasado (adj)	kaluar	[kalúar]
la última vez	herën e fundit	[hérən ɛ fúndit]

más tarde (adv)	më vonë	[mə vɔ́nə]
después	pas	[pas]
actualmente (adv)	në këto kohë	[nə kəɫo kóhə]
ahora (adv)	tani	[táni]
inmediatamente	menjëherë	[mɛɲəhérə]
pronto (adv)	së shpejti	[sə ʃpéjti]
de antemano (adv)	paraprakisht	[parap‑akíʃt]

hace mucho tiempo	para shumë kohësh	[pára ʃímə kóhəʃ]
hace poco (adv)	së fundmi	[sə fúr dmi]
destino (m)	fat (m)	[fat]
recuerdos (m pl)	kujtime (pl)	[kujtímɛ]
archivo (m)	arkiva (f)	[arkívɛ]

durante ...	gjatë ...	[ɟátə ...]
mucho tiempo (adv)	gjatë, kohë e gjatë	[ɟátə], [kóhə ɛ ɟátə]
poco tiempo (adv)	jo gjatë	[jo ɟátə]
temprano (adv)	herët	[hérət]
tarde (adv)	vonë	[vɔ́nə]

para siempre (adv)	përjetë	[pərjétə]
comenzar (vt)	filloj	[fiɫój]
aplazar (vt)	shtyj	[ʃtyj]

simultáneamente	njëkohësisht	[ɲəkohəsíʃt]
permanentemente	përhershëm	[pərhéɾʃəm]
constante (ruido, etc.)	vazhdueshme	[vaʒduɛʃmɛ]
temporal (adj)	i përkohshëm	[i pərkóhʃəm]

a veces (adv)	ndonjëherë	[ndoɲəhérə]
raramente (adv)	rrallë	[ráɫə]
frecuentemente	shpesh	[ʃpɛʃ]

23. Los opuestos

rico (adj)	i pasur	[i pásur]
pobre (adj)	i varfër	[i várfər]
enfermo (adj)	i sëmurë	[i səmúrə]
sano (adj)	mirë	[mírə]
grande (adj)	i madh	[i máð]
pequeño (adj)	i vogël	[i vógəl]
rápidamente (adv)	shpejt	[ʃpɛjt]
lentamente (adv)	ngadalë	[ŋadálə]
rápido (adj)	i shpejtë	[i ʃpéjtə]
lento (adj)	i ngadaltë	[i ŋadáltə]
alegre (adj)	i kënaqur	[i kənácur]
triste (adj)	i mërzitur	[i mərzítur]
juntos (adv)	së bashku	[sə báʃku]
separadamente	veç e veç	[vɛtʃ ɛ vɛtʃ]
en voz alta	me zë	[mɛ zə]
en silencio	pa zë	[pa zə]
alto (adj)	i lartë	[i lártə]
bajo (adj)	i ulët	[i úlət]
profundo (adj)	i thellë	[i θétə]
poco profundo (adj)	i cekët	[i tsékət]
sí	po	[po]
no	jo	[jo]
lejano (adj)	i largët	[i lárgət]
cercano (adj)	afër	[áfər]
lejos (adv)	larg	[larg]
cerco (adv)	pranë	[pránə]
largo (adj)	i gjatë	[i ɟátə]
corto (adj)	i shkurtër	[i ʃkúrtər]
bueno (de buen corazón)	i mirë	[i mírə]
malvado (adj)	djallëzor	[djatəzór]
casado (adj)	i martuar	[i martúar]
soltero (adj)	beqar	[bɛcár]
prohibir (vt)	ndaloj	[ndalój]
permitir (vt)	lejoj	[lɛjój]
fin (m)	fund (m)	[fund]
principio (m)	fillim (m)	[fitím]

| izquierdo (adj) | majtë | [májtə] |
| derecho (adj) | djathtë | [djáθtə] |

| primero (adj) | i pari | [i pári] |
| último (adj) | i fundit | [i fúndit] |

| crimen (m) | krim (m) | [krim] |
| castigo (m) | ndëshkim (m) | [ndəʃkím] |

| ordenar (vt) | urdhëroj | [urðəró] |
| obedecer (vi, vt) | bindem | [bíndɛm] |

| recto (adj) | i drejtë | [i dréjtɛ] |
| curvo (adj) | i harkuar | [i harkúar] |

| paraíso (m) | parajsë (f) | [parájsə] |
| infierno (m) | ferr (m) | [fɛr] |

| nacer (vi) | lind | [lind] |
| morir (vi) | vdes | [vdɛs] |

| fuerte (adj) | i fortë | [i fórtə] |
| débil (adj) | i dobët | [i dóbə·] |

| viejo (adj) | plak | [plak] |
| joven (adj) | i ri | [i rí] |

| viejo (adj) | i vjetër | [i vjétər] |
| nuevo (adj) | i ri | [i rí] |

| duro (adj) | i fortë | [i fórtə] |
| blando (adj) | i butë | [i bútə] |

| tibio (adj) | ngrohtë | [ŋróhtə] |
| frío (adj) | i ftohtë | [i ftóhtə] |

| gordo (adj) | i shëndoshë | [i ʃəndóʃə] |
| delgado (adj) | i dobët | [i dóbəł] |

| estrecho (adj) | i ngushtë | [i ŋúʃtə] |
| ancho (adj) | i gjerë | [i ɟérə] |

| bueno (adj) | i mirë | [i mírə] |
| malo (adj) | i keq | [i kéc] |

| valiente (adj) | guximtar | [gudzimtár] |
| cobarde (adj) | frikacak | [frikatsák] |

24. Las líneas y las formas

cuadrado (m)	katror (m)	[katrór·
cuadrado (adj)	katrore	[katrórɛ]
círculo (m)	rreth (m)	[rɛθ]
redondo (adj)	i rrumbullakët	[i rumbułákət]

triángulo (m)	trekëndësh (m)	[trékəndəʃ]
triangular (adj)	trekëndor	[trɛkəndór]
óvalo (m)	oval (f)	[ovál]
oval (adj)	ovale	[oválɛ]
rectángulo (m)	drejtkëndësh (m)	[drɛjtkə́ndəʃ]
rectangular (adj)	drejtkëndor	[drɛjtkəndór]
pirámide (f)	piramidë (f)	[piramídə]
rombo (m)	romb (m)	[romb]
trapecio (m)	trapezoid (m)	[trapɛzoíd]
cubo (m)	kub (m)	[kub]
prisma (m)	prizëm (m)	[prízəm]
circunferencia (f)	perimetër (m)	[pɛrimétər]
esfera (f)	sferë (f)	[sférə]
globo (m)	top (m)	[top]
diámetro (m)	diametër (m)	[diamétər]
radio (f)	sipërfaqe (f)	[sipərfácɛ]
perímetro (m)	perimetër (m)	[pɛrimétər]
centro (m)	qendër (f)	[céndər]
horizontal (adj)	horizontal	[horizontál]
vertical (adj)	vertikal	[vɛrtikál]
paralela (f)	paralele (f)	[paralélɛ]
paralelo (adj)	paralel	[paralél]
línea (f)	vijë (f)	[víjə]
trazo (m)	vizë (f)	[vízə]
recta (f)	vijë e drejtë (f)	[víjə ɛ dréjtə]
curva (f)	kurbë (f)	[kúrbə]
fino (la ~a línea)	e hollë	[ɛ hóɫə]
contorno (m)	kontur (f)	[kontúr]
intersección (f)	kryqëzim (m)	[krycəzím]
ángulo (m) recto	kënd i drejtë (m)	[kənd i dréjtə]
segmento (m)	segment (m)	[sɛgmént]
sector (m)	sektor (m)	[sɛktór]
lado (m)	anë (f)	[ánə]
ángulo (m)	kënd (m)	[kə́nd]

25. Las unidades de medida

peso (m)	peshë (f)	[péʃə]
longitud (f)	gjatësi (f)	[ɟatəsí]
anchura (f)	gjerësi (f)	[ɟɛrəsí]
altura (f)	lartësi (f)	[lartəsí]
profundidad (f)	thellësi (f)	[θɛɫəsí]
volumen (m)	vëllim (m)	[vəɫím]
área (f)	sipërfaqe (f)	[sipərfácɛ]
gramo (m)	gram (m)	[gram]
miligramo (m)	miligram (m)	[miligrám]

kilogramo (m)	kilogram (m)	[kilográm]
tonelada (f)	ton (m)	[ton]
libra (f)	paund (m)	[páund]
onza (f)	ons (m)	[ons]
metro (m)	metër (m)	[métər]
milímetro (m)	milimetër (m)	[milimétər]
centímetro (m)	centimetër (m)	[tsɛntimétər]
kilómetro (m)	kilometër (m)	[kilométər]
milla (f)	milje (f)	[míljɛ]
pulgada (f)	inç (m)	[intʃ]
pie (m)	këmbë (f)	[kémbɛ]
yarda (f)	jard (m)	[járd]
metro (m) cuadrado	metër katror (m)	[métər katrór]
hectárea (f)	hektar (m)	[hɛktár]
litro (m)	litër (m)	[lítər]
grado (m)	gradë (f)	[grádə]
voltio (m)	volt (m)	[volt]
amperio (m)	amper (m)	[ampér]
caballo (m) de fuerza	kuaj-fuqi (f)	[kúaj-fucí]
cantidad (f)	sasi (f)	[sasí]
un poco de …	pak …	[pak …]
mitad (f)	gjysmë (f)	[ɟýsmə]
docena (f)	dyzinë (f)	[dyzínə]
pieza (f)	copë (f)	[tsópə]
dimensión (f)	madhësi (f)	[maðəsí]
escala (f) (del mapa)	shkallë (f)	[ʃkálə]
mínimo (adj)	minimale	[minimalɛ]
el más pequeño (adj)	më i vogli	[mə i vogli]
medio (adj)	i mesëm	[i mésəm]
máximo (adj)	maksimale	[maksimálɛ]
el más grande (adj)	më i madhi	[mə i máði]

26. Contenedores

tarro (m) de vidrio	kavanoz (m)	[kavanóz]
lata (f) de hojalata	kanoçe (f)	[kanótʃɛ]
cubo (m)	kovë (f)	[kóvə]
barril (m)	fuçi (f)	[futʃí]
palangana (f)	legen (m)	[lɛgén]
tanque (m)	tank (m)	[tank]
petaca (f) (de alcohol)	faqore (f)	[facórɛ]
bidón (m) de gasolina	bidon (m)	[bidón]
cisterna (f)	cisternë (f)	[tsistérnə]
taza (f) (mug de cerámica)	tas (m)	[tas]
taza (f) (~ de café)	filxhan (m)	[fildʒán]

platillo (m)	pjatë filxhani (f)	[pjátə fildʒáni]
vaso (m) (~ de agua)	gotë (f)	[gótə]
copa (f) (~ de vino)	gotë vere (f)	[gótə vérɛ]
olla (f)	tenxhere (f)	[tɛndʒérɛ]

botella (f)	shishe (f)	[ʃíʃɛ]
cuello (m) de botella	grykë	[grýkə]

garrafa (f)	brokë (f)	[brókə]
jarro (m) (~ de agua)	shtambë (f)	[ʃtámbə]
recipiente (m)	enë (f)	[énə]
tarro (m)	enë (f)	[énə]
florero (m)	vazo (f)	[vázo]

frasco (m) (~ de perfume)	shishe (f)	[ʃíʃɛ]
frasquito (m)	shishkë (f)	[ʃíʃkə]
tubo (m)	tubet (f)	[tubét]

saco (m) (~ de azúcar)	thes (m)	[θɛs]
bolsa (f) (~ plástica)	qese (f)	[césɛ]
paquete (m) (~ de cigarrillos)	paketë (f)	[pakétə]

caja (f)	kuti (f)	[kutí]
cajón (m) (~ de madera)	arkë (f)	[árkə]
cesta (f)	shportë (f)	[ʃpórtə]

27. Materiales

material (f)	material (m)	[matɛriál]
madera (f)	dru (m)	[dru]
de madera (adj)	prej druri	[prɛj drúri]

vidrio (m)	qelq (m)	[cɛlc]
de vidrio (adj)	prej qelqi	[prɛj célci]

piedra (f)	gur (m)	[gur]
de piedra (adj)	guror	[gurór]

plástico (m)	plastikë (f)	[plastíkə]
de plástico (adj)	plastike	[plastíkɛ]

goma (f)	gomë (f)	[gómə]
de goma (adj)	prej gome	[prɛj gómɛ]

tela (m)	pëlhurë (f)	[pəlhúrə]
de tela (adj)	nga pëlhura	[ŋa pəlhúra]

papel (m)	letër (f)	[létər]
de papel (adj)	prej letre	[prɛj létrɛ]

cartón (m)	karton (m)	[kartón]
de cartón (adj)	prej kartoni	[prɛj kartóni]
polietileno (m)	polietilen (m)	[poliétilɛn]
celofán (m)	celofan (m)	[tsɛlofán]

| linóleo (m) | linoleum (m) | [linolɛúⁿ] |
| contrachapado (m) | kompensatë (f) | [kompɛnsátə] |

porcelana (f)	porcelan (m)	[portsɛ án]
de porcelana (adj)	prej porcelani	[prɛj pɔrtsɛláni]
arcilla (f), barro (m)	argjilë (f)	[aɲílə]
de barro (adj)	prej argjile	[prɛj aɲílɛ]
cerámica (f)	qeramikë (f)	[cɛramˈkə]
de cerámica (adj)	prej qeramike	[prɛj cɛramíkɛ]

28. Los metales

metal (m)	metal (m)	[mɛtál]
metálico (adj)	prej metali	[prɛj mɛtáli]
aleación (f)	aliazh (m)	[aliáʒ]

oro (m)	ar (m)	[ár]
de oro (adj)	prej ari	[prɛj áɾi]
plata (f)	argjend (m)	[aɲénd]
de plata (adj)	prej argjendi	[prɛj aɲéndi]

hierro (m)	hekur (m)	[hékur]
de hierro (adj)	prej hekuri	[prɛj hékuri]
acero (m)	çelik (m)	[tʃɛlík]
de acero (adj)	prej çeliku	[prɛj tʃɛlíku]
cobre (m)	bakër (m)	[bákər]
de cobre (adj)	prej bakri	[prɛj bákri]

aluminio (m)	alumin (m)	[alumín]
de aluminio (adj)	prej alumini	[prɛj a umíni]
bronce (m)	bronz (m)	[bronz]
de bronce (adj)	prej bronzi	[prɛj brónzi]

latón (m)	tunxh (m)	[tundʐ]
níquel (m)	nikel (m)	[nikél]
platino (m)	platin (m)	[platín]
mercurio (m)	merkur (m)	[mɛrkúr]
estaño (m)	kallaj (m)	[kałáj]
plomo (m)	plumb (m)	[plúmb]
zinc (m)	zink (m)	[zink]

EL SER HUMANO

El ser humano. El cuerpo

29. El ser humano. Conceptos básicos

ser (m) humano	qenie njerëzore (f)	[cɛníɛ ɲɛrəzóɾɛ]
hombre (m) (varón)	burrë (m)	[búrə]
mujer (f)	grua (f)	[grúa]
niño -a (m, f)	fëmijë (f)	[fəmíjə]
niña (f)	vajzë (f)	[vájzə]
niño (m)	djalë (f)	[djálə]
adolescente (m)	adoleshent (m)	[adolɛʃént]
viejo, anciano (m)	plak (m)	[plak]
vieja, anciana (f)	plakë (f)	[plákə]

30. La anatomía humana

organismo (m)	organizëm (m)	[organízəm]
corazón (m)	zemër (f)	[zémər]
sangre (f)	gjak (m)	[ɟak]
arteria (f)	arterie (f)	[artériɛ]
vena (f)	venë (f)	[vénə]
cerebro (m)	tru (m)	[tru]
nervio (m)	nerv (m)	[nɛrv]
nervios (m pl)	nerva (f)	[nérva]
vértebra (f)	vertebër (f)	[vɛrtébər]
columna (f) vertebral	shtyllë kurrizore (f)	[ʃtýɫə kurizóɾɛ]
estómago (m)	stomak (m)	[stomák]
intestinos (m pl)	zorrët (f)	[zórət]
intestino (m)	zorrë (f)	[zórə]
hígado (m)	mëlçi (f)	[məltʃí]
riñón (m)	veshkë (f)	[véʃkə]
hueso (m)	kockë (f)	[kótskə]
esqueleto (m)	skelet (m)	[skɛlét]
costilla (f)	brinjë (f)	[bríɲə]
cráneo (m)	kafkë (f)	[káfkə]
músculo (m)	muskul (m)	[múskul]
bíceps (m)	biceps (m)	[bitséps]
tríceps (m)	triceps (m)	[tritséps]
tendón (m)	tendon (f)	[tɛndón]
articulación (f)	nyje (f)	[nýjɛ]

pulmones (m pl)	mushkëri (m)	[muʃkərï]
genitales (m pl)	organe gjenitale (f)	[orgánɛ ɟɛnitálɛ]
piel (f)	lëkurë (f)	[ləkúrə]

31. La cabeza

cabeza (f)	kokë (f)	[kókə]
cara (f)	fytyrë (f)	[fytýrə]
nariz (f)	hundë (f)	[húndə]
boca (f)	gojë (f)	[gójə]

ojo (m)	sy (m)	[sy]
ojos (m pl)	sytë	[sýtə]
pupila (f)	bebëz (f)	[bébəz]
ceja (f)	vetull (f)	[vétuɫ]
pestaña (f)	qerpik (m)	[cɛrpík]
párpado (m)	qepallë (f)	[cɛpáɫə]

lengua (f)	gjuhë (f)	[ɟúhə]
diente (m)	dhëmb (m)	[ðəmb]
labios (m pl)	buzë (f)	[búzə]
pómulos (m pl)	mollëza (f)	[móɫəza]
encía (f)	mishrat e dhëmbëve	[míʃrat ɛ ðəmbəvɛ]
paladar (m)	qiellzë (f)	[ciéɫzɛ]

ventanas (f pl)	vrimat e hundës (pl)	[vríma: ɛ húndəs]
mentón (m)	mjekër (f)	[mjékɛr]
mandíbula (f)	nofull (f)	[nófuɫ]
mejilla (f)	faqe (f)	[fácɛ]

frente (f)	ball (m)	[báɫ]
sien (f)	tëmth (m)	[təmθ]
oreja (f)	vesh (m)	[vɛʃ]
nuca (f)	zverk (m)	[zvɛrk]
cuello (m)	qafë (f)	[cáfə]
garganta (f)	fyt (m)	[fyt]

pelo, cabello (m)	flokë (pl)	[flókə]
peinado (m)	model flokësh (m)	[modɛl flókəʃ]
corte (m) de pelo	prerje flokësh (f)	[prérjɛ flókəʃ]
peluca (f)	paruke (f)	[parúkɛ]

bigote (m)	mustaqe (f)	[mustácɛ]
barba (f)	mjekër (f)	[mjékər]
tener (~ la barba)	lë mjekër	[lə mjékər]
trenza (f)	gërshet (m)	[gərʃét]
patillas (f pl)	baseta (f)	[baséta]

pelirrojo (adj)	flokëkuqe	[flokəkúcɛ]
gris, canoso (adj)	thinja	[θíɲa]
calvo (adj)	qeros	[cɛrós]
calva (f)	tullë (f)	[túɫə]
cola (f) de caballo	bishtalec (m)	[biʃtaléts]
flequillo (m)	balluke (f)	[baɫúkɛ]

32. El cuerpo

mano (f)	dorë (f)	[dórə]
brazo (m)	krah (m)	[krah]

dedo (m)	gisht i dorës (m)	[gíʃt i dórəs]
dedo (m) del pie	gisht i këmbës (m)	[gíʃt i kémbəs]
dedo (m) pulgar	gishti i madh (m)	[gíʃti i máð]
dedo (m) meñique	gishti i vogël (m)	[gíʃti i vógəl]
uña (f)	thua (f)	[θúa]

puño (m)	grusht (m)	[grúʃt]
palma (f)	pëllëmbë dore (f)	[pəɫémbə dórɛ]
muñeca (f)	kyç (m)	[kytʃ]
antebrazo (m)	parakrah (m)	[parakráh]
codo (m)	bërryl (m)	[bərýl]
hombro (m)	shpatull (f)	[ʃpátuɫ]

pierna (f)	këmbë (f)	[kémbə]
planta (f)	shputë (f)	[ʃpútə]
rodilla (f)	gju (m)	[ɟú]
pantorrilla (f)	pulpë (f)	[púlpə]
cadera (f)	ijë (f)	[íjə]
talón (m)	thembër (f)	[θémbər]

cuerpo (m)	trup (m)	[trup]
vientre (m)	stomak (m)	[stomák]
pecho (m)	kraharor (m)	[kraharór]
seno (m)	gjoks (m)	[ɟóks]
lado (m), costado (m)	krah (m)	[krah]
espalda (f)	kurriz (m)	[kuríz]
zona (f) lumbar	fundshpina (f)	[fundʃpína]
cintura (f), talle (m)	beli (m)	[béli]

ombligo (m)	kërthizë (f)	[kərθízə]
nalgas (f pl)	vithe (f)	[víθɛ]
trasero (m)	prapanica (f)	[prapanítsa]

lunar (m)	nishan (m)	[niʃán]
marca (f) de nacimiento	shenjë lindjeje (f)	[ʃéɲə líndjɛjɛ]
tatuaje (m)	tatuazh (m)	[tatuáʒ]
cicatriz (f)	shenjë (f)	[ʃéɲə]

La ropa y los accesorios

33. La ropa exterior. Los abrigos

ropa (f), vestido (m)	rroba (f)	[róba]
ropa (f) de calle	veshje e sipërme (f)	[véʃʲɛ ɛ sípərmɛ]
ropa (f) de invierno	veshje dimri (f)	[véʃʲɛ dímri]
abrigo (m)	pallto (f)	[páɫto]
abrigo (m) de piel	gëzof (m)	[gəzóf]
abrigo (m) corto de piel	xhaketë lëkure (f)	[dʒaké:ə ləkúrɛ]
plumón (m)	xhup (m)	[dʒup]
cazadora (f)	xhaketë (f)	[dʒakéʈə]
impermeable (m)	pardesy (f)	[pardɛsý]
impermeable (adj)	kundër shiut	[kúndər ʃíut]

34. Ropa de hombre y mujer

camisa (f)	këmishë (f)	[kəmíʃə]
pantalones (m pl)	pantallona (f)	[pantaɫóna]
jeans, vaqueros (m pl)	xhinse (f)	[dʒínsɛ]
chaqueta (f), saco (m)	xhaketë kostumi (f)	[dʒakéʈə kostúmi]
traje (m)	kostum (m)	[kostúm]
vestido (m)	fustan (m)	[fustán]
falda (f)	fund (m)	[fund]
blusa (f)	bluzë (f)	[blúzəl]
rebeca (f), chaqueta (f) de punto	xhaketë me thurje (f)	[dʒakeʈə mɛ θúrjɛ]
chaqueta (f)	xhaketë femrash (f)	[dʒakeʈə fémraʃ]
camiseta (f) (T-shirt)	bluzë (f)	[blúzə]
shorts (m pl)	pantallona të shkurtra (f)	[pantɛɫóna tə ʃkúrtrə]
traje (m) deportivo	tuta sportive (f)	[túta ɛportívɛ]
bata (f) de baño	peshqir trupi (m)	[pɛʃcír trúpi]
pijama (f)	pizhame (f)	[piʒárˠɛ]
jersey (m), suéter (m)	triko (f)	[tríko]
pulóver (m)	pulovër (m)	[pulóʌər]
chaleco (m)	jelek (m)	[jɛlék]
frac (m)	frak (m)	[frak]
esmoquin (m)	smoking (m)	[smokíŋ]
uniforme (m)	uniformë (f)	[unifórmə]
ropa (f) de trabajo	rroba pune (f)	[róba púnɛ]
mono (m)	kominoshe (f)	[kominóʃɛ]
bata (f) (p. ej. ~ blanca)	uniformë (f)	[unifɛ́rmə]

35. La ropa. La ropa interior

ropa (f) interior	të brendshme (f)	[tə bréndʃmɛ]
bóxer (m)	boksera (f)	[bokséra]
bragas (f pl)	brekë (f)	[brékə]
camiseta (f) interior	fanellë (f)	[fanéłə]
calcetines (m pl)	çorape (pl)	[tʃorápɛ]

camisón (m)	këmishë nate (f)	[kəmíʃə nátɛ]
sostén (m)	sytjena (f)	[sytjéna]
calcetines (m pl) altos	çorape déri tek gjuri (pl)	[tʃorápɛ déri ték ɹúri]
pantimedias (f pl)	geta (f)	[géta]
medias (f pl)	çorape të holla (pl)	[tʃorápɛ tə hóła]
traje (m) de baño	rrobë banje (f)	[róbə báɲɛ]

36. Gorras

gorro (m)	kapelë (f)	[kapélə]
sombrero (m) de fieltro	kapelë republike (f)	[kapélə rɛpublíkɛ]
gorra (f) de béisbol	kapelë bejsbolli (f)	[kapélə bɛjsbóɫi]
gorra (f) plana	kapelë e sheshtë (f)	[kapélə ɛ ʃéʃtə]

boina (f)	beretë (f)	[bɛrétə]
capuchón (m)	kapuç (m)	[kapútʃ]
panamá (m)	kapelë panama (f)	[kapélə panamá]
gorro (m) de punto	kapuç leshi (m)	[kapútʃ léʃi]

pañuelo (m)	shami (f)	[ʃamí]
sombrero (m) de mujer	kapelë femrash (f)	[kapélə fémraʃ]

casco (m) (~ protector)	helmetë (f)	[hɛlmétə]
gorro (m) de campaña	kapelë ushtrie (f)	[kapélə uʃtríɛ]
casco (m) (~ de moto)	helmetë (f)	[hɛlmétə]

bombín (m)	kapelë derby (f)	[kapélə dérby]
sombrero (m) de copa	kapelë cilindër (f)	[kapélə tsilíndər]

37. El calzado

calzado (m)	këpucë (pl)	[kəpútsə]
botas (f pl)	këpucë burrash (pl)	[kəpútsə búraʃ]
zapatos (m pl)	këpucë grash (pl)	[kəpútsə gráʃ]
(~ de tacón bajo)		
botas (f pl) altas	çizme (pl)	[tʃízmɛ]
zapatillas (f pl)	pantofla (pl)	[pantófla]

tenis (m pl)	atlete tenisi (pl)	[atlétɛ tɛnísi]
zapatillas (f pl) de lona	atlete (pl)	[atlétɛ]
sandalias (f pl)	sandale (pl)	[sandálɛ]
zapatero (m)	këpucëtar (m)	[kəputsətár]
tacón (m)	takë (f)	[tákə]

par (m)	palë (f)	[pálə]
cordón (m)	lidhëse këpucësh (f)	[líðəsɛ kəpútsəʃ]
encordonar (vt)	lidh këpucët	[lið kəpútsət]
calzador (m)	lugë këpucësh (f)	[lúgə kəpútsəʃ]
betún (m)	bojë këpucësh (f)	[bójə kəpútsəʃ]

38. Los textiles. Las telas

algodón (m)	pambuk (m)	[pambuk]
de algodón (adj)	i pambuktë	[i pambúktə]
lino (m)	li (m)	[li]
de lino (adj)	prej liri	[prɛj lír]

seda (f)	mëndafsh (m)	[məndáfʃ]
de seda (adj)	i mëndafshtë	[i məndáfʃtə]
lana (f)	lesh (m)	[lɛʃ]
de lana (adj)	i leshtë	[i léʃtə]

terciopelo (m)	kadife (f)	[kadífɛ]
gamuza (f)	kamosh (m)	[kamóʃ]
pana (f)	kadife me riga (f)	[kadífɛ mɛ ríga]

nilón (m)	najlon (m)	[najlór]
de nilón (adj)	prej najloni	[prɛj najlóni]
poliéster (m)	poliestër (m)	[poliéstər]
de poliéster (adj)	prej poliestri	[prɛj pɔliéstri]

piel (f) (cuero)	lëkurë (f)	[ləkúrə]
de piel (de cuero)	prej lëkure	[prɛj lɛkúrɛ]
piel (f) (~ de zorro, etc.)	gëzof (m)	[gəzófʃ]
de piel (abrigo ~)	prej gëzofi	[prɛj gəzófi]

39. Accesorios personales

guantes (m pl)	dorëza (pl)	[dórəza]
manoplas (f pl)	doreza (f)	[doréza]
bufanda (f)	shall (m)	[ʃaɫ]

gafas (f pl)	syze (f)	[sýzɛ]
montura (f)	skelet syzesh (m)	[skɛlét sýzɛʃ]
paraguas (m)	çadër (f)	[tʃádə·]
bastón (m)	bastun (m)	[bastún]
cepillo (m) de pelo	furçë flokësh (f)	[fúrtʃə flókəʃ]
abanico (m)	erashkë (f)	[ɛráʃkə]

corbata (f)	kravatë (f)	[kravatə]
pajarita (f)	papion (m)	[papion]
tirantes (m pl)	aski (pl)	[askí]
moquero (m)	shami (f)	[ʃamí]

| peine (m) | krehër (m) | [kréhər] |
| pasador (m) de pelo | kapëse flokësh (f) | [kápɛsɛ flókəʃ] |

| horquilla (f) | karficë (f) | [karfítsə] |
| hebilla (f) | tokëz (f) | [tókəz] |

| cinturón (m) | rrip (m) | [rip] |
| correa (f) (de bolso) | rrip supi (m) | [rip súpi] |

bolsa (f)	çantë dore (f)	[tʃántə dórɛ]
bolso (m)	çantë (f)	[tʃántə]
mochila (f)	çantë shpine (f)	[tʃántə ʃpínɛ]

40. La ropa. Miscelánea

moda (f)	modë (f)	[módə]
de moda (adj)	në modë	[nə módə]
diseñador (m) de moda	stilist (m)	[stilíst]

cuello (m)	jakë (f)	[jákə]
bolsillo (m)	xhep (m)	[dʒɛp]
de bolsillo (adj)	i xhepit	[i dʒépit]
manga (f)	mëngë (f)	[méŋə]
presilla (f)	hallkë për varje (f)	[háɫkə pər várjɛ]
bragueta (f)	zinxhir (m)	[zindʒír]

cremallera (f)	zinxhir (m)	[zindʒír]
cierre (m)	kapëse (f)	[kápəsɛ]
botón (m)	kopsë (f)	[kópsə]
ojal (m)	vrimë kopse (f)	[vrímə kópsɛ]
saltar (un botón)	këputet	[kəpútɛt]

coser (vi, vt)	qep	[cɛp]
bordar (vt)	qëndis	[cəndís]
bordado (m)	qëndisje (f)	[cəndísjɛ]
aguja (f)	gjilpërë për qepje (f)	[ɟilpérə pər cépjɛ]
hilo (m)	pe (m)	[pɛ]
costura (f)	tegel (m)	[tɛgél]

ensuciarse (vr)	bëhem pis	[bə́hɛm pis]
mancha (f)	njollë (f)	[ɲóɫə]
arrugarse (vr)	zhubros	[ʒubrós]
rasgar (vt)	gris	[gris]
polilla (f)	molë rrobash (f)	[mólə róbaʃ]

41. Productos personales. Cosméticos

pasta (f) de dientes	pastë dhëmbësh (f)	[pástə ðémbəʃ]
cepillo (m) de dientes	furçë dhëmbësh (f)	[fúrtʃə ðémbəʃ]
limpiarse los dientes	laj dhëmbët	[laj ðémbət]

maquinilla (f) de afeitar	brisk (m)	[brísk]
crema (f) de afeitar	pastë rroje (f)	[pástə rójɛ]
afeitarse (vr)	rruhem	[rúhɛm]
jabón (m)	sapun (m)	[sapún]

champú (m)	shampo (f)	[ʃampó]
tijeras (f pl)	gërshërë (f)	[gərʃérɛ]
lima (f) de uñas	limë thonjsh (f)	[límə θóɲʃ]
cortaúñas (m pl)	prerëse thonjsh (f)	[prérəsɛ θóɲʃ]
pinzas (f pl)	piskatore vetullash (f)	[piskatorɛ vétuɫaʃ]

cosméticos (m pl)	kozmetikë (f)	[kozmɛtíkə]
mascarilla (f)	maskë fytyre (f)	[máskɛ fytýrɛ]
manicura (f)	manikyr (m)	[manikýr]
hacer la manicura	bëj manikyr	[bəj mɛnikýr]
pedicura (f)	pedikyr (m)	[pɛdikýr]

neceser (m) de maquillaje	çantë kozmetike (f)	[tʃántə kozmɛtíkɛ]
polvos (m pl)	pudër fytyre (f)	[púdər fytýrɛ]
polvera (f)	pudër kompakte (f)	[púdər kompáktɛ]
colorete (m), rubor (m)	ruzh (m)	[ruʒ]

perfume (m)	parfum (m)	[parfúⁿ]
agua (f) perfumada	parfum (m)	[parfúⁿ]
loción (f)	krem (m)	[krɛm]
agua (f) de colonia	kolonjë (f)	[kolóɲə]

sombra (f) de ojos	rimel (m)	[rimél]
lápiz (m) de ojos	laps për sy (m)	[láps pər sy]
rímel (m)	rimel (m)	[rimél]

pintalabios (m)	buzëkuq (m)	[buzəkúc]
esmalte (m) de uñas	llak për thonj (m)	[ɫak pər θóɲ]
fijador (m) (para el pelo)	llak flokësh (m)	[ɫak flokəʃ]
desodorante (m)	deodorant (m)	[dɛodoránt]

crema (f)	krem (m)	[krɛm]
crema (f) de belleza	krem për fytyrë (m)	[krɛm pər fytýrə]
crema (f) de manos	krem për duar (m)	[krɛm pər dúar]
crema (f) antiarrugas	krem kundër rrudhave (m)	[krɛm kúndər rúðavɛ]
crema (f) de día	krem dite (m)	[krɛm dítɛ]
crema (f) de noche	krem nate (m)	[krɛm nátɛ]
de día (adj)	dite	[dítɛ]
de noche (adj)	nate	[nátɛ]

tampón (m)	tampon (m)	[tampɔ́n]
papel (m) higiénico	letër higjienike (f)	[létər çiɟiɛníkɛ]
secador (m) de pelo	tharëse flokësh (f)	[θárəsɛ flókəʃ]

42. Las joyas

joyas (f pl)	bizhuteri (f)	[biʒutɛrí]
precioso (adj)	i çmuar	[i tʃmuar]
contraste (m)	vulë dalluese (f)	[vúlə daɫúɛsɛ]

anillo (m)	unazë (f)	[unázə]
anillo (m) de boda	unazë martese (f)	[unázə martésɛ]
pulsera (f)	byzylyk (m)	[byzyɫýk]
pendientes (m pl)	vathë (pl)	[váθɛ]

collar (m) (~ de perlas)	gjerdan (m)	[ɟɛrdán]
corona (f)	kurorë (f)	[kuróɾə]
collar (m) de abalorios	qafore me rruaza (f)	[cafóɾɛ mɛ ruáza]

diamante (m)	diamant (m)	[diamánt]
esmeralda (f)	smerald (m)	[smɛráld]
rubí (m)	rubin (m)	[rubín]
zafiro (m)	safir (m)	[safíɾ]
perla (f)	perlë (f)	[pérlə]
ámbar (m)	qelibar (m)	[cɛlibáɾ]

43. Los relojes

reloj (m)	orë dore (f)	[óɾə dóɾɛ]
esfera (f)	faqe e orës (f)	[fácɛ ɛ óɾəs]
aguja (f)	akrep (m)	[akrép]
pulsera (f)	rrip metalik ore (m)	[rip mɛtalík óɾɛ]
correa (f) (del reloj)	rrip ore (m)	[rip óɾɛ]

pila (f)	bateri (f)	[batɛɾí]
descargarse (vr)	e shkarkuar	[ɛ ʃkarkúar]
cambiar la pila	ndërroj baterinë	[ndərój batɛɾínə]
adelantarse (vr)	kalon shpejt	[kalón ʃpéjt]
retrasarse (vr)	ngel prapa	[ŋɛl prápa]

reloj (m) de pared	orë muri (f)	[óɾə múɾi]
reloj (m) de arena	orë rëre (f)	[óɾə rəɾɛ]
reloj (m) de sol	orë diellore (f)	[óɾə diɛɫóɾɛ]
despertador (m)	orë me zile (f)	[óɾə mɛ zílɛ]
relojero (m)	orëndreqës (m)	[orəndrécəs]
reparar (vt)	ndreq	[ndréc]

La comida y la nutrición

44. La comida

carne (f)	mish (m)	[miʃ]
gallina (f)	pulë (f)	[púlə]
pollo (m)	mish pule (m)	[miʃ púlɛ]
pato (m)	rosë (f)	[rósə]
ganso (m)	patë (f)	[pátə]
caza (f) menor	gjah (m)	[ɟáh]
pava (f)	mish gjel deti (m)	[miʃ ɟɛl déti]
carne (f) de cerdo	mish derri (m)	[miʃ dé ˙i]
carne (f) de ternera	mish viçi (m)	[miʃ vítʃi]
carne (f) de carnero	mish qengji (m)	[miʃ cénɟi]
carne (f) de vaca	mish lope (m)	[miʃ lópɛ]
conejo (m)	mish lepuri (m)	[miʃ lépuri]
salchichón (m)	salsiçe (f)	[salsítʃɛ]
salchicha (f)	salsiçe vjeneze (f)	[salsítʃɛ vjɛnézɛ]
beicon (m)	proshutë (f)	[proʃútə]
jamón (m)	sallam (m)	[saɫám]
jamón (m) fresco	kofshë derri (f)	[kófʃə déri]
paté (m)	pate (f)	[paté]
hígado (m)	mëlçi (f)	[məltʃi]
carne (f) picada	hamburger (m)	[hamburgér]
lengua (f)	gjuhë (f)	[ɟúhə]
huevo (m)	ve (f)	[vɛ]
huevos (m pl)	vezë (pl)	[vézə]
clara (f)	e bardhë veze (f)	[ɛ bárðə vézɛ]
yema (f)	e verdhë veze (f)	[ɛ vérðə vézɛ]
pescado (m)	peshk (m)	[pɛʃk]
mariscos (m pl)	fruta deti (pl)	[frúta déti]
crustáceos (m pl)	krustace (pl)	[krustátsɛ]
caviar (m)	havjar (m)	[havjár]
cangrejo (m) de mar	gaforre (f)	[gafórɛ]
camarón (m)	karkalec (m)	[karkɛléts]
ostra (f)	midhje (f)	[míðjɛ]
langosta (f)	karavidhe (f)	[karavíðɛ]
pulpo (m)	oktapod (m)	[oktapód]
calamar (m)	kallamarë (f)	[kaɫamárə]
esturión (m)	bli (m)	[blí]
salmón (m)	salmon (m)	[salmón]
fletán (m)	shojzë e Atlantikut Verior (f)	[ʃójzə ɛ atlantíkut vɛriór]
bacalao (m)	merluc (m)	[mɛrluts]

caballa (f)	skumbri (m)	[skúmbri]
atún (m)	tunë (f)	[túnə]
anguila (f)	ngjalë (f)	[ɲʝálə]

trucha (f)	troftë (f)	[tróftə]
sardina (f)	sardele (f)	[sardélɛ]
lucio (m)	mlysh (m)	[mlýʃ]
arenque (m)	harengë (f)	[haréŋə]

pan (m)	bukë (f)	[búkə]
queso (m)	djath (m)	[djáθ]
azúcar (m)	sheqer (m)	[ʃɛcér]
sal (f)	kripë (f)	[krípə]

arroz (m)	oriz (m)	[oríz]
macarrones (m pl)	makarona (f)	[makaróna]
tallarines (m pl)	makarona petë (f)	[makaróna pétə]

mantequilla (f)	gjalp (m)	[ʝalp]
aceite (m) vegetal	vaj vegjetal (m)	[vaj vɛʝɛtál]
aceite (m) de girasol	vaj luledielli (m)	[vaj lulɛdiéɬi]
margarina (f)	margarinë (f)	[margarínə]

| olivas (f pl) | ullinj (pl) | [uɬíɲ] |
| aceite (m) de oliva | vaj ulliri (m) | [vaj uɬíri] |

leche (f)	qumësht (m)	[cúməʃt]
leche (f) condensada	qumësht i kondensuar (m)	[cúməʃt i kondɛnsúar]
yogur (m)	kos (m)	[kos]
nata (f) agria	salcë kosi (f)	[sáltsə kosi]
nata (f) líquida	krem qumështi (m)	[krɛm cúməʃti]

| mayonesa (f) | majonezë (f) | [majonézə] |
| crema (f) de mantequilla | krem gjalpi (m) | [krɛm ʝálpi] |

cereal molido grueso	drithëra (pl)	[dríθəra]
harina (f)	miell (m)	[míɛɬ]
conservas (f pl)	konserva (f)	[konsérva]

copos (m pl) de maíz	kornfleiks (m)	[kornfléiks]
miel (f)	mjaltë (f)	[mjáltə]
confitura (f)	reçel (m)	[rɛtʃél]
chicle (m)	çamçakëz (m)	[tʃamtʃakéz]

45. Las bebidas

agua (f)	ujë (m)	[újə]
agua (f) potable	ujë i pijshëm (m)	[újə i píjʃəm]
agua (f) mineral	ujë mineral (m)	[újə minɛrál]

sin gas	ujë natyral	[újə natyrál]
gaseoso (adj)	ujë i karbonuar	[újə i karbonúar]
con gas	ujë i gazuar	[újə i gazúar]
hielo (m)	akull (m)	[ákuɬ]

con hielo	me akull	[mɛ ákuɫ]
sin alcohol	jo alkoolik	[jo alkɔɔlík]
bebida (f) sin alcohol	pije e lehtë (f)	[píjɛ ɛ lɜhtə]
refresco (m)	pije freskuese (f)	[píjɛ frɛskúɛsɛ]
limonada (f)	limonadë (f)	[limonɛ́də]

bebidas (f pl) alcohólicas	likere (pl)	[likérɛ]
vino (m)	verë (f)	[vérə]
vino (m) blanco	verë e bardhë (f)	[vérə ɛ bárðə]
vino (m) tinto	verë e kuqe (f)	[vérə ɛ kúcɛ]

licor (m)	liker (m)	[likér]
champaña (f)	shampanjë (f)	[ʃampáɲə]
vermú (m)	vermut (m)	[vɛrmút]

whisky (m)	uiski (m)	[víski]
vodka (m)	vodkë (f)	[vódkə]
ginebra (f)	xhin (m)	[dʒin]
coñac (m)	konjak (m)	[koɲák]
ron (m)	rum (m)	[rum]

café (m)	kafe (f)	[káfɛ]
café (m) solo	kafe e zezë (f)	[káfɛ ɛ zézə]
café (m) con leche	kafe me qumësht (m)	[káfɛ mɛ cúməʃt]
capuchino (m)	kapuçino (m)	[kaputˈīno]
café (m) soluble	neskafe (f)	[nɛskáfɛ]

leche (f)	qumësht (m)	[cúməʃt]
cóctel (m)	koktej (m)	[koktéˌ]
batido (m)	milkshake (f)	[milkʃékɛ]

zumo (m), jugo (m)	lëng frutash (m)	[ləŋ frútaʃ]
jugo (m) de tomate	lëng domatesh (m)	[ləŋ domátɛʃ]
zumo (m) de naranja	lëng portokalli (m)	[ləŋ portokáɫi]
zumo (m) fresco	lëng frutash i freskët (m)	[ləŋ frútaʃ i fréskət]

cerveza (f)	birrë (f)	[bírə]
cerveza (f) rubia	birrë e lehtë (f)	[bírə ɛ léhtə]
cerveza (f) negra	birrë e zezë (f)	[bírə ɛ zézə]

té (m)	çaj (m)	[tʃáj]
té (m) negro	çaj i zi (m)	[tʃáj i zí]
té (m) verde	çaj jeshil (m)	[tʃáj jɛʃíl]

46. Las verduras

| legumbres (f pl) | perime (pl) | [pɛrímɛ] |
| verduras (f pl) | zarzavate (pl) | [zarzavátɛ] |

tomate (m)	domate (f)	[domátɛ]
pepino (m)	kastravec (m)	[kastɾavéts]
zanahoria (f)	karotë (f)	[karóˑə]
patata (f)	patate (f)	[patáˑɛ]
cebolla (f)	qepë (f)	[cépɛ]

ajo (m)	hudhër (f)	[húðər]
col (f)	lakër (f)	[lákər]
coliflor (f)	lulelakër (f)	[lulɛlákər]
col (f) de Bruselas	lakër Brukseli (f)	[lákər brukséli]
brócoli (m)	brokoli (m)	[brókoli]

remolacha (f)	panxhar (m)	[pandʒár]
berenjena (f)	patëllxhan (m)	[patəɫdʒán]
calabacín (m)	kungulleshë (m)	[kuŋuɫéʃə]
calabaza (f)	kungull (m)	[kúŋuɫ]
nabo (m)	rrepë (f)	[répə]

perejil (m)	majdanoz (m)	[majdanóz]
eneldo (m)	kopër (f)	[kópər]
lechuga (f)	sallatë jeshile (f)	[saɫátə jɛʃílɛ]
apio (m)	selino (f)	[sɛlíno]
espárrago (m)	asparagus (m)	[asparágus]
espinaca (f)	spinaq (m)	[spinác]

guisante (m)	bizele (f)	[bizélɛ]
habas (f pl)	fasule (f)	[fasúlɛ]
maíz (m)	misër (m)	[mísər]
fréjol (m)	groshë (f)	[gróʃə]

pimentón (m)	spec (m)	[spɛts]
rábano (m)	rrepkë (f)	[répkə]
alcachofa (f)	angjinare (f)	[anɟinárɛ]

47. Las frutas. Las nueces

fruto (m)	frut (m)	[frut]
manzana (f)	mollë (f)	[móɫə]
pera (f)	dardhë (f)	[dárðə]
limón (m)	limon (m)	[limón]
naranja (f)	portokall (m)	[portokáɫ]
fresa (f)	luleshtrydhe (f)	[lulɛʃtrýðɛ]

mandarina (f)	mandarinë (f)	[mandarínə]
ciruela (f)	kumbull (f)	[kúmbuɫ]
melocotón (m)	pjeshkë (f)	[pjéʃkə]
albaricoque (m)	kajsi (f)	[kajsí]
frambuesa (f)	mjedër (f)	[mjédər]
ananás (m)	ananas (m)	[ananás]

banana (f)	banane (f)	[banánɛ]
sandía (f)	shalqi (m)	[ʃalcí]
uva (f)	rrush (m)	[ruʃ]
guinda (f)	qershi vishnje (f)	[cɛrʃí víʃɲɛ]
cereza (f)	qershi (f)	[cɛrʃí]
melón (m)	pjepër (m)	[pjépər]

pomelo (m)	grejpfrut (m)	[grɛjpfrút]
aguacate (m)	avokado (f)	[avokádo]
papaya (f)	papaja (f)	[papája]

| mango (m) | mango (f) | [máŋo] |
| granada (f) | shegë (f) | [ʃégə] |

grosella (f) roja	kaliboba e kuqe (f)	[kalibóba ɛ kúcɛ]
grosella (f) negra	kaliboba e zezë (f)	[kalibóba ɛ zézə]
grosella (f) espinosa	kulumbri (f)	[kulumbrí]
arándano (m)	boronicë (f)	[boroníʦə]
zarzamoras (f pl)	manaferra (f)	[manaférа]

pasas (f pl)	rrush i thatë (m)	[ruʃ i θátə]
higo (m)	fik (m)	[fik]
dátil (m)	hurmë (f)	[húrmə]

cacahuete (m)	kikirik (m)	[kikirík]
almendra (f)	bajame (f)	[bajámɛ]
nuez (f)	arrë (f)	[árə]
avellana (f)	lajthi (f)	[lajθí]
nuez (f) de coco	arrë kokosi (f)	[árə kɔkósi]
pistachos (m pl)	fëstëk (m)	[fəstə́k]

48. El pan. Los dulces

pasteles (m pl)	ëmbëlsira (pl)	[əmbə síra]
pan (m)	bukë (f)	[búkə]
galletas (f pl)	biskota (pl)	[biskóta]

chocolate (m)	çokollatë (f)	[tʃokołátə]
de chocolate (adj)	prej çokollate	[prɛj tʃokołátɛ]
caramelo (m)	karamele (f)	[karamélɛ]
tarta (f) (pequeña)	kek (m)	[kék]
tarta (f) (~ de cumpleaños)	tortë (f)	[tórtə]

| pastel (m) (~ de manzana) | tortë (f) | [tórtə] |
| relleno (m) | mbushje (f) | [mbúʃjɛ] |

confitura (f)	reçel (m)	[rɛtʃél]
mermelada (f)	marmelatë (f)	[marmɛlátə]
gofre (m)	vafera (pl)	[vaféra]
helado (m)	akullore (f)	[akułórɛ]
pudín (f)	puding (m)	[pudír]

49. Los platos al horno

plato (m)	pjatë (f)	[pjátə]
cocina (f)	kuzhinë (f)	[kuʒínə]
receta (f)	recetë (f)	[rɛtsétə]
porción (f)	racion (m)	[ratsión]

ensalada (f)	sallatë (f)	[sałátə]
sopa (f)	supë (f)	[súpə]
caldo (m)	lëng mishi (m)	[ləŋ míʃi]
bocadillo (m)	sandviç (m)	[sandvítʃ]

huevos (m pl) fritos	vezë të skuqura (pl)	[vézə tə skúcura]
hamburguesa (f)	hamburger	[hamburgér]
bistec (m)	biftek (m)	[bifték]

guarnición (f)	garniturë (f)	[garnitúrə]
espagueti (m)	shpageti (pl)	[ʃpagéti]
puré (m) de patatas	pure patatesh (f)	[puré patátɛʃ]
pizza (f)	pica (f)	[pítsa]
gachas (f pl)	qull (m)	[cuɬ]
tortilla (f) francesa	omëletë (f)	[oməlétə]

cocido en agua (adj)	i zier	[i zíɛr]
ahumado (adj)	i tymosur	[i tymósur]
frito (adj)	i skuqur	[i skúcur]
seco (adj)	i tharë	[i θárə]
congelado (adj)	i ngrirë	[i ŋrírə]
marinado (adj)	i marinuar	[i marinúar]

azucarado (adj)	i ëmbël	[i émbəl]
salado (adj)	i kripur	[i krípur]
frío (adj)	i ftohtë	[i ftóhtə]
caliente (adj)	i nxehtë	[i ndzéhtə]
amargo (adj)	i hidhur	[i híður]
sabroso (adj)	i shijshëm	[i ʃiʃəm]

cocer en agua	ziej	[zíɛj]
preparar (la cena)	gatuaj	[gatúaj]
freír (vt)	skuq	[skuc]
calentar (vt)	ngroh	[ŋróh]

salar (vt)	hedh kripë	[hɛð krípə]
poner pimienta	hedh piper	[hɛð pipér]
rallar (vt)	rendoj	[rɛndój]
piel (f)	lëkurë (f)	[ləkúrə]
pelar (vt)	qëroj	[cərój]

50. Las especias

sal (f)	kripë (f)	[krípə]
salado (adj)	i kripur	[i krípur]
salar (vt)	hedh kripë	[hɛð krípə]

pimienta (f) negra	piper i zi (m)	[pipér i zi]
pimienta (f) roja	piper i kuq (m)	[pipér i kuc]
mostaza (f)	mustardë (f)	[mustárdə]
rábano (m) picante	rrepë djegëse (f)	[répə djégəsɛ]

condimento (m)	salcë (f)	[sáltsə]
especia (f)	erëz (f)	[érəz]
salsa (f)	salcë (f)	[sáltsə]
vinagre (m)	uthull (f)	[úθuɬ]

| anís (m) | anisetë (f) | [anisétə] |
| albahaca (f) | borzilok (m) | [borzilók] |

clavo (m)	karafil (m)	[karafíl]
jengibre (m)	xhenxhefil (m)	[dʒɛndʒɛfíl]
cilantro (m)	koriandër (m)	[koriándər]
canela (f)	kanellë (f)	[kanétɛ]

sésamo (m)	susam (m)	[susám]
hoja (f) de laurel	gjeth dafine (m)	[ʝɛθ dafínɛ]
paprika (f)	spec (m)	[spɛts]
comino (m)	kumin (m)	[kumín˙
azafrán (m)	shafran (m)	[ʃafrán]

51. Las comidas

| comida (f) | ushqim (m) | [uʃcím] |
| comer (vi, vt) | ha | [ha] |

desayuno (m)	mëngjes (m)	[mənɟés]
desayunar (vi)	ha mëngjes	[ha mənɟés]
almuerzo (m)	drekë (f)	[drékə]
almorzar (vi)	ha drekë	[ha drékə]
cena (f)	darkë (f)	[dárkə˙
cenar (vi)	ha darkë	[ha dárkə]

| apetito (m) | oreks (m) | [oréks˙ |
| ¡Que aproveche! | Të bëftë mirë! | [tə bəf:ə mírə!] |

abrir (vt)	hap	[hap]
derramar (líquido)	derdh	[dérð]
derramarse (líquido)	derdhje	[dérðjɛ]

hervir (vi)	ziej	[zíɛj]
hervir (vt)	ziej	[zíɛj]
hervido (agua ~a)	i zier	[i zíɛr]
enfriar (vt)	ftoh	[ftoh]
enfriarse (vr)	ftohje	[ftóhjɛ]

| sabor (m) | shije (f) | [ʃíjɛ] |
| regusto (m) | shije (f) | [ʃíjɛ] |

adelgazar (vi)	dobësohem	[dobəsóhɛm]
dieta (f)	dietë (f)	[diétə]
vitamina (f)	vitaminë (f)	[vitamínə]
caloría (f)	kalori (f)	[kalorí]

| vegetariano (m) | vegjetarian (m) | [vɛɟɛtarián] |
| vegetariano (adj) | vegjetarian | [vɛɟɛtarián] |

grasas (f pl)	yndyrë (f)	[yndýrə]
proteínas (f pl)	proteinë (f)	[protɛínə]
carbohidratos (m pl)	karbohidrat (m)	[karbohidrát]

loncha (f)	fetë (f)	[fétə]
pedazo (m)	copë (f)	[tsópə]
miga (f)	dromcë (f)	[dróm̄tsə]

52. Los cubiertos

cuchara (f)	lugë (f)	[lúgə]
cuchillo (m)	thikë (f)	[θíkə]
tenedor (m)	pirun (m)	[pirún]

taza (f)	filxhan (m)	[fildʒán]
plato (m)	pjatë (f)	[pjátə]
platillo (m)	pjatë filxhani (f)	[pjátə fildʒáni]
servilleta (f)	pecetë (f)	[pɛtsétə]
mondadientes (m)	kruajtëse dhëmbësh (f)	[krúajtəsɛ ðə́mbəʃ]

53. El restaurante

restaurante (m)	restorant (m)	[rɛstoránt]
cafetería (f)	kafene (f)	[kafɛné]
bar (m)	pab (m), pijetore (f)	[pab], [pijɛtórɛ]
salón (m) de té	çajtore (f)	[tʃajtórɛ]

camarero (m)	kamerier (m)	[kamɛriér]
camarera (f)	kameriere (f)	[kamɛriérɛ]
barman (m)	banakier (m)	[banakiér]

carta (f), menú (m)	menu (f)	[mɛnú]
carta (f) de vinos	menu verërash (f)	[mɛnú vérəraʃ]
reservar una mesa	rezervoj një tavolinë	[rɛzɛrvój ɲə tavolínə]

plato (m)	pjatë (f)	[pjátə]
pedir (vt)	porosis	[porosís]
hacer el pedido	bëj porosinë	[bəj porosínə]

aperitivo (m)	aperitiv (m)	[apɛritív]
entremés (m)	antipastë (f)	[antipástə]
postre (m)	ëmbëlsirë (f)	[əmbəlsírə]

cuenta (f)	faturë (f)	[fatúrə]
pagar la cuenta	paguaj faturën	[pagúaj fatúrən]
dar la vuelta	jap kusur	[jap kusúr]
propina (f)	bakshish (m)	[bakʃíʃ]

La familia nuclear, los parientes y los amigos

54. La información personal. Los formularios

nombre (m)	emër (m)	[émər]
apellido (m)	mbiemër (m)	[mbiémər]
fecha (f) de nacimiento	datëlindje (f)	[datəlíndjɛ]
lugar (m) de nacimiento	vendlindje (f)	[vɛndlíˀdjɛ]
nacionalidad (f)	kombësi (f)	[kombəsí]
domicilio (m)	vendbanim (m)	[vɛndbaním]
país (m)	shtet (m)	[ʃtɛt]
profesión (f)	profesion (m)	[profɛsión]
sexo (m)	gjinia (f)	[ɟinía]
estatura (f)	gjatësia (f)	[ɟatəsía]
peso (m)	peshë (f)	[péʃə]

55. Los familiares. Los parientes

madre (f)	nënë (f)	[nénə]
padre (m)	baba (f)	[babá]
hijo (m)	bir (m)	[biɾ]
hija (f)	bijë (f)	[bíjə]
hija (f) menor	vajza e vogël (f)	[vájza ɛ vógəl]
hijo (m) menor	djali i vogël (m)	[djáli i vógəl]
hija (f) mayor	vajza e madhe (f)	[vájza ɛ máðɛ]
hijo (m) mayor	djali i vogël (m)	[djáli i vógəl]
hermano (m)	vëlla (m)	[vəɫá]
hermano (m) mayor	vëllai i madh (m)	[vəɫái i mað]
hermano (m) menor	vëllai i vogël (m)	[vəɫai i vógəl]
hermana (f)	motër (f)	[móteˀ]
hermana (f) mayor	motra e madhe (f)	[mótra ɛ máðɛ]
hermana (f) menor	motra e vogël (f)	[mótra ɛ vógəl]
primo (m)	kushëri (m)	[kuʃəɾˀ]
prima (f)	kushërirë (f)	[kuʃəɾírə]
mamá (f)	mami (f)	[mámi]
papá (m)	babi (m)	[bábi]
padres (m pl)	prindër (pl)	[príncəɾ]
niño -a (m, f)	fëmijë (f)	[fəmíjə]
niños (m pl)	fëmijë (pl)	[fəmíjə]
abuela (f)	gjyshe (f)	[ɟýʃɛ]
abuelo (m)	gjysh (m)	[ɟyʃ]

nieto (m)	nip (m)	[nip]
nieta (f)	mbesë (f)	[mbésə]
nietos (m pl)	nipër e mbesa (pl)	[nípər ɛ mbésa]

tío (m)	dajë (f)	[dájə]
tía (f)	teze (f)	[tézɛ]
sobrino (m)	nip (m)	[nip]
sobrina (f)	mbesë (f)	[mbésə]

suegra (f)	vjehrrë (f)	[vjéhrə]
suegro (m)	vjehrri (m)	[vjéhri]
yerno (m)	dhëndër (m)	[ðéndər]
madrastra (f)	njerkë (f)	[ɲérkə]
padrastro (m)	njerk (m)	[ɲérk]

niño (m) de pecho	foshnjë (f)	[fóʃɲə]
bebé (m)	fëmijë (f)	[fəmíjə]
chico (m)	djalosh (m)	[djalóʃ]

mujer (f)	bashkëshorte (f)	[baʃkəʃórtɛ]
marido (m)	bashkëshort (m)	[baʃkəʃórt]
esposo (m)	bashkëshort (m)	[baʃkəʃórt]
esposa (f)	bashkëshorte (f)	[baʃkəʃórtɛ]

casado (adj)	i martuar	[i martúar]
casada (adj)	e martuar	[ɛ martúar]
soltero (adj)	beqar	[bɛcár]
soltero (m)	beqar (m)	[bɛcár]
divorciado (adj)	i divorcuar	[i divortsúar]
viuda (f)	vejushë (f)	[vɛjúʃə]
viudo (m)	vejan (m)	[vɛján]

pariente (m)	kushëri (m)	[kuʃərí]
pariente (m) cercano	kushëri i afërt (m)	[kuʃərí i áfərt]
pariente (m) lejano	kushëri i largët (m)	[kuʃərí i lárgət]
parientes (m pl)	kushërinj (pl)	[kuʃəríɲ]

huérfano (m)	jetim (m)	[jɛtím]
huérfana (f)	jetime (f)	[jɛtímɛ]
tutor (m)	kujdestar (m)	[kujdɛstár]
adoptar (un niño)	adoptoj	[adoptój]
adoptar (una niña)	adoptoj	[adoptój]

56. Los amigos. Los compañeros del trabajo

amigo (m)	mik (m)	[mik]
amiga (f)	mike (f)	[míkɛ]
amistad (f)	miqësi (f)	[micəsí]
ser amigo	të miqësohem	[tə micəsóhɛm]

amigote (m)	shok (m)	[ʃok]
amiguete (f)	shoqe (f)	[ʃócɛ]
compañero (m)	partner (m)	[partnér]
jefe (m)	shef (m)	[ʃɛf]

superior (m)	epror (m)	[ɛprór]
propietario (m)	pronar (m)	[pronár]
subordinado (m)	vartës (m)	[vártəs]
colega (m, f)	koleg (m)	[kolég]

conocido (m)	i njohur (m)	[i ɲóhu·]
compañero (m) de viaje	bashkudhëtar (m)	[baʃkučətár]
condiscípulo (m)	shok klase (m)	[ʃok klásɛ]

vecino (m)	komshi (m)	[komʃí]
vecina (f)	komshike (f)	[komʃíkɛ]
vecinos (m pl)	komshinj (pl)	[komʃíɲ]

57. El hombre. La mujer

mujer (f)	grua (f)	[grúa]
muchacha (f)	vajzë (f)	[vájzə]
novia (f)	nuse (f)	[núsɛ]

guapa (adj)	i bukur	[i búkur]
alta (adj)	i gjatë	[i ɟátə]
esbelta (adj)	i hollë	[i hółə]
de estatura mediana	i shkurtër	[i ʃkúrtər]

| rubia (f) | bionde (f) | [bióndɛ] |
| morena (f) | zeshkane (f) | [zɛʃkánɛ] |

de señora (adj)	për femra	[pər fémra]
virgen (f)	virgjëreshë (f)	[virɲəréʃə]
embarazada (adj)	shtatzënë	[ʃtatzə·ə]

hombre (m) (varón)	burrë (m)	[búrə]
rubio (m)	biond (m)	[biónd]
moreno (m)	zeshkan (m)	[zɛʃkán]
alto (adj)	i gjatë	[i ɟátə]
de estatura mediana	i shkurtër	[i ʃkúrtər]

grosero (adj)	i vrazhdë	[i vráʒdə]
rechoncho (adj)	trupngjeshur	[trupn̪éʃur]
robusto (adj)	i fuqishëm	[i fucíʃəm]
fuerte (adj)	i fortë	[i fórtɛ]
fuerza (f)	forcë (f)	[fórtsɛ]

gordo (adj)	bullafiq	[bułafíc]
moreno (adj)	zeshkan	[zɛʃkán]
esbelto (adj)	i hollë	[i hółə]
elegante (adj)	elegant	[ɛlɛgánt]

58. La edad

| edad (f) | moshë (f) | [móʃə] |
| juventud (f) | rini (f) | [riní] |

joven (adj)	i ri	[i rí]
menor (adj)	më i ri	[mə i rí]
mayor (adj)	më i vjetër	[mə i vjétər]

joven (m)	djalë i ri (m)	[djálə i rí]
adolescente (m)	adoleshent (m)	[adolɛʃént]
muchacho (m)	djalë (f)	[djálə]

anciano (m)	plak (m)	[plak]
anciana (f)	plakë (f)	[plákə]

adulto	i rritur	[i rítur]
de edad media (adj)	mesoburrë	[mɛsobúrə]
de edad, anciano (adj)	i moshuar	[i moʃúar]
viejo (adj)	i vjetër	[i vjétər]

jubilación (f)	pension (m)	[pɛnsión]
jubilarse	dal në pension	[dál nə pɛnsión]
jubilado (m)	pensionist (m)	[pɛnsioníst]

59. Los niños

niño -a (m, f)	fëmijë (f)	[fəmíjə]
niños (m pl)	fëmijë (pl)	[fəmíjə]
gemelos (m pl)	binjakë (pl)	[biɲákə]

cuna (f)	djep (m)	[djép]
sonajero (m)	rraketake (f)	[rakɛtákɛ]
pañal (m)	pelenë (f)	[pɛlénə]

chupete (m)	biberon (m)	[bibɛrón]
cochecito (m)	karrocë për bebe (f)	[karótsə pər bébɛ]
jardín (m) de infancia	kopsht fëmijësh (m)	[kópʃt fəmíjəʃ]
niñera (f)	dado (f)	[dádo]

infancia (f)	fëmijëri (f)	[fəmijərí]
muñeca (f)	kukull (f)	[kúkuɫ]
juguete (m)	lodër (f)	[lódər]
mecano (m)	lodër për ndërtim (m)	[lódər pər ndərtím]
bien criado (adj)	i edukuar	[i ɛdukúar]
malcriado (adj)	i paedukuar	[i paɛdukúar]
mimado (adj)	i llastuar	[i ɫastúar]

hacer travesuras	trazovaç	[trazovátʃ]
travieso (adj)	mistrec	[mistréts]
travesura (f)	shpirtligësi (f)	[ʃpirtligəsí]
travieso (m)	fëmijë mistrec (m)	[fəmíjə mistréts]

obediente (adj)	i bindur	[i bíndur]
desobediente (adj)	i pabindur	[i pabíndur]

dócil (adj)	i butë	[i bútə]
inteligente (adj)	i zgjuar	[i zɟúar]
niño (m) prodigio	fëmijë gjeni (m)	[fəmíjə ɟɛní]

60. Los matrimonios. La vida familiar

besar (vt)	puth	[puθ]
besarse (vi)	puthem	[púθɛrr]
familia (f)	familje (f)	[famíljɛ]
familiar (adj)	familjare	[familjárɛ]
pareja (f)	çift (m)	[tʃíft]
matrimonio (m)	martesë (f)	[martésə]
hogar (m) familiar	vatra (f)	[vátra]
dinastía (f)	dinasti (f)	[dinast]
cita (f)	takim (m)	[takím]
beso (m)	puthje (f)	[púθjɛ]
amor (m)	dashuri (f)	[daʃurí]
querer (amar)	dashuroj	[daʃurój]
querido (adj)	i dashur	[i dáʃur]
ternura (f)	ndjeshmëri (f)	[ndjɛʃmərí]
tierno (afectuoso)	i ndjeshëm	[i ndjéʃəm]
fidelidad (f)	besnikëri (f)	[bɛsnikərí]
fiel (adj)	besnik	[bɛsník]
cuidado (m)	kujdes (m)	[kujdés]
cariñoso (un padre ~)	i dashur	[i dáʃur]
recién casados (pl)	të porsamartuar (pl)	[tə porsamartúar]
luna (f) de miel	muaj mjalti (m)	[múaj mjálti]
estar casada	martohem	[martóhɛm]
casarse (con una mujer)	martohem	[martóhɛm]
boda (f)	dasmë (f)	[dásmə]
bodas (f pl) de oro	martesë e artë (f)	[martésə ɛ ártə]
aniversario (m)	përvjetor (m)	[pərvjɛtór]
amante (m)	dashnor (m)	[daʃnór]
amante (f)	dashnore (f)	[daʃnórɛ]
adulterio (m)	tradhti bashkëshortore (f)	[traðtí baʃkəʃortórɛ]
cometer adulterio	tradhtoj ...	[traðtćj ...]
celoso (adj)	xheloz	[dʒɛlóz]
tener celos	jam xheloz	[jam dʒɛlóz]
divorcio (m)	divorc (m)	[divórts]
divorciarse (vr)	divorcoj	[divortsój]
reñir (vi)	grindem	[gríndɛm]
reconciliarse (vr)	pajtohem	[pajtóhɛm]
juntos (adv)	së bashku	[sə béʃku]
sexo (m)	seks (m)	[sɛks]
felicidad (f)	lumturi (f)	[lumturí]
feliz (adj)	i lumtur	[i lúmtur]
desgracia (f)	fatkeqësi (f)	[fatkɛɔəsí]
desgraciado (adj)	i trishtuar	[i tríʃtúar]

Las características de personalidad. Los sentimientos

61. Los sentimientos. Las emociones

sentimiento (m)	ndjenjë (f)	[ndjéɲə]
sentimientos (m pl)	ndjenja (pl)	[ndjéɲa]
sentir (vt)	ndjej	[ndjéj]
hambre (f)	uri (f)	[urí]
tener hambre	kam uri	[kam urí]
sed (f)	etje (f)	[étjɛ]
tener sed	kam etje	[kam étjɛ]
somnolencia (f)	përgjumësi (f)	[pərɟuməsí]
tener sueño	përgjumje	[pərɟúmjɛ]
cansancio (m)	lodhje (f)	[lóðjɛ]
cansado (adj)	i lodhur	[i lóður]
estar cansado	lodhem	[lóðɛm]
humor (m) (de buen ~)	humor (m)	[humór]
aburrimiento (m)	mërzitje (f)	[mərzítjɛ]
aburrirse (vr)	mërzitem	[mərzítɛm]
soledad (f)	izolim (m)	[izolím]
aislarse (vr)	izolohem	[izolóhɛm]
inquietar (vt)	shqetësoj	[ʃcɛtəsój]
inquietarse (vr)	shqetësohem	[ʃcɛtəsóhɛm]
inquietud (f)	shqetësim (m)	[ʃcɛtəsím]
preocupación (f)	ankth (m)	[ankθ]
preocupado (adj)	i merakosur	[i mɛrakósur]
estar nervioso	nervozohem	[nɛrvozóhɛm]
darse al pánico	më zë paniku	[mə zə paníku]
esperanza (f)	shpresë (f)	[ʃprésə]
esperar (tener esperanza)	shpresoj	[ʃprɛsój]
seguridad (f)	siguri (f)	[sigurí]
seguro (adj)	i sigurt	[i sígurt]
inseguridad (f)	pasiguri (f)	[pasigurí]
inseguro (adj)	i pasigurt	[i pasígurt]
borracho (adj)	i dehur	[i déhur]
sobrio (adj)	i kthjellët	[i kθjétət]
débil (adj)	i dobët	[i dóbət]
feliz (adj)	i lumtur	[i lúmtur]
asustar (vt)	tremb	[trɛmb]
furia (f)	tërbim (m)	[tərbím]
rabia (f)	inat (m)	[inát]
depresión (f)	depresion (m)	[dɛprɛsión]
incomodidad (f)	parehati (f)	[parɛhatí]

comodidad (f)	rehati (f)	[rɛhatí]
arrepentirse (vr)	pendohem	[pɛndóᵊɛm]
arrepentimiento (m)	pendim (m)	[pɛndím]
mala suerte (f)	ters (m)	[tɛrs]
tristeza (f)	trishtim (m)	[triʃtím]

vergüenza (f)	turp (m)	[turp]
júbilo (m)	gëzim (m)	[gəzím]
entusiasmo (m)	entuziazëm (m)	[ɛntuziázəm]
entusiasta (m)	entuziast (m)	[ɛntuziást]
mostrar entusiasmo	tregoj entuziazëm	[trɛgój ɛntuziázəm]

62. El carácter. La personalidad

carácter (m)	karakter (m)	[karak·ér]
defecto (m)	dobësi karakteri (f)	[dobəsí karaktéri]
mente (f)	mendje (f)	[méndɩɛ]
razón (f)	arsye (f)	[arsýɛ⁻

consciencia (f)	ndërgjegje (f)	[ndərʝeʝɛ]
hábito (m)	zakon (m)	[zakórɩ]
habilidad (f)	aftësi (f)	[aftəsí]
poder (nadar, etc.)	mund	[mund]

paciente (adj)	i duruar	[i durɩ́ar]
impaciente (adj)	i paduruar	[i padɯrúar]
curioso (adj)	kurioz	[kurióʐ]
curiosidad (f)	kuriozitet (m)	[kuriozitét]

modestia (f)	modesti (f)	[modɛstí]
modesto (adj)	modest	[modést]
inmodesto (adj)	i paturpshëm	[i patɩ́rpʃəm]

pereza (f)	dembeli (f)	[dɛmkɛlí]
perezoso (adj)	dembel	[dɛmkél]
perezoso (m)	dembel (m)	[dɛmkél]

astucia (f)	dinakëri (f)	[dinakərí]
astuto (adj)	dinak	[dinák]
desconfianza (f)	mosbesim (m)	[mosbɛsím]
desconfiado (adj)	mosbesues	[mosbɛsúɛs]

generosidad (f)	zemërgjerësi (f)	[zɛmərʝɛrəsí]
generoso (adj)	zemërgjerë	[zɛmərʝérə]
talentoso (adj)	i talentuar	[i talɛ˞túar]
talento (m)	talent (m)	[talérɩt]

valiente (adj)	i guximshëm	[i guczímʃəm]
coraje (m)	guxim (m)	[gudzím]
honesto (adj)	i ndershëm	[i ndérʃəm]
honestidad (f)	ndershmëri (f)	[ndɛrɩmərí]

prudente (adj)	i kujdesshëm	[i kujdésʃəm]
valeroso (adj)	trim, guximtar	[trim] [gudzimtár]

| serio (adj) | serioz | [sɛrióz] |
| severo (adj) | i rreptë | [i réptə] |

decidido (adj)	i vendosur	[i vɛndósur]
indeciso (adj)	i pavendosur	[i pavɛndósur]
tímido (adj)	i turpshëm	[i túrpʃəm]
timidez (f)	turp (m)	[turp]

confianza (f)	besim në vetvete (m)	[bɛsím nə vɛtvétɛ]
creer (créeme)	besoj	[bɛsój]
confiado (crédulo)	i besueshëm	[i bɛsúɛʃəm]

sinceramente (adv)	sinqerisht	[sínɛriʃt]
sincero (adj)	i sinqertë	[i sincértə]
sinceridad (f)	sinqeritet (m)	[sincɛritét]
abierto (adj)	i hapur	[i hápur]

calmado (adj)	i qetë	[i cétə]
franco (sincero)	i dëlirë	[i dəlírə]
ingenuo (adj)	naiv	[naív]
distraído (adj)	i hutuar	[i hutúar]
gracioso (adj)	zbavitës	[zbavítəs]

avaricia (f)	lakmi (f)	[lakmí]
avaro (adj)	lakmues	[lakmúɛs]
tacaño (adj)	koprrac	[kopráts]
malvado (adj)	djallëzor	[djałəzór]
terco (adj)	kokëfortë	[kokəfórtə]
desagradable (adj)	i pakëndshëm	[i pakéndʃəm]

egoísta (m)	egoist (m)	[ɛgoíst]
egoísta (adj)	egoist	[ɛgoíst]
cobarde (m)	frikacak (m)	[frikatsák]
cobarde (adj)	frikacak	[frikatsák]

63. El sueño. Los sueños

dormir (vi)	fle	[flɛ]
sueño (m) (estado)	gjumë (m)	[ɟúmə]
sueño (m) (dulces ~s)	ëndërr (m)	[éndər]
soñar (vi)	ëndërroj	[əndərój]
adormilado (adj)	përgjumshëm	[pərɟúmʃəm]

cama (f)	shtrat (m)	[ʃtrat]
colchón (m)	dyshek (m)	[dyʃék]
manta (f)	mbulesë (f)	[mbulésə]
almohada (f)	jastëk (m)	[jastёk]
sábana (f)	çarçaf (m)	[tʃartʃáf]

insomnio (m)	pagjumësi (f)	[paɟuməsí]
de insomnio (adj)	i pagjumë	[i paɟúmə]
somnífero (m)	ilaç gjumi (m)	[ilátʃ ɟúmi]
tomar el somnífero	marr ilaç gjumi	[mar ilátʃ ɟúmi]
tener sueño	përgjumje	[pərɟúmjɛ]

bostezar (vi)	më hapet goja	[mə háɔɛt gója]
irse a la cama	shkoj të fle	[ʃkoj tə flɛ]
hacer la cama	rregulloj shtratin	[rɛguɫój ʃtrátin]
dormirse (vr)	më zë gjumi	[mə zə ɟúmi]

pesadilla (f)	ankth (m)	[ankθ]
ronquido (m)	gërhitje (f)	[gərhítjɛ]
roncar (vi)	gërhas	[gərhás]

despertador (m)	orë me zile (f)	[órə mɛ zílɛ]
despertar (vt)	zgjoj	[zɟoj]
despertarse (vr)	zgjohem nga gjumi	[zɟóhɛn ŋa ɟúmi]
levantarse (vr)	ngrihem	[ŋríhɛm]
lavarse (vr)	laj	[laj]

64. El humor. La risa. La alegría

humor (m)	humor (m)	[humór]
sentido (m) del humor	sens humori (m)	[sɛns humóri]
divertirse (vr)	kënaqem	[kənáɔɛm]
alegre (adj)	gëzueshëm	[gəzúɛʃəm]
júbilo (m)	gëzim (m)	[gəzím]

sonrisa (f)	buzëqeshje (f)	[buzəcéʃɛ]
sonreír (vi)	buzëqesh	[buzəcéʃ]
echarse a reír	filloj të qesh	[fiɫój tə céʃ]
reírse (vr)	qesh	[cɛʃ]
risa (f)	qeshje (f)	[céʃɛ]

anécdota (f)	anekdotë (f)	[anɛkɔótə]
gracioso (adj)	për të qeshur	[pər tə céʃur]
ridículo (adj)	zbavitës	[zbaví:əs]

bromear (vi)	bëj shaka	[bəj ʃa‹á]
broma (f)	shaka (f)	[ʃaká]
alegría (f) (emoción)	gëzim (m)	[gəzím]
alegrarse (vr)	ngazëllohem	[ŋazəɫóhɛm]
alegre (~ de que …)	gazmor	[gazmór]

65. La discusión y la conversación. Unidad 1

| comunicación (f) | komunikim (m) | [komᵤnikím] |
| comunicarse (vr) | komunikoj | [komᵤnikój] |

conversación (f)	bisedë (f)	[biséce]
diálogo (m)	dialog (m)	[dialóg]
discusión (f) (debate)	diskutim (m)	[diskᵤtím]
debate (m)	mosmarrëveshje (f)	[mosmarəvéʃɛ]
debatir (vi)	kundërshtoj	[kundərʃtój]

| interlocutor (m) | bashkëbisedues (m) | [baʃkəbisɛdúɛs] |
| tema (m) | temë (f) | [témə] |

punto (m) de vista	pikëpamje (f)	[pikəpámjɛ]
opinión (f)	opinion (m)	[opinión]
discurso (m)	fjalim (m)	[fjalím]

discusión (f) (del informe, etc.)	diskutim (m)	[diskutím]
discutir (vt)	diskutoj	[diskutój]
conversación (f)	bisedë (f)	[bisédə]
conversar (vi)	bisedoj	[bisɛdój]
reunión (f)	takim (m)	[takím]
encontrarse (vr)	takoj	[takój]

proverbio (m)	fjalë e urtë (f)	[fjálə ɛ úrtə]
dicho (m)	thënie (f)	[θéniɛ]
adivinanza (f)	gjëegjëzë (f)	[ɟəéɟəzə]
contar una adivinanza	them gjëegjëzë	[θɛm ɟəéɟəzə]
contraseña (f)	fjalëkalim (m)	[fjaləkalím]
secreto (m)	sekret (m)	[sɛkrét]

juramento (m)	betim (m)	[bɛtím]
jurar (vt)	betohem	[bɛtóhɛm]
promesa (f)	premtim (m)	[prɛmtím]
prometer (vt)	premtoj	[prɛmtój]

consejo (m)	këshillë (f)	[kəʃíłə]
aconsejar (vt)	këshilloj	[kəʃiłój]
seguir el consejo	ndjek këshillën	[ndjék kəʃíłən]
escuchar (a los padres)	bindem ...	[bíndɛm ...]

noticias (f pl)	lajme (f)	[lájmɛ]
sensación (f)	ndjesi (f)	[ndjɛsí]
información (f)	informacion (m)	[informatsión]
conclusión (f)	përfundim (m)	[pərfundím]
voz (f)	zë (f)	[zə]
cumplido (m)	kompliment (m)	[komplimént]
amable (adj)	i mirë	[i mírə]

palabra (f)	fjalë (f)	[fjálə]
frase (f)	frazë (f)	[frázə]
respuesta (f)	përgjigje (f)	[pərɟíɟɛ]

verdad (f)	e vërtetë (f)	[ɛ vərtétə]
mentira (f)	gënjeshtër (f)	[gəɲéʃtər]

pensamiento (m)	mendim (m)	[mɛndím]
idea (f)	ide (f)	[idé]
fantasía (f)	fantazi (f)	[fantazí]

66. La discusión y la conversación. Unidad 2

respetado (adj)	i nderuar	[i ndɛrúar]
respetar (vt)	nderoj	[ndɛrój]
respeto (m)	nder (m)	[ndér]
Estimado ...	i dashur ...	[i dáʃur ...]
presentar (~ a sus padres)	prezantoj	[prɛzantój]

conocer a alguien	njoftoj	[ɲoftój]
intención (f)	qëllim (m)	[cəɬím]
tener intención (de …)	kam ndërmend	[kam ndərménd]
deseo (m)	dëshirë (f)	[dəʃírə]
desear (vt) (~ buena suerte)	dëshiroj	[dəʃirój]

sorpresa (f)	surprizë (f)	[surprízə]
sorprender (vt)	befasoj	[bɛfasćj]
sorprenderse (vr)	çuditem	[tʃudítɛm]

dar (vt)	jap	[jap]
tomar (vt)	marr	[mar]
devolver (vt)	kthej	[kθɛj]
retornar (vt)	rikthej	[rikθéj]

disculparse (vr)	kërkoj falje	[kərkój fáljɛ]
disculpa (f)	falje (f)	[fáljɛ]
perdonar (vt)	fal	[fal]

hablar (vi)	flas	[flas]
escuchar (vt)	dëgjoj	[dəɟój]
escuchar hasta el final	tregoj vëmendje	[trɛgój vəméndjɛ]
comprender (vt)	kuptoj	[kuptój]

mostrar (vt)	tregoj	[trɛgój]
mirar a …	shikoj …	[ʃikój …]
llamar (vt)	thërras	[θərás]
distraer (molestar)	tërheq vëmendjen	[tərhéc vəméndjɛn]
molestar (vt)	shqetësoj	[ʃcɛtəsój]
pasar (~ un mensaje)	jap	[jap]

petición (f)	kërkesë (f)	[kərkéʒə]
pedir (vt)	kërkoj	[kərkó]
exigencia (f)	kërkesë (f)	[kərkéʒə]
exigir (vt)	kërkoj	[kərkó]

motejar (vr)	ngacmoj	[ŋatsmój]
burlarse (vr)	tallem	[táɬɛm]
burla (f)	tallje (f)	[táɬjɛ]
apodo (m)	pseudonim (m)	[psɛudoním]

alusión (f)	nënkuptim (m)	[nənkuptím]
aludir (vi)	nënkuptoj	[nənkuptój]
sobrentender (vt)	dua të them	[dúa tə θém]

descripción (f)	përshkrim (m)	[pərʃkɾím]
describir (vt)	përshkruaj	[pərʃkɾúaj]
elogio (m)	lëvdatë (f)	[ləvdátə]
elogiar (vt)	lavdëroj	[lavdərój]

decepción (f)	zhgënjim (m)	[ʒgəɲ´m]
decepcionar (vt)	zhgënjej	[ʒgəɲə́j]
estar decepcionado	zhgënjehem	[ʒgəɲə́hɛm]

| suposición (f) | supozim (m) | [supozím] |
| suponer (vt) | supozoj | [supozój] |

advertencia (f)	paralajmërim (m)	[paralajmərím]
prevenir (vt)	paralajmëroj	[paralajmərój]

67. La discusión y la conversación. Unidad 3

convencer (vt)	bind	[bínd]
calmar (vt)	qetësoj	[cɛtəsój]

silencio (m) (~ es oro)	heshtje (f)	[héʃtjɛ]
callarse (vr)	i heshtur	[i héʃtur]
susurrar (vi, vt)	pëshpëris	[pəʃpərís]
susurro (m)	pëshpërimë (f)	[pəʃpərímə]

francamente (adv)	sinqerisht	[síncɛriʃt]
en mi opinión ...	sipas mendimit tim ...	[sipás mɛndímit tim ...]

detalle (m) (de la historia)	detaj (m)	[dɛtáj]
detallado (adj)	i detajuar	[i dɛtajúar]
detalladamente (adv)	hollësisht	[hoɬəsíʃt]

pista (f)	sugjerim (m)	[suɟɛrím]
dar una pista	aludoj	[aludój]

mirada (f)	shikim (m)	[ʃikím]
echar una mirada	i hedh një sy	[i héð ɲə sý]
fija (mirada ~)	i ngurtë	[i ŋúrtə]
parpadear (vi)	hap e mbyll sytë	[hap ɛ mbýɬ sýtə]
guiñar un ojo	luaj syrin	[lúaj sýrin]
asentir con la cabeza	pohoj me kokë	[pohój mɛ kókə]

suspiro (m)	psherëtimë (f)	[pʃɛrətímə]
suspirar (vi)	psherëtij	[pʃɛrətíj]
estremecerse (vr)	rrëqethem	[rəcéθɛm]
gesto (m)	gjest (m)	[ɟɛst]
tocar (con la mano)	prek	[prɛk]
asir (~ de la mano)	kap	[kap]
palmear (~ la espalda)	prek	[prɛk]

¡Cuidado!	Kujdes!	[kujdés!]
¿De veras?	Vërtet?	[vərtét?]
¿Estás seguro?	Je i sigurt?	[jɛ i sígurt?]
¡Suerte!	Paç fat!	[patʃ fat!]
¡Ya veo!	E kuptova!	[ɛ kuptóva!]
¡Es una lástima!	Sa keq!	[sa kɛc!]

68. El acuerdo. El rechazo

acuerdo (m)	leje (f)	[léjɛ]
estar de acuerdo	lejoj	[lɛjój]
aprobación (f)	miratim (m)	[miratím]
aprobar (vt)	miratoj	[miratój]
rechazo (m)	refuzim (m)	[rɛfuzím]

negarse (vr)	refuzoj	[rɛfuzó.]
¡Excelente!	Të lumtë!	[tə lúmtə!]
¡De acuerdo!	Në rregull!	[nə réçut!]
¡Vale!	Në rregull!	[nə réçut!]

prohibido (adj)	i ndaluar	[i ndaluar]
está prohibido	është e ndalúar	[əʃtə ɛ ndalúar]
es imposible	është e pamundur	[əʃtə ɛ pámundur]
incorrecto (adj)	i pasaktë	[i pasáktə]

rechazar (vt)	hedh poshtë	[hɛð póʃtə]
apoyar (la decisión)	mbështes	[mbəʃtés]
aceptar (vt)	pranoj	[pranó.]

confirmar (vt)	konfirmoj	[konfirmój]
confirmación (f)	konfirmim (m)	[konfirmím]
permiso (m)	leje (f)	[léjɛ]
permitir (vt)	lejoj	[lɛjój]
decisión (f)	vendim (m)	[vɛndím]
no decir nada	nuk them asgjë	[nuk θɛm ásɟə]

condición (f)	kusht (m)	[kuʃt]
excusa (f) (pretexto)	justifikim (m)	[justifikím]
elogio (m)	lëvdata (f)	[ləvdá:a]
elogiar (vt)	lavdëroj	[lavdə-ój]

69. El éxito. La buena suerte. El Fracaso

éxito (m)	sukses (m)	[suksés]
con éxito (adv)	me sukses	[mɛ suksés]
exitoso (adj)	i suksesshëm	[i suksésʃəm]

suerte (f)	fat (m)	[fat]
¡Suerte!	Paç fat!	[patʃ fat!]
de suerte (día ~)	me fat	[mɛ fɛt]
afortunado (adj)	fatlum	[fatlúᴎ]

fiasco (m)	dështim (m)	[dəʃtíᴎ]
infortunio (m)	fatkeqësi (f)	[fatkɛcəsí]
mala suerte (f)	ters (m)	[tɛrs]

| fracasado (adj) | i pasuksesshëm | [i pasɹksésʃəm] |
| catástrofe (f) | katastrofë (f) | [katastrófə] |

orgullo (m)	krenari (f)	[krɛnarí]
orgulloso (adj)	krenar	[krɛnar]
estar orgulloso	jam krenar	[jam krɛnár]

ganador (m)	fitues (m)	[fitúɛs]
ganar (vi)	fitoj	[fitój]
perder (vi)	humb	[húmɔ]
tentativa (f)	përpjekje (f)	[pərp.ékjɛ]
intentar (tratar)	përpiqem	[pərpícɛm]
chance (f)	shans (m)	[ʃans:]

70. Las discusiones. Las emociones negativas

grito (m)	britmë (f)	[brítmə]
gritar (vi)	bërtas	[bərtás]
comenzar a gritar	filloj të ulërij	[fiɫój tə uləríj]
disputa (f), riña (f)	grindje (f)	[gríndjɛ]
reñir (vi)	grindem	[gríndɛm]
escándalo (m) (riña)	sherr (m)	[ʃɛr]
causar escándalo	bëj skenë	[bəj skénə]
conflicto (m)	konflikt (m)	[konflíkt]
malentendido (m)	keqkuptim (m)	[kɛckuptím]
insulto (m)	ofendim (m)	[ofɛndím]
insultar (vt)	fyej	[fýɛj]
insultado (adj)	i ofenduar	[i ofɛndúar]
ofensa (f)	fyerje (f)	[fýɛrjɛ]
ofender (vt)	ofendoj	[ofɛndój]
ofenderse (vr)	mbrohem	[mbróhɛm]
indignación (f)	indinjatë (f)	[indiɲátə]
indignarse (vr)	zemërohem	[zɛməróhɛm]
queja (f)	ankesë (f)	[ankésə]
quejarse (vr)	ankohem	[ankóhɛm]
disculpa (f)	falje (f)	[fáljɛ]
disculparse (vr)	kërkoj falje	[kərkój fáljɛ]
pedir perdón	kërkoj ndjesë	[kərkój ndjésə]
crítica (f)	kritikë (f)	[kritíkə]
criticar (vt)	kritikoj	[kritikój]
acusación (f)	akuzë (f)	[akúzə]
acusar (vt)	akuzoj	[akuzój]
venganza (f)	hakmarrje (f)	[hakmárjɛ]
vengar (vt)	hakmerrem	[hakmérɛm]
pagar (vt)	shpaguaj	[ʃpagúaj]
desprecio (m)	përbuzje (f)	[pərbúzjɛ]
despreciar (vt)	përbuz	[pərbúz]
odio (m)	urrejtje (f)	[uréjtjɛ]
odiar (vt)	urrej	[uréj]
nervioso (adj)	nervoz	[nɛrvóz]
estar nervioso	nervozohem	[nɛrvozóhɛm]
enfadado (adj)	i zemëruar	[i zɛmərúar]
enfadar (vt)	zemëroj	[zɛmərój]
humillación (f)	poshtërim (m)	[poʃtərím]
humillar (vt)	poshtëroj	[poʃtərój]
humillarse (vr)	poshtërohem	[poʃtəróhɛm]
choque (m)	tronditje (f)	[trondítjɛ]
chocar (vi)	trondit	[trondít]
molestia (f) (problema)	shqetësim (m)	[ʃcɛtəsím]

desagradable (adj)	i pakëndshëm	[i pakéndʃəm]
miedo (m)	frikë (f)	[fríkə]
terrible (tormenta, etc.)	i tmerrshëm	[i tmérʃəm]
de miedo (historia ~)	i frikshëm	[i fríkʃəm]
horror (m)	horror (m)	[horór]
horrible (adj)	i tmerrshëm	[i tmérʃəm]

empezar a temblar	filloj të dridhem	[fiɫój tə dríðɛm]
llorar (vi)	qaj	[caj]
comenzar a llorar	filloj të qaj	[fiɫój tə cáj]
lágrima (f)	lot (m)	[lot]

culpa (f)	faj (m)	[faj]
remordimiento (m)	faj (m)	[faj]
deshonra (f)	turp (m)	[turp]
protesta (f)	protestë (f)	[protéstə]
estrés (m)	stres (m)	[strɛs]

molestar (vt)	shqetësoj	[ʃcɛtəsój]
estar furioso	tërbohem	[tərbóɫɛm]
enfadado (adj)	i inatosur	[i inatósur]
terminar (vt)	përfundoj	[pərfurdój]
regañar (vt)	betohem	[bɛtóhɛm]

asustarse (vr)	tremb	[trɛmb]
golpear (vt)	qëlloj	[cəɫój]
pelear (vi)	grindem	[gríndɛm]

resolver (~ la discusión)	zgjidh	[zɟið]
descontento (adj)	i pakënaqur	[i pakɛnácur]
furioso (adj)	i xhindosur	[i dʒindósur]

¡No está bien!	Nuk është mirë!	[nuk əʃtə mírə!]
¡Está mal!	Është keq!	[əʃtə kɛc!]

La medicina

71. Las enfermedades

enfermedad (f)	sëmundje (f)	[səmúndjɛ]
estar enfermo	jam sëmurë	[jam səmúrə]
salud (f)	shëndet (m)	[ʃəndét]
resfriado (m) (coriza)	rrifë (f)	[rífə]
angina (f)	grykët (m)	[grýkət]
resfriado (m)	ftohje (f)	[ftóhjɛ]
resfriarse (vr)	ftohem	[ftóhɛm]
bronquitis (f)	bronkit (m)	[bronkít]
pulmonía (f)	pneumoni (f)	[pnɛumoní]
gripe (f)	grip (m)	[grip]
miope (adj)	miop	[mióp]
présbita (adj)	presbit	[prɛsbít]
estrabismo (m)	strabizëm (m)	[strabízəm]
estrábico (m) (adj)	strabik	[strabík]
catarata (f)	katarakt (m)	[katarákt]
glaucoma (f)	glaukoma (f)	[glaukóma]
insulto (m)	goditje (f)	[godítjɛ]
ataque (m) cardiaco	sulm në zemër (m)	[sulm nə zémər]
infarto (m) de miocardio	infarkt miokardiak (m)	[infárkt miokardiák]
parálisis (f)	paralizë (f)	[paralízə]
paralizar (vt)	paralizoj	[paralizój]
alergia (f)	alergji (f)	[alɛrɟí]
asma (f)	astmë (f)	[ástmə]
diabetes (m)	diabet (m)	[diabét]
dolor (m) de muelas	dhimbje dhëmbi (f)	[ðímbjɛ ðə́mbi]
caries (f)	karies (m)	[kariés]
diarrea (f)	diarre (f)	[diaré]
estreñimiento (m)	kapsllëk (m)	[kapsɬék]
molestia (f) estomacal	dispepsi (f)	[dispɛpsí]
envenenamiento (m)	helmim (m)	[hɛlmím]
envenenarse (vr)	helmohem nga ushqimi	[hɛlmóhɛm ŋa uʃcími]
artritis (f)	artrit (m)	[artrít]
raquitismo (m)	rakit (m)	[rakít]
reumatismo (m)	reumatizëm (m)	[rɛumatízəm]
ateroesclerosis (f)	arteriosklerozë (f)	[artɛrioskɬerózə]
gastritis (f)	gastrit (m)	[gastrít]
apendicitis (f)	apendicit (m)	[apɛnditsít]

| colecistitis (m) | kolecistit (m) | [kolɛtsistít] |
| úlcera (f) | ulcerë (f) | [ultsérə] |

sarampión (m)	fruth (m)	[fruθ]
rubeola (f)	rubeola (f)	[rubɛóla]
ictericia (f)	verdhëza (f)	[vérðɛza]
hepatitis (f)	hepatit (m)	[hɛpatíf]

esquizofrenia (f)	skizofreni (f)	[skizofrɛní]
rabia (f) (hidrofobia)	sëmundje e tërbimit (f)	[səmúrdjɛ ɛ tərbímit]
neurosis (f)	neurozë (f)	[nɛurózə]
conmoción (m) cerebral	tronditje (f)	[trondítɛ]

cáncer (m)	kancer (m)	[kantsér]
esclerosis (f)	sklerozë (f)	[sklɛrózə]
esclerosis (m) múltiple	sklerozë e shumëfishtë (f)	[sklɛrózə ɛ ʃuməfíʃtə]

alcoholismo (m)	alkoolizëm (m)	[alkool zəm]
alcohólico (m)	alkoolik (m)	[alkool k]
sífilis (f)	sifiliz (m)	[sifilíz]
SIDA (f)	SIDA (f)	[sída]

tumor (m)	tumor (m)	[tumór]
maligno (adj)	malinj	[malíɲ]
benigno (adj)	beninj	[bɛníɲ]

fiebre (f)	ethe (f)	[éθɛ]
malaria (f)	malarie (f)	[malarˈɛ]
gangrena (f)	gangrenë (f)	[gaɲrénə]
mareo (m)	sëmundje deti (f)	[səmúndjɛ déti]
epilepsia (f)	epilepsi (f)	[ɛpilɛpsí]

epidemia (f)	epidemi (f)	[ɛpidɛmí]
tifus (m)	tifo (f)	[tífo]
tuberculosis (f)	tuberkuloz (f)	[tubɛrkulóz]
cólera (f)	kolerë (f)	[kolérə]
peste (f)	murtaja (f)	[murtéja]

72. Los síntomas. Los tratamientos. Unidad 1

síntoma (m)	simptomë (f)	[simptómə]
temperatura (f)	temperaturë (f)	[tɛmpɛratúrə]
fiebre (f)	temperaturë e lartë (f)	[tɛmpɛratúrə ɛ lártɛ]
pulso (m)	puls (m)	[puls]

mareo (m) (vértigo)	marrje mendsh (m)	[márjɛ méndʃ]
caliente (adj)	i nxehtë	[i ndzǝ́htə]
escalofrío (m)	drithërima (f)	[driθəríma]
pálido (adj)	i zbehur	[i zbénur]

tos (f)	kollë (f)	[kóɫə]
toser (vi)	kollitem	[koɫítɛm]
estornudar (vi)	teshtij	[tɛʃtíj]
desmayo (m)	të fikët (f)	[tə fíkət]

desmayarse (vr)	bie të fikët	[bíɛ tə fíkət]
moradura (f)	mavijosje (f)	[mavijósjɛ]
chichón (m)	gungë (f)	[gúŋə]
golpearse (vr)	godas	[godás]
magulladura (f)	lëndim (m)	[ləndím]
magullarse (vr)	lëndohem	[ləndóhɛm]

cojear (vi)	çaloj	[tʃalój]
dislocación (f)	dislokim (m)	[dislokím]
dislocar (vt)	del nga vendi	[dɛl ŋa véndi]
fractura (f)	thyerje (f)	[θýɛrjɛ]
tener una fractura	thyej	[θýɛj]

corte (m) (tajo)	e prerë (f)	[ɛ prérə]
cortarse (vr)	pres veten	[prɛs vétɛn]
hemorragia (f)	rrjedhje gjaku (f)	[rjéðjɛ ɟáku]

| quemadura (f) | djegie (f) | [djégiɛ] |
| quemarse (vr) | digjem | [díɟɛm] |

pincharse (el dedo)	shpoj	[ʃpoj]
pincharse (vr)	shpohem	[ʃpóhɛm]
herir (vt)	dëmtoj	[dəmtój]
herida (f)	dëmtim (m)	[dəmtím]
lesión (f) (herida)	plagë (f)	[plágə]
trauma (m)	traumë (f)	[traúmə]

delirar (vi)	fol përçart	[fól pərtʃárt]
tartamudear (vi)	belbëzoj	[bɛlbəzój]
insolación (f)	pikë e diellit (f)	[píkə ɛ diéłit]

73. Los síntomas. Los tratamientos. Unidad 2

| dolor (m) | dhimbje (f) | [ðímbjɛ] |
| astilla (f) | cifël (f) | [tsífəl] |

sudor (m)	djersë (f)	[djérsə]
sudar (vi)	djersij	[djɛrsíj]
vómito (m)	të vjella (f)	[tə vjéła]
convulsiones (f)	konvulsione (f)	[konvulsiónɛ]

embarazada (adj)	shtatzënë	[ʃtatzénə]
nacer (vi)	lind	[lind]
parto (m)	lindje (f)	[líndjɛ]
dar a luz	sjell në jetë	[sjɛł nə jétə]
aborto (m)	abort (m)	[abórt]

respiración (f)	frymëmarrje (f)	[fryməmárjɛ]
inspiración (f)	mbajtje e frymës (f)	[mbájtjɛ ɛ frýməs]
espiración (f)	lëshim i frymës (m)	[ləʃím i frýməs]
espirar (vi)	nxjerr frymën	[ndzjér frýmən]
inspirar (vi)	marr frymë	[mar frýmə]
inválido (m)	invalid (m)	[invalíd]
mutilado (m)	i gjymtuar (m)	[i ɟymtúar]

drogadicto (m)	narkoman (m)	[narkomán]
sordo (adj)	shurdh	[ʃurð]
mudo (adj)	memec	[mɛméts]
sordomudo (adj)	shurdh-memec	[ʃurð-mɛméts]
loco (adj)	i marrë	[i márəǁ
loco (m)	i çmendur (m)	[i tʃmérdur]
loca (f)	e çmendur (f)	[ɛ tʃméndur]
volverse loco	çmendem	[tʃméndɛm]
gen (m)	gen (m)	[gɛn]
inmunidad (f)	imunitet (m)	[imunitə́t]
hereditario (adj)	e trashëguar	[ɛ traʃəgúar]
de nacimiento (adj)	e lindur	[ɛ líndur]
virus (m)	virus (m)	[virús]
microbio (m)	mikrob (m)	[mikrób]
bacteria (f)	bakterie (f)	[baktériɛ]
infección (f)	infeksion (m)	[infɛks ón]

74. Los síntomas. Los tratamientos. Unidad 3

hospital (m)	spital (m)	[spitál˙
paciente (m)	pacient (m)	[patsiént]
diagnosis (f)	diagnozë (f)	[diagnózə]
cura (f)	kurë (f)	[kúrə]
tratamiento (m)	trajtim mjekësor (m)	[trajtím mjɛkəsór]
curarse (vr)	kurohem	[kuróhɛm]
tratar (vt)	kuroj	[kurój]
cuidar (a un enfermo)	kujdesem	[kujdésɛm]
cuidados (m pl)	kujdes (m)	[kujdés]
operación (f)	operacion (m)	[opɛrɛtsión]
vendar (vt)	fashoj	[faʃój]
vendaje (m)	fashim (m)	[faʃím˙
vacunación (f)	vaksinim (m)	[vaksiním]
vacunar (vt)	vaksinoj	[vaksinój]
inyección (f)	injeksion (m)	[iɲɛksión]
aplicar una inyección	bëj injeksion	[bəj iɲɛksíon]
ataque (m)	atak (m)	[aták]
amputación (f)	amputim (m)	[amputím]
amputar (vt)	amputoj	[amputój]
coma (m)	komë (f)	[kómə]
estar en coma	jam në komë	[jam nə kómə]
revitalización (f)	kujdes intensiv (m)	[kujdes intɛnsív]
recuperarse (vr)	shërohem	[ʃərółɛm]
estado (m) (de salud)	gjendje (f)	[ɟéndɛ]
consciencia (f)	vetëdije (f)	[vɛtədíjɛ]
memoria (f)	kujtesë (f)	[kujtésə]
extraer (un diente)	heq	[hɛc]

empaste (m)	mbushje (f)	[mbúʃʃɛ]
empastar (vt)	mbush	[mbúʃʃ]
hipnosis (f)	hipnozë (f)	[hipnózə]
hipnotizar (vt)	hipnotizim	[hipnotizím]

75. Los médicos

médico (m)	mjek (m)	[mjék]
enfermera (f)	infermiere (f)	[infɛrmiérɛ]
médico (m) personal	mjek personal (m)	[mjék pɛrsonál]
dentista (m)	dentist (m)	[dɛntíst]
oftalmólogo (m)	okulist (m)	[okulíst]
internista (m)	mjek i përgjithshëm (m)	[mjék i pərɟíθʃəm]
cirujano (m)	kirurg (m)	[kirúrg]
psiquiatra (m)	psikiatër (m)	[psikiátər]
pediatra (m)	pediatër (m)	[pɛdiátər]
psicólogo (m)	psikolog (m)	[psikológ]
ginecólogo (m)	gjinekolog (m)	[ɟinɛkológ]
cardiólogo (m)	kardiolog (m)	[kardiológ]

76. La medicina. Las drogas. Los accesorios

medicamento (m), droga (f)	ilaç (m)	[ilátʃ]
remedio (m)	mjekim (m)	[mjɛkím]
prescribir (vt)	shkruaj recetë	[ʃkrúaj rɛtsétə]
receta (f)	recetë (f)	[rɛtsétə]
tableta (f)	pilulë (f)	[pilúlə]
ungüento (m)	krem (m)	[krɛm]
ampolla (f)	ampulë (f)	[ampúlə]
mixtura (f), mezcla (f)	përzierje (f)	[pərziérjɛ]
sirope (m)	shurup (m)	[ʃurúp]
píldora (f)	pilulë (f)	[pilúlə]
polvo (m)	pudër (f)	[púdər]
venda (f)	fashë garze (f)	[faʃə gárzɛ]
algodón (m) (discos de ~)	pambuk (m)	[pambúk]
yodo (m)	jod (m)	[jod]
tirita (f), curita (f)	leukoplast (m)	[lɛukoplást]
pipeta (f)	pikatore (f)	[pikatórɛ]
termómetro (m)	termometër (m)	[tɛrmométər]
jeringa (f)	shiringë (f)	[ʃiríŋə]
silla (f) de ruedas	karrocë me rrota (f)	[karótsə mɛ róta]
muletas (f pl)	paterica (f)	[patɛrítsa]
anestésico (m)	qetësues (m)	[cɛtəsúɛs]
purgante (m)	laksativ (m)	[laksatív]

alcohol (m)	alkool dezinfektues (m)	[alkoól dɛzinfɛktúɛs]
hierba (f) medicinal	bimë mjekësore (f)	[bímə mjɛkəsórɛ]
de hierbas (té ~)	çaj bimor	[tʃáj birˈór]

77. El fumar. Los productos del tabaco

tabaco (m)	duhan (m)	[duhán]
cigarrillo (m)	cigare (f)	[tsigárɛ]
cigarro (m)	puro (f)	[púro]
pipa (f)	llullë (f)	[ɫúɫə]
paquete (m)	pako cigaresh (m)	[páko tsigárɛʃ]

cerillas (f pl)	shkrepëse (pl)	[ʃkrépəsɛ]
caja (f) de cerillas	kuti shkrepësesh (f)	[kutí ʃkˈépəsɛʃ]
encendedor (m)	çakmak (m)	[tʃakmák]
cenicero (m)	taketuke (f)	[takɛtúkɛ]
pitillera (f)	kuti cigaresh (f)	[kutí tsigárɛʃ]

boquilla (f)	cigarishte (f)	[tsigariʃtɛ]
filtro (m)	filtër (m)	[fíltər]

fumar (vi, vt)	pi duhan	[pi duˈán]
encender un cigarrillo	ndez një cigare	[ndɛz ɲə tsigárɛ]
tabaquismo (m)	pirja e duhanit (f)	[pírja ɛ duhánit]
fumador (m)	duhanpirës (m)	[duhanpírəs]

colilla (f)	bishti i cigares (m)	[bíʃti i ːsigárɛs]
humo (m)	tym (m)	[tym]
ceniza (f)	hi (m)	[hi]

EL AMBIENTE HUMANO

La ciudad

78. La ciudad. La vida en la ciudad

ciudad (f)	qytet (m)	[cytét]
capital (f)	kryeqytet (m)	[kryɛcytét]
aldea (f)	fshat (m)	[fʃát]
plano (m) de la ciudad	hartë e qytetit (f)	[hárte ɛ cytétit]
centro (m) de la ciudad	qendër e qytetit (f)	[cénder ɛ cytétit]
suburbio (m)	periferi (f)	[pɛrifɛrí]
suburbano (adj)	periferik	[pɛrifɛrík]
arrabal (m)	periferia (f)	[pɛrifɛría]
afueras (f pl)	periferia (f)	[pɛrifɛría]
barrio (m)	bllok pallatesh (m)	[bɫók paɫátɛʃ]
zona (f) de viviendas	bllok banimi (m)	[bɫók baními]
tráfico (m)	trafik (m)	[trafík]
semáforo (m)	semafor (m)	[sɛmafór]
transporte (m) urbano	transport publik (m)	[transpórt publík]
cruce (m)	kryqëzim (m)	[krycezím]
paso (m) de peatones	kalim për këmbësorë (m)	[kalím per kembesóre]
paso (m) subterráneo	nënkalim për këmbësorë (m)	[nenkalím per kembesóre]
cruzar (vt)	kapërcej	[kapertséj]
peatón (m)	këmbësor (m)	[kembesór]
acera (f)	trotuar (m)	[trotuár]
puente (m)	urë (f)	[úre]
muelle (m)	breg lumi (m)	[brɛg lúmi]
fuente (f)	shatërvan (m)	[ʃaterván]
alameda (f)	rrugëz (m)	[rúgez]
parque (m)	park (m)	[park]
bulevar (m)	bulevard (m)	[bulɛvárd]
plaza (f)	shesh (m)	[ʃɛʃ]
avenida (f)	bulevard (m)	[bulɛvárd]
calle (f)	rrugë (f)	[rúge]
callejón (m)	rrugë dytësore (f)	[rúge dytesórɛ]
callejón (m) sin salida	rrugë pa krye (f)	[rúge pa krýɛ]
casa (f)	shtëpi (f)	[ʃtepí]
edificio (m)	ndërtesë (f)	[ndertése]
rascacielos (m)	qiellgërvishtës (m)	[ciɛɫgervíʃtes]
fachada (f)	fasadë (f)	[fasáde]
techo (m)	çati (f)	[tʃatí]

ventana (f)	dritare (f)	[dritáre]
arco (m)	hark (m)	[hárk]
columna (f)	kolonë (f)	[kolóne]
esquina (f)	kënd (m)	[kénd]

escaparate (f)	vitrinë (f)	[vitríne]
letrero (m) (~ luminoso)	tabelë (f)	[tabéle]
cartel (m)	poster (m)	[postér]
cartel (m) publicitario	afishe reklamuese (f)	[afíʃe rɛklamúɛsɛ]
valla (f) publicitaria	tabelë reklamash (f)	[tabéle rɛklámaʃ]

basura (f)	plehra (f)	[pléhra]
cajón (m) de basura	kosh plehrash (m)	[koʃ pléhraʃ]
tirar basura	hedh mbeturina	[hɛð mɔɛturína]
basurero (m)	deponi plehrash (f)	[dɛpon‿ pléhraʃ]

cabina (f) telefónica	kabinë telefonike (f)	[kabíne tɛlɛfoníkɛ]
farola (f)	shtyllë dritash (f)	[ʃtýłe drítaʃ]
banco (m) (del parque)	stol (m)	[stol]

policía (m)	polic (m)	[políts]
policía (f) (~ nacional)	polici (f)	[politsí]
mendigo (m)	lypës (m)	[lýpes]
persona (f) sin hogar	i pastrehë (m)	[i pastréhe]

79. Las instituciones urbanas

tienda (f)	dyqan (m)	[dycár]
farmacia (f)	farmaci (f)	[farmatsí]
óptica (f)	optikë (f)	[optíke]
centro (m) comercial	qendër tregtare (f)	[cénder trɛgtárɛ]
supermercado (m)	supermarket (m)	[supɛrmarkét]

panadería (f)	furrë (f)	[fúre]
panadero (m)	furrtar (m)	[furtár]
pastelería (f)	pastiçeri (f)	[pastitʃɛrí]
tienda (f) de comestibles	dyqan ushqimor (m)	[dycán uʃcimór]
carnicería (f)	dyqan mishi (m)	[dycán míʃi]

| verdulería (f) | dyqan fruta-perimesh (m) | [dycán frúta-pɛrímɛʃ] |
| mercado (m) | treg (m) | [trɛg] |

cafetería (f)	kafene (f)	[kafɛr é]
restaurante (m)	restorant (m)	[rɛsto‿ánt]
cervecería (f)	pab (m), pijetore (f)	[pab], [pijɛtórɛ]
pizzería (f)	piceri (f)	[pitsɛrí]

peluquería (f)	parukeri (f)	[parukɛrí]
oficina (f) de correos	zyrë postare (f)	[zýre postárɛ]
tintorería (f)	pastrim kimik (m)	[pastrím kimík]
estudio (m) fotográfico	studio fotografike (f)	[stúdio fotografíkɛ]

| zapatería (f) | dyqan këpucësh (m) | [dycán kepútseʃ] |
| librería (f) | librari (f) | [librarí] |

75

tienda (f) deportiva	dyqan me mallra sportivë (m)	[dycán mɛ mátra sportívə]
arreglos (m pl) de ropa	rrobaqepësi (f)	[robacɛpəsí]
alquiler (m) de ropa	dyqan veshjesh me qira (m)	[dycán véʃjɛʃ mɛ cirá]
videoclub (m)	dyqan videosh me qira (m)	[dycán vídɛoʃ mɛ cirá]

circo (m)	cirk (m)	[tsírk]
zoo (m)	kopsht zoologjik (m)	[kópʃt zooloɟík]
cine (m)	kinema (f)	[kinɛmá]
museo (m)	muze (m)	[muzé]
biblioteca (f)	bibliotekë (f)	[bibliotékə]

teatro (m)	teatër (m)	[tɛátər]
ópera (f)	opera (f)	[opéra]
club (m) nocturno	klub nate (m)	[klúb nátɛ]
casino (m)	kazino (f)	[kazíno]

mezquita (f)	xhami (f)	[dʒamí]
sinagoga (f)	sinagogë (f)	[sinagógə]
catedral (f)	katedrale (f)	[katɛdrálɛ]
templo (m)	tempull (m)	[témputɬ]
iglesia (f)	kishë (f)	[kíʃə]

instituto (m)	kolegj (m)	[koléɟ]
universidad (f)	universitet (m)	[univɛrsitét]
escuela (f)	shkollë (f)	[ʃkótə]

prefectura (f)	prefekturë (f)	[prɛfɛktúrə]
alcaldía (f)	bashki (f)	[baʃkí]
hotel (m)	hotel (f)	[hotél]
banco (m)	bankë (f)	[bánkə]

embajada (f)	ambasadë (f)	[ambasádə]
agencia (f) de viajes	agjenci udhëtimesh (f)	[aɟɛntsí uðətímɛʃ]
oficina (f) de información	zyrë informacioni (f)	[zýrə informatsióni]
oficina (f) de cambio	këmbim valutor (m)	[kəmbím valutór]

metro (m)	metro (f)	[mɛtró]
hospital (m)	spital (m)	[spitál]

gasolinera (f)	pikë karburanti (f)	[píkə karburánti]
aparcamiento (m)	parking (m)	[parkíŋ]

80. Los avisos

letrero (m) (~ luminoso)	tabelë (f)	[tabélə]
cartel (m) (texto escrito)	njoftim (m)	[ɲoftím]
pancarta (f)	poster (m)	[postér]
signo (m) de dirección	tabelë drejtuese (f)	[tabélə drɛjtúɛsɛ]
flecha (f) (signo)	shigjetë (f)	[ʃiɟétə]

advertencia (f)	kujdes (m)	[kujdés]
aviso (m)	shenjë paralajmëruese (f)	[ʃéɲə paralajmərúɛsɛ]
advertir (vt)	paralajmëroj	[paralajmərój]

día (m) de descanso	ditë pushimi (f)	[dítə pʊʃími]
horario (m)	orar (m)	[orár]
horario (m) de apertura	orari i punës (m)	[orári i púnəs]

¡BIENVENIDOS!	MIRË SE VINI!	[mírə sɛ víni!]
ENTRADA	HYRJE	[hýrjɛ]
SALIDA	DALJE	[dáljɛ]

EMPUJAR	SHTY	[ʃty]
TIRAR	TËRHIQ	[tərhíc]
ABIERTO	HAPUR	[hápur]
CERRADO	MBYLLUR	[mbýɫur]

| MUJERES | GRA | [gra] |
| HOMBRES | BURRA | [búra] |

REBAJAS	ZBRITJE	[zbrítjɛ]
SALDOS	ULJE	[úljɛ]
NOVEDAD	TË REJA!	[tə réjɛ!]
GRATIS	FALAS	[fálas]

¡ATENCIÓN!	KUJDES!	[kujdés!]
COMPLETO	NUK KA VENDE TË LIRA	[nuk ka véndɛ tə líra]
RESERVADO	E REZERVUAR	[ɛ rɛzɛrvúar]

ADMINISTRACIÓN	ADMINISTRATA	[administráta]
SÓLO PERSONAL	VETËM PËR STAFIN	[vétəm pər stáfin]
AUTORIZADO		

CUIDADO CON EL PERRO	RUHUNI NGA QENI!	[rúhur i ŋa céni!]
PROHIBIDO FUMAR	NDALOHET DUHANI	[ndalćhɛt duháni]
NO TOCAR	MOS PREK!	[mos prék!]

PELIGROSO	TË RREZIKSHME	[tə rɛzíkʃmɛ]
PELIGRO	RREZIK	[rɛzík]
ALTA TENSIÓN	TENSION I LARTË	[tɛnsión i lártə]
PROHIBIDO BAÑARSE	NUK LEJOHET NOTI!	[nuk lɛjóhɛt nóti!]
NO FUNCIONA	E PRISHUR	[ɛ príʃʊr]

INFLAMABLE	LËNDË DJEGËSE	[ləndə djégəsɛ]
PROHIBIDO	E NDALUAR	[ɛ ndalúar]
PROHIBIDO EL PASO	NDALOHET HYRJA	[ndalóhɛt hýrja]
RECIÉN PINTADO	BOJË E FRESKËT	[bójə ɛ fréskət]

81. El transporte urbano

autobús (m)	autobus (m)	[autoɔús]
tranvía (m)	tramvaj (m)	[tramváj]
trolebús (m)	autobus tramvaj (m)	[autoɔús tramváj]
itinerario (m)	itinerar (m)	[itinɛrár]
número (m)	numër (m)	[númər]

| ir en … | udhëtoj me … | [uðəɫój mɛ …] |
| tomar (~ el autobús) | hip | [hip] |

bajar (~ del tren)	zbres ...	[zbrɛs ...]
parada (f)	stacion (m)	[statsión]
próxima parada (f)	stacioni tjetër (m)	[statsióni tjétər]
parada (f) final	terminal (m)	[tɛrminál]
horario (m)	orar (m)	[orár]
esperar (aguardar)	pres	[prɛs]

| billete (m) | biletë (f) | [bilétə] |
| precio (m) del billete | çmim bilete (m) | [tʃmím bilétɛ] |

cajero (m)	shitës biletash (m)	[ʃítəs bilétaʃ]
control (m) de billetes	kontroll biletash (m)	[kontróɫ bilétaʃ]
cobrador (m)	kontrollues biletash (m)	[kontroɫúɛs bilétaʃ]

llegar tarde (vi)	vonohem	[vonóhɛm]
perder (~ el tren)	humbas	[humbás]
tener prisa	nxitoj	[ndzitój]

taxi (m)	taksi (m)	[táksi]
taxista (m)	shofer taksie (m)	[ʃofér taksíɛ]
en taxi	me taksi	[mɛ táksi]
parada (f) de taxi	stacion taksish (m)	[statsión táksiʃ]
llamar un taxi	thërras taksi	[θərás táksi]
tomar un taxi	marr taksi	[mar táksi]

tráfico (m)	trafik (m)	[trafík]
atasco (m)	bllokim trafiku (m)	[bɫokím trafíku]
horas (f pl) de punta	orë e trafikut të rëndë (f)	[órə ɛ trafíkut tə rəndə]
aparcar (vi)	parkoj	[parkój]
aparcar (vt)	parkim	[parkím]
aparcamiento (m)	parking (m)	[parkíŋ]

metro (m)	metro (f)	[mɛtró]
estación (f)	stacion (m)	[statsión]
ir en el metro	shkoj me metro	[ʃkoj mɛ métro]
tren (m)	tren (m)	[trɛn]
estación (f)	stacion treni (m)	[statsión tréni]

82. La exploración del paisaje

monumento (m)	monument (m)	[monumént]
fortaleza (f)	kala (f)	[kalá]
palacio (m)	pallat (m)	[paɫát]
castillo (m)	kështjellë (f)	[kəʃtjéɫə]
torre (f)	kullë (f)	[kúɫə]
mausoleo (m)	mauzoleum (m)	[mauzolɛúm]

arquitectura (f)	arkitekturë (f)	[arkitɛktúrə]
medieval (adj)	mesjetare	[mɛsjɛtárɛ]
antiguo (adj)	e lashtë	[ɛ láʃtə]
nacional (adj)	kombëtare	[kombətárɛ]
conocido (adj)	i famshëm	[i fámʃəm]
turista (m)	turist (m)	[turíst]
guía (m) (persona)	udhërrëfyes (m)	[uðərəfýɛs]

excursión (f)	ekskursion (m)	[ɛkskursión]
mostrar (vt)	tregoj	[trɛgój]
contar (una historia)	dëftoj	[dəftój]

encontrar (hallar)	gjej	[ɟéj]
perderse (vr)	humbas	[humbés]
plano (m) (~ de metro)	hartë (f)	[hártə]
mapa (m) (~ de la ciudad)	hartë (f)	[hártə]

recuerdo (m)	suvenir (m)	[suvɛnír]
tienda (f) de regalos	dyqan dhuratash (m)	[dycán ðurátaʃ]
hacer fotos	bëj foto	[bəj fótɔ]
fotografiarse (vr)	bëj fotografi	[bəj fotɔgrafí]

83. Las compras

comprar (vt)	blej	[blɛj]
compra (f)	blerje (f)	[blérjɛ]
hacer compras	shkoj për pazar	[ʃkoj pər pazár]
compras (f pl)	pazar (m)	[pazár]

| estar abierto (tienda) | hapur | [hápur] |
| estar cerrado | mbyllur | [mbýɬur] |

calzado (m)	këpucë (f)	[kəpútsə]
ropa (f), vestido (m)	veshje (f)	[véʃjɛ]
cosméticos (m pl)	kozmetikë (f)	[kozmɛtíkə]
productos alimenticios	mallra ushqimore (f)	[máɬra uʃcimórɛ]
regalo (m)	dhuratë (f)	[ðurátə]

| vendedor (m) | shitës (m) | [ʃítəs] |
| vendedora (f) | shitëse (f) | [ʃítəsɛ] |

caja (f)	arkë (f)	[árkə]
espejo (m)	pasqyrë (f)	[pascýrə]
mostrador (m)	banak (m)	[bának]
probador (m)	dhomë prove (f)	[ðómə próvɛ]

probar (un vestido)	provoj	[provoj]
quedar (una ropa, etc.)	më rri mirë	[mə ri mírə]
gustar (vi)	pëlqej	[pəlcéj]

precio (m)	çmim (m)	[tʃmím]
etiqueta (f) de precio	etiketa e çmimit (f)	[ɛtikéta ɛ tʃmímit]
costar (vt)	kushton	[kuʃtón]
¿Cuánto?	Sa?	[sa?]
descuento (m)	ulje (f)	[úljɛ]

no costoso (adj)	jo e shtrenjtë	[jo ɛ ʃtréɲtə]
barato (adj)	e lirë	[ɛ lírɛ]
caro (adj)	i shtrenjtë	[i ʃtréɲtə]
Es caro	Është e shtrenjtë	[əʃtə ɛ ʃtréɲtə]
alquiler (m)	qiramarrje (f)	[ciramárjɛ]
alquilar (vt)	marr me qira	[mar mɛ cirá]

| crédito (m) | kredit (m) | [krɛdít] |
| a crédito (adv) | me kredi | [mɛ krɛdí] |

84. El dinero

dinero (m)	para (f)	[pará]
cambio (m)	këmbim valutor (m)	[kəmbím valutór]
curso (m)	kurs këmbimi (m)	[kurs kəmbími]
cajero (m) automático	bankomat (m)	[bankomát]
moneda (f)	monedhë (f)	[monéðə]

| dólar (m) | dollar (m) | [doɫár] |
| euro (m) | euro (f) | [éuro] |

lira (f)	lirë (f)	[lírə]
marco (m) alemán	Marka gjermane (f)	[márka ɟɛrmánɛ]
franco (m)	franga (f)	[fráŋa]
libra esterlina (f)	sterlina angleze (f)	[stɛrlína aŋlézɛ]
yen (m)	jen (m)	[jén]

deuda (f)	borxh (m)	[bórdʒ]
deudor (m)	debitor (m)	[dɛbitór]
prestar (vt)	jap hua	[jap huá]
tomar prestado	marr hua	[mar huá]

banco (m)	bankë (f)	[bánkə]
cuenta (f)	llogari (f)	[ɫogarí]
ingresar (~ en la cuenta)	depozitoj	[dɛpozitój]
ingresar en la cuenta	depozitoj në llogari	[dɛpozitój nə ɫogarí]
sacar de la cuenta	tërheq	[tərhéc]

tarjeta (f) de crédito	kartë krediti (f)	[kártə krɛdíti]
dinero (m) en efectivo	kesh (m)	[kɛʃ]
cheque (m)	çek (m)	[tʃɛk]
sacar un cheque	lëshoj një çek	[ləʃój ɲə tʃék]
talonario (m)	bllok çeqesh (m)	[bɫók tʃécɛʃ]

cartera (f)	portofol (m)	[portofól]
monedero (m)	kuletë (f)	[kulétə]
caja (f) fuerte	kasafortë (f)	[kasafórtə]

heredero (m)	trashëgimtar (m)	[traʃəgimtár]
herencia (f)	trashëgimi (f)	[traʃəgimí]
fortuna (f)	pasuri (f)	[pasurí]

arriendo (m)	qira (f)	[cirá]
alquiler (m) (dinero)	qiraja (f)	[cirája]
alquilar (~ una casa)	marr me qira	[mar mɛ cirá]

precio (m)	çmim (m)	[tʃmím]
coste (m)	kosto (f)	[kósto]
suma (f)	shumë (f)	[ʃúmə]
gastar (vt)	shpenzoj	[ʃpɛnzój]
gastos (m pl)	shpenzime (f)	[ʃpɛnzímɛ]

| economizar (vi, vt) | kursej | [kurséj] |
| económico (adj) | ekonomik | [ɛkononík] |

pagar (vi, vt)	paguaj	[pagúaj]
pago (m)	pagesë (f)	[pagésə]
cambio (m) (devolver el ~)	kusur (m)	[kusúr]

impuesto (m)	taksë (f)	[táksə]
multa (f)	gjobë (f)	[ɉóbə]
multar (vt)	vendos gjobë	[vɛndós ɉóbə]

85. La oficina de correos

oficina (f) de correos	zyrë postare (f)	[zýrə pɔstárɛ]
correo (m) (cartas, etc.)	postë (f)	[póstə]
cartero (m)	postier (m)	[postié]
horario (m) de apertura	orari i punës (m)	[orári i púnəs]

carta (f)	letër (f)	[létər]
carta (f) certificada	letër rekomande (f)	[létər rɛkomándɛ]
tarjeta (f) postal	kartolinë (f)	[kartolínə]
telegrama (m)	telegram (m)	[tɛlɛgrám]
paquete (m) postal	pako (f)	[páko]
giro (m) postal	transfer parash (m)	[transfɛr paráʃ]

recibir (vt)	pranoj	[pranó]
enviar (vt)	dërgoj	[dərgó]
envío (m)	dërgesë (f)	[dərgésə]

dirección (f)	adresë (f)	[adrésə]
código (m) postal	kodi postar (m)	[kódi ɾostár]
expedidor (m)	dërguesi (m)	[dərgúɛsi]
destinatario (m)	pranues (m)	[pranúɛs]

| nombre (m) | emër (m) | [émər] |
| apellido (m) | mbiemër (m) | [mbiémər] |

tarifa (f)	tarifë postare (f)	[tarífə postárɛ]
ordinario (adj)	standard	[standárd]
económico (adj)	ekonomike	[ɛkonomíkɛ]

peso (m)	peshë (f)	[péʃə]
pesar (~ una carta)	peshoj	[pɛʃój]
sobre (m)	zarf (m)	[zarf]
sello (m)	pullë postare (f)	[púłə postárɛ]
poner un sello	vendos pullën postare	[vɛndós púłən posˈárɛ]

La vivienda. La casa. El hogar

86. La casa. La vivienda

casa (f)	shtëpi (f)	[ʃtəpí]
en casa (adv)	në shtëpi	[nə ʃtəpí]
patio (m)	oborr (m)	[obór]
verja (f)	gardh (m)	[garð]
ladrillo (m)	tullë (f)	[túłə]
de ladrillo (adj)	me tulla	[mɛ túła]
piedra (f)	gur (m)	[gur]
de piedra (adj)	guror	[gurór]
hormigón (m)	çimento (f)	[tʃiménto]
de hormigón (adj)	prej çimentoje	[prɛj tʃiméntojɛ]
nuevo (adj)	i ri	[i rí]
viejo (adj)	i vjetër	[i vjétər]
deteriorado (adj)	e vjetruar	[ɛ vjɛtrúar]
moderno (adj)	moderne	[modérnɛ]
de muchos pisos	shumëkatëshe	[ʃuməkátəʃɛ]
alto (adj)	e lartë	[ɛ lártə]
piso (m)	kat (m)	[kat]
de un solo piso	njëkatëshe	[ɲəkátəʃɛ]
piso (m) bajo	përdhese (f)	[pərðésɛ]
piso (m) alto	kati i fundit (m)	[káti i fúndit]
techo (m)	çati (f)	[tʃatí]
chimenea (f)	oxhak (m)	[odʒák]
tejas (f pl)	tjegulla (f)	[tjéguła]
de tejas (adj)	me tjegulla	[mɛ tjéguła]
desván (m)	papafingo (f)	[papafíɲo]
ventana (f)	dritare (f)	[dritárɛ]
vidrio (m)	xham (m)	[dʒam]
alféizar (m)	prag dritareje (m)	[prag dritárɛjɛ]
contraventanas (f pl)	grila (f)	[gríla]
pared (f)	mur (m)	[mur]
balcón (m)	ballkon (m)	[bałkón]
gotera (f)	ulluk (m)	[ułúk]
arriba (estar ~)	lart	[lart]
subir (vi)	ngjitem lart	[ɲjitém lárt]
descender (vi)	zbres	[zbrɛs]
mudarse (vr)	lëviz	[ləvíz]

87. La casa. La entrada. El ascensor

entrada (f)	hyrje (f)	[hýrjɛ]
escalera (f)	shkallë (f)	[ʃkátə]
escalones (m)	shkallë (f)	[ʃkátə]
baranda (f)	parmak (m)	[parmák]
vestíbulo (m)	holl (m)	[hoł]
buzón (m)	kuti postare (f)	[kutí postárɛ]
contenedor (m) de basura	kazan mbeturinash (m)	[kazán mbɛturínaʃ]
bajante (f) de basura	ashensor mbeturinash (m)	[aʃɛnsɔ́r mbɛturínaʃ]
ascensor (m)	ashensor (m)	[aʃɛnsɔ́r]
ascensor (m) de carga	ashensor mallrash (m)	[aʃɛnsɔ́r mátraʃ]
cabina (f)	kabinë ashensori (f)	[kabínə aʃɛnsóri]
ir en el ascensor	marr ashensorin	[mar a ɛnsórin]
apartamento (m)	apartament (m)	[apartɛmént]
inquilinos (m)	banorë (pl)	[banórə]
vecino (m)	komshi (m)	[komʃí]
vecina (f)	komshike (f)	[komʃíkɛ]
vecinos (m pl)	komshinj (pl)	[komʃíɲ]

88. La casa. La electricidad

electricidad (f)	elektricitet (m)	[ɛlɛktritsitét]
bombilla (f)	poç (m)	[potʃ]
interruptor (m)	çelës drite (m)	[tʃéləs drítɛ]
fusible (m)	siguresë (f)	[siguresə]
hilo (m) (~ eléctrico)	kabllo (f)	[kábło]
instalación (f) eléctrica	rrjet elektrik (m)	[rjét ɛlɛktrík]
contador (m) de luz	njehsor elektrik (m)	[ɲɛhsór ɛlɛktrík]
lectura (f) (~ del contador)	matjet (pl)	[mátjɛt]

89. La casa. Las puertas. Los candados

puerta (f)	derë (f)	[dérə]
portón (m)	portik (m)	[portík]
tirador (m)	dorezë (f)	[dorézə]
abrir el cerrojo	zhbllokoj	[ʒbło<ój]
abrir (vt)	hap	[hap]
cerrar (vt)	mbyll	[mby˞]
llave (f)	çelës (m)	[tʃéləs]
manojo (m) de llaves	tufë çelësash (f)	[túfə ːʃéləsaʃ]
crujir (vi)	kërcet	[kərtsét]
crujido (m)	kërcitje (f)	[kərtsítjɛ]
gozne (m)	menteshë (f)	[mɛnːéʃə]
felpudo (m)	tapet hyrës (m)	[tapéł hýrəs]
cerradura (f)	kyç (m)	[kytʃ]

ojo (m) de cerradura	vrimë e çelësit (f)	[vrímə ε tʃéləsit]
cerrojo (m)	shul (m)	[ʃul]
pestillo (m)	shul (m)	[ʃul]
candado (m)	dry (m)	[dry]

tocar el timbre	i bie ziles	[i bíε zíΙεs]
campanillazo (f)	tingulli i ziles (m)	[tíŋuɫi i zíΙεs]
timbre (m)	zile (f)	[zíΙε]
botón (m)	çelësi i ziles (m)	[tʃéləsi i zíΙεs]
llamada (f)	trokitje (f)	[trokítjε]
llamar (vi)	trokas	[trokás]

código (m)	kod (m)	[kod]
cerradura (f) de contraseña	kod (m)	[kod]
telefonillo (m)	interkom (m)	[intεrkóm]
número (m)	numër (m)	[númər]
placa (f) de puerta	pllakë e emrit (f)	[pɫákə ε émrit]
mirilla (f)	vrimë përgjimi (f)	[vrímə pərɉími]

90. La casa de campo

aldea (f)	fshat (m)	[fʃát]
huerta (f)	kopsht zarzavatesh (m)	[kópʃt zarzavátεʃ]
empalizada (f)	gardh (m)	[garð]
valla (f)	gardh kunjash	[garð kúɲaʃ]
puertecilla (f)	portik (m)	[portík]

granero (m)	hambar (m)	[hambár]
sótano (m)	qilar (m)	[cilár]
cobertizo (m)	kasolle (f)	[kasóɫε]
pozo (m)	pus (m)	[pus]

estufa (f)	sobë (f)	[sóbə]
calentar la estufa	mbush sobën	[mbúʃ sóbən]
leña (f)	dru për zjarr (m)	[dru pər zjár]
leño (m)	dru (m)	[dru]

veranda (f)	verandë (f)	[vεrándə]
terraza (f)	ballkon (m)	[baɫkón]
porche (m)	prag i derës (m)	[prag i dérəs]
columpio (m)	kolovajzë (f)	[kolovájzə]

91. La villa. La mansión

casa (f) de campo	vilë (f)	[víΙə]
villa (f)	vilë (f)	[víΙə]
ala (f)	krah (m)	[krah]

jardín (m)	kopsht (m)	[kopʃt]
parque (m)	park (m)	[park]
invernadero (m) tropical	serrë (f)	[sérə]
cuidar (~ el jardín, etc.)	përkujdesem	[pərkujdésεm]

piscina (f)	pishinë (f)	[piʃínə]
gimnasio (m)	palestër (f)	[paléstɛr]
cancha (f) de tenis	fushë tenisi (f)	[fúʃə tɛr ísi]
sala (f) de cine	sallon teatri (m)	[saɫón tɛátri]
garaje (m)	garazh (m)	[garáʒ]

| propiedad (f) privada | pronë private (f) | [prónə privátɛ] |
| terreno (m) privado | tokë private (f) | [tókə privátɛ] |

| advertencia (f) | paralajmërim (m) | [paralajmərím] |
| letrero (m) de aviso | shenjë paralajmëruese (f) | [ʃéɲə paralajmərúɛsɛ] |

seguridad (f)	sigurim (m)	[sigurírˉ]
guardia (m) de seguridad	roje sigurimi (m)	[rójɛ sigurími]
alarma (f) antirrobo	alarm (m)	[alárm]

92. El castillo. El palacio

castillo (m)	kështjellë (f)	[kəʃtjéɫə]
palacio (m)	pallat (m)	[paɫát]
fortaleza (f)	kala (f)	[kaɫá]
muralla (f)	mur rrethues (m)	[mur rɛθúɛs]
torre (f)	kullë (f)	[kúɫə]
torre (f) principal	kulla e parë (f)	[kúɫa ɛ párə]

rastrillo (m)	portë me hekura (f)	[pórtə mɛ hékura]
pasaje (m) subterráneo	nënkalim (m)	[nənkalím]
foso (m) del castillo	kanal (m)	[kanálɪ]
cadena (f)	zinxhir (m)	[zindʒ´r]
aspillera (f)	frëngji (f)	[frənɪfˌ]

magnífico (adj)	e mrekullueshme	[ɛ mrɛkuɫúɛʃmɛ]
majestuoso (adj)	madhështore	[maðɛʃtórɛ]
inexpugnable (adj)	e padepërtueshme	[ɛ pacɛpərtúɛʃmɛ]
medieval (adj)	mesjetare	[mɛsjɛtárɛ]

93. El apartamento

apartamento (m)	apartament (m)	[apartamént]
habitación (f)	dhomë (f)	[ðómə]
dormitorio (m)	dhomë gjumi (f)	[ðómə ɟúmi]
comedor (m)	dhomë ngrënie (f)	[ðómə ŋrəníɛ]
salón (m)	dhomë ndeje (f)	[ðómə ndéjɛ]
despacho (m)	dhomë pune (f)	[ðómɔ púnɛ]

antecámara (f)	hyrje (f)	[hýrjɛ]
cuarto (m) de baño	banjo (f)	[báɲo]
servicio (m)	tualet (m)	[tualét]

techo (m)	tavan (m)	[taváɲ]
suelo (m)	dysheme (f)	[dyʃɛ ˈné]
rincón (m)	qoshe (f)	[cóʃɛ]

94. El apartamento. La limpieza

hacer la limpieza	pastroj	[pastrój]
quitar (retirar)	vendos	[vɛndós]
polvo (m)	pluhur (m)	[plúhuɾ]
polvoriento (adj)	e pluhurosur	[ɛ pluhurósuɾ]
limpiar el polvo	marr pluhurat	[mar plúhurat]
aspirador (m)	fshesë elektrike (f)	[fʃésə ɛlɛktríkɛ]
limpiar con la aspiradora	thith pluhurin	[θiθ plúhurin]
barrer (vi, vt)	fshij	[fʃíj]
barreduras (f pl)	plehra (f)	[pléhra]
orden (m)	rregull (m)	[réguɫ]
desorden (m)	rrëmujë (f)	[rəmújə]
fregona (f)	shtupë (f)	[ʃtúpə]
trapo (m)	leckë (f)	[létskə]
escoba (f)	fshesë (f)	[fʃésə]
cogedor (m)	kaci (f)	[katsí]

95. Los muebles. El interior

muebles (m pl)	orendi (f)	[orɛndí]
mesa (f)	tryezë (f)	[tryézə]
silla (f)	karrige (f)	[karígɛ]
cama (f)	shtrat (m)	[ʃtrat]
sofá (m)	divan (m)	[diván]
sillón (m)	kolltuk (m)	[koɫtúk]
librería (f)	raft librash (m)	[ráft líbraʃ]
estante (m)	sergjen (m)	[sɛɾɟén]
armario (m)	gardërobë (f)	[gardəróbə]
percha (f)	varëse (f)	[várəsɛ]
perchero (m) de pie	varëse xhaketash (f)	[várəsɛ dʒakétaʃ]
cómoda (f)	komodë (f)	[kɔmódə]
mesa (f) de café	tryezë e ulët (f)	[tryézə ɛ úlət]
espejo (m)	pasqyrë (f)	[pascýrə]
tapiz (m)	qilim (m)	[cilím]
alfombra (f)	tapet (m)	[tapét]
chimenea (f)	oxhak (m)	[odʒák]
candela (f)	qiri (m)	[círi]
candelero (m)	shandan (m)	[ʃandán]
cortinas (f pl)	perde (f)	[pérdɛ]
empapelado (m)	tapiceri (f)	[tapitsɛrí]
estor (m) de láminas	grila (f)	[gríla]
lámpara (f) de mesa	llambë tavoline (f)	[ɫámbə tavolínɛ]
candil (m)	llambadar muri (m)	[ɫambadár múri]

lámpara (f) de pie	llambadar (m)	[ɫambadár]
lámpara (f) de araña	llambadar (m)	[ɫambadár]

pata (f) (~ de la mesa)	këmbë (f)	[kə́mbə]
brazo (m)	mbështetëse krahu (f)	[mbəʃté:əsɛ kráhu]
espaldar (m)	mbështetëse (f)	[mbəʃté:əsɛ]
cajón (m)	sirtar (m)	[sirtár]

96. Los accesorios de la cama

ropa (f) de cama	çarçafë (pl)	[tʃartʃáfə]
almohada (f)	jastëk (m)	[jasték]
funda (f)	këllëf jastëku (m)	[kəɫə́f jastéku]
manta (f)	jorgan (m)	[jorgán]
sábana (f)	çarçaf (m)	[tʃartʃáf]
sobrecama (f)	mbulesë (f)	[mbulésə]

97. La cocina

cocina (f)	kuzhinë (f)	[kuʒínə]
gas (m)	gaz (m)	[gaz]
cocina (f) de gas	sobë me gaz (f)	[sóbə mɛ gaz]
cocina (f) eléctrica	sobë elektrike (f)	[sóbə ɛlɛktríkɛ]
horno (m)	furrë (f)	[fúrə]
horno (m) microondas	mikrovalë (f)	[mikroválə]

frigorífico (m)	frigorifer (m)	[frigori̇́ér]
congelador (m)	frigorifer (m)	[frigori̇́ér]
lavavajillas (m)	pjatalarëse (f)	[pjatalárəsɛ]

picadora (f) de carne	grirëse mishi (f)	[grírəsɛ míʃi]
exprimidor (m)	shtrydhëse frutash (f)	[ʃtrýðəsɛ frútaʃ]
tostador (m)	toster (m)	[tostér]
batidora (f)	mikser (m)	[miksér]

cafetera (f) (aparato de cocina)	makinë kafeje (f)	[makínə kaféjɛ]
cafetera (f) (para servir)	kafetierë (f)	[kafɛtiérə]
molinillo (m) de café	mulli kafeje (f)	[muɫí káfɛjɛ]

hervidor (m) de agua	çajnik (m)	[tʃajník]
tetera (f)	çajnik (m)	[tʃajník]
tapa (f)	kapak (m)	[kapák]
colador (m) de té	sitë çaji (f)	[sítə tʃáji]

cuchara (f)	lugë (f)	[lúgə]
cucharilla (f)	lugë çaji (f)	[lúgə tʃáji]
cuchara (f) de sopa	lugë gjelle (f)	[lúgə ɟétɛ]
tenedor (m)	pirun (m)	[pirúr]
cuchillo (m)	thikë (f)	[θíkə]
vajilla (f)	enë kuzhine (f)	[énə kuʒínɛ]
plato (m)	pjatë (f)	[pjátɛ]

platillo (m)	pjatë filxhani (f)	[pjátə fildʒáni]
vaso (m) de chupito	potir (m)	[potír]
vaso (m) (~ de agua)	gotë (f)	[gótə]
taza (f)	filxhan (m)	[fildʒán]

azucarera (f)	tas për sheqer (m)	[tas pər ʃɛcér]
salero (m)	kripore (f)	[kripórɛ]
pimentero (m)	enë piperi (f)	[énə pipéri]
mantequera (f)	pjatë gjalpi (f)	[pjátə ɟálpi]

cacerola (f)	tenxhere (f)	[tɛndʒérɛ]
sartén (f)	tigan (m)	[tigán]
cucharón (m)	garuzhdë (f)	[garúʒdə]
colador (m)	kullesë (f)	[kuɫésə]
bandeja (f)	tabaka (f)	[tabaká]

botella (f)	shishe (f)	[ʃíʃɛ]
tarro (m) de vidrio	kavanoz (m)	[kavanóz]
lata (f) de hojalata	kanoçe (f)	[kanótʃɛ]

abrebotellas (m)	hapëse shishesh (f)	[hapəsé ʃíʃɛʃ]
abrelatas (m)	hapëse kanoçesh (f)	[hapəsé kanótʃɛʃ]
sacacorchos (m)	turjelë tapash (f)	[turjélə tápaʃ]
filtro (m)	filtër (m)	[fíltər]
filtrar (vt)	filtroj	[filtrój]

| basura (f) | pleh (m) | [plɛh] |
| cubo (m) de basura | kosh plehrash (m) | [koʃ pléhraʃ] |

98. El baño

cuarto (m) de baño	banjo (f)	[báɲo]
agua (f)	ujë (m)	[újə]
grifo (m)	rubinet (m)	[rubinét]
agua (f) caliente	ujë i nxehtë (f)	[újə i ndzéhtə]
agua (f) fría	ujë i ftohtë (f)	[újə i ftóhtə]

pasta (f) de dientes	pastë dhëmbësh (f)	[pástə ðémbəʃ]
limpiarse los dientes	laj dhëmbët	[laj ðémbət]
cepillo (m) de dientes	furçë dhëmbësh (f)	[fúrtʃə ðémbəʃ]

afeitarse (vr)	rruhem	[rúhɛm]
espuma (f) de afeitar	shkumë rroje (f)	[ʃkumə rójɛ]
maquinilla (f) de afeitar	brisk (m)	[brísk]

lavar (vt)	laj duart	[laj dúart]
darse un baño	lahem	[láhɛm]
ducha (f)	dush (m)	[duʃ]
darse una ducha	bëj dush	[bəj dúʃ]

baño (m)	vaskë (f)	[váskə]
inodoro (m)	tualet (m)	[tualét]
lavabo (m)	lavaman (m)	[lavamán]
jabón (m)	sapun (m)	[sapún]

jabonera (f)	pjatë sapuni (f)	[pjátə sapúni]
esponja (f)	sfungjer (m)	[sfunɟér]
champú (m)	shampo (f)	[ʃampó]
toalla (f)	peshqir (m)	[pɛʃcír]
bata (f) de baño	peshqir trupi (m)	[pɛʃcír trúpi]

colada (f), lavado (m)	larje (f)	[lárjɛ]
lavadora (f)	makinë larëse (f)	[makínə lárəsɛ]
lavar la ropa	laj rroba	[laj róbə]
detergente (m) en polvo	detergjent (m)	[dɛtɛrɟént]

99. Los aparatos domésticos

televisor (m)	televizor (m)	[tɛlɛvizór]
magnetófono (m)	inçizues me shirit (m)	[intʃizúɛs mɛ ʃirít]
vídeo (m)	video regjistrues (m)	[vídɛo rɛɟistrúɛs]
radio (f)	radio (f)	[rádio]
reproductor (m) (~ MP3)	kasetofon (m)	[kasɛtofón]

proyector (m) de vídeo	projektor (m)	[projɛktór]
sistema (m) home cinema	kinema shtëpie (f)	[kinɛmá ʃtəpíɛ]
reproductor (m) de DVD	DVD player (m)	[dividí plɛjər]
amplificador (m)	amplifikator (m)	[amplifikatór]
videoconsola (f)	konsol video loje (m)	[konsól vídɛo lójɛ]

cámara (f) de vídeo	videokamerë (f)	[vidɛokamérə]
cámara (f) fotográfica	aparat fotografik (m)	[aparét fotografík]
cámara (f) digital	kamerë digjitale (f)	[kamérə diɟitálɛ]

aspirador (m)	fshesë elektrike (f)	[fʃésə ɛlɛktríkɛ]
plancha (f)	hekur (m)	[hékur]
tabla (f) de planchar	tryezë për hekurosje (f)	[tryézə pər hɛkurósjɛ]

teléfono (m)	telefon (m)	[tɛlɛfón]
teléfono (m) móvil	celular (m)	[tsɛlulár]
máquina (f) de escribir	makinë shkrimi (f)	[makínə ʃkrími]
máquina (f) de coser	makinë qepëse (f)	[makínə cépəsɛ]

micrófono (m)	mikrofon (m)	[mikrofón]
auriculares (m pl)	kufje (f)	[kúfjɛ]
mando (m) a distancia	telekomandë (f)	[tɛlɛkomándə]

CD (m)	CD (f)	[tsɛde]
casete (m)	kasetë (f)	[kasétə]
disco (m) de vinilo	pllakë gramafoni (f)	[płákə gramafóni]

100. Los arreglos. La renovación

renovación (f)	renovim (m)	[rɛnovím]
renovar (vt)	rinovoj	[rinovój]
reparar (vt)	riparoj	[ripaɾój]
poner en orden	rregulloj	[rɛgułój]

rehacer (vt)	ribëj	[ribéj]
pintura (f)	bojë (f)	[bójə]
pintar (las paredes)	lyej	[lýɛj]
pintor (m)	bojaxhi (m)	[bojadʒí]
brocha (f)	furçë (f)	[fúrtʃə]

cal (f)	gëlqere (f)	[gəlcérɛ]
encalar (vt)	lyej me gëlqere	[lýɛj mɛ gəlcérɛ]

empapelado (m)	tapiceri (f)	[tapitsɛrí]
empapelar (vt)	vendos tapiceri	[vɛndós tapitsɛrí]
barniz (m)	llak (m)	[ɫak]
cubrir con barniz	lustroj	[lustrój]

101. La plomería

agua (f)	ujë (m)	[újə]
agua (f) caliente	ujë i nxehtë (f)	[újə i ndzéhtə]
agua (f) fría	ujë i ftohtë (f)	[újə i ftóhtə]
grifo (m)	rubinet (m)	[rubinét]

gota (f)	pikë uji (f)	[píkə úji]
gotear (el grifo)	pikon	[pikón]
gotear (cañería)	rrjedh	[rjéð]
escape (f) de agua	rrjedhje (f)	[rjéðjɛ]
charco (m)	pellg (m)	[pɛɫg]

tubo (m)	gyp (m)	[gyp]
válvula (f)	valvulë (f)	[valvúlə]
estar atascado	bllokohet	[bɫokóhɛt]

instrumentos (m pl)	vegla (pl)	[végla]
llave (f) inglesa	çelës anglez (m)	[tʃéləs aŋléz]
destornillar (vt)	zhvidhos	[ʒviðós]
atornillar (vt)	vidhos	[viðós]

desatascar (vt)	zhbllokoj	[ʒbɫokój]
fontanero (m)	hidraulik (m)	[hidraulík]
sótano (m)	qilar (m)	[cilár]
alcantarillado (m)	kanalizim (m)	[kanalizím]

102. El fuego. El Incendio

fuego (m)	zjarr (m)	[zjar]
llama (f)	flakë (f)	[flákə]
chispa (f)	shkëndijë (f)	[ʃkəndíjə]
humo (m)	tym (m)	[tym]
antorcha (f)	pishtar (m)	[piʃtár]
hoguera (f)	zjarr kampingu (m)	[zjar kampíɲu]

gasolina (f)	benzinë (f)	[bɛnzínə]
queroseno (m)	vajgur (m)	[vajgúr]

inflamable (adj)	djegëse	[djégəsɛ]
explosivo (adj)	shpërthyese	[ʃpərθýɛsɛ]
PROHIBIDO FUMAR	NDALOHET DUHANI	[ndalóhɛt duháni]

seguridad (f)	siguri (f)	[sigurí]
peligro (m)	rrezik (m)	[rɛzík]
peligroso (adj)	i rrezikshëm	[i rɛzíkʃəm]

prenderse fuego	merr flakë	[mɛr flákə]
explosión (f)	shpërthim (m)	[ʃpərθím]
incendiar (vt)	vë flakën	[və flákən]
incendiario (m)	zjarrvënës (m)	[zjarvə́nəs]
incendio (m) provocado	zjarrvënie e qëllimshme (f)	[zjarvə́niɛ ɛ cəɫímʃmɛ]

estar en llamas	flakëron	[flakərɔ́n]
arder (vi)	digjet	[díɟɛt]
incendiarse (vr)	u dogj	[u doɟ]

llamar a los bomberos	telefonoj zjarrfikësit	[tɛlɛforój zjarfíkəsit]
bombero (m)	zjarrfikës (m)	[zjarfíkəs]
coche (m) de bomberos	kamion zjarrfikës (m)	[kamión zjarfíkəs]
cuerpo (m) de bomberos	zjarrfikës (m)	[zjarfíkəs]
escalera (f) telescópica	shkallë e zjarrfikëses (f)	[ʃkáɫə ɛ zjarfíkəsɛs]

manguera (f)	pompë e ujit (f)	[pómpə ɛ újit]
extintor (m)	bombolë kundër zjarrit (f)	[bombɔ́lə kúndər zjárit]
casco (m)	helmetë (f)	[hɛlmétə]
sirena (f)	alarm (m)	[alárm]

gritar (vi)	bërtas	[bərtás]
pedir socorro	thërras për ndihmë	[θərás pər ndíhmə]
socorrista (m)	shpëtimtar (m)	[ʃpətimtár]
salvar (vt)	shpëtoj	[ʃpətój]

llegar (vi)	arrij	[aríj]
apagar (~ el incendio)	shuaj	[ʃúaj]
agua (f)	ujë (m)	[újə]
arena (f)	rërë (f)	[rə́rə]

ruinas (f pl)	gërmadhë (f)	[gərmáðə]
colapsarse (vr)	shembet	[ʃémbɛt]
hundirse (vr)	rrëzohem	[rəzóhɛm]
derrumbarse (vr)	shembet	[ʃémbɛt]

| trozo (m) (~ del muro) | mbetje (f) | [mbétjɛ] |
| ceniza (f) | hi (m) | [hi] |

| morir asfixiado | asfiksim | [asfiksím] |
| perecer (vi) | vdes | [vdɛs] |

LAS ACTIVIDADES DE LA GENTE

El trabajo. Los negocios. Unidad 1

103. La oficina. El trabajo de oficina

oficina (f)	zyrë (f)	[zýrə]
despacho (m)	zyrë (f)	[zýrə]
recepción (f)	recepsion (m)	[rɛtsɛpsión]
secretario (m)	sekretar (m)	[sɛkrɛtár]
secretaria (f)	sekretare (f)	[sɛkrɛtárɛ]
director (m)	drejtor (m)	[drɛjtór]
manager (m)	menaxher (m)	[mɛnadʒér]
contable (m)	kontabilist (m)	[kontabilíst]
colaborador (m)	punonjës (m)	[punóɲəs]
muebles (m pl)	orendi (f)	[orɛndí]
escritorio (m)	tavolinë pune (f)	[tavolínə púnɛ]
silla (f)	karrige pune (f)	[karígɛ púnɛ]
cajonera (f)	njësi sirtarësh (f)	[ɲəsí sirtárəʃ]
perchero (m) de pie	varëse xhaketash (f)	[várəsɛ dʒakétaʃ]
ordenador (m)	kompjuter (m)	[kompjutér]
impresora (f)	printer (m)	[printér]
fax (m)	aparat faksi (m)	[aparát fáksi]
fotocopiadora (f)	fotokopje (f)	[fotokópjɛ]
papel (m)	letër (f)	[létər]
papelería (f)	pajisje zyre (f)	[pajísjɛ zýrɛ]
alfombrilla (f) para ratón	shtroje e mausit (f)	[ʃtrójɛ ɛ máusit]
hoja (f) de papel	fletë (f)	[flétə]
carpeta (f)	dosje (f)	[dósjɛ]
catálogo (m)	katalog (m)	[katalóg]
directorio (m) telefónico	numerator telefonik (m)	[numɛratór tɛlɛfoník]
documentación (f)	dokumentacion (m)	[dokumɛntatsión]
folleto (m)	broshurë (f)	[broʃúrə]
prospecto (m)	fletëpalosje (f)	[flɛtəpalósjɛ]
muestra (f)	mostër (f)	[móstər]
reunión (f) de formación	takim trajnimi (m)	[takím trajními]
reunión (f)	takim (m)	[takím]
pausa (f) de almuerzo	pushim dreke (m)	[puʃím drékɛ]
hacer una copia	bëj fotokopje	[bəj fotokópjɛ]
hacer copias	shumëfishoj	[ʃuməfiʃój]
recibir un fax	marr faks	[mar fáks]
enviar un fax	dërgoj faks	[dərgój fáks]

llamar por teléfono	telefonoj	[tɛlɛfonój]
responder (vi, vt)	përgjigjem	[pərɟíɟɛm]
poner en comunicación	kaloj linjën	[kalój líɲən]
fijar (~ una reunión)	lë takim	[lə takím]
demostrar (vt)	tregoj	[trɛgój]
estar ausente	mungoj	[muɲój]
ausencia (f)	mungesë (f)	[muɲésə]

104. Los métodos de los negocios. Unidad 1

negocio (m), comercio (m)	biznes (m)	[biznés]
ocupación (f)	profesion (m)	[profɛsión]
firma (f)	firmë (f)	[fírmə]
compañía (f)	kompani (f)	[kompɛní]
corporación (f)	korporatë (f)	[korporátə]
empresa (f)	ndërmarrje (f)	[ndərmárjɛ]
agencia (f)	agjenci (f)	[aɟɛnts]
acuerdo (m)	marrëveshje (f)	[marəvéʃɛ]
contrato (m)	kontratë (f)	[kontrátə]
trato (m), acuerdo (m)	marrëveshje (f)	[marəvéʃɛ]
pedido (m)	porosi (f)	[porosí]
condición (f) del contrato	kushte (f)	[kúʃtɛ]
al por mayor (adv)	me shumicë	[mɛ ʃumítsə]
al por mayor (adj)	me shumicë	[mɛ ʃumítsə]
venta (f) al por mayor	me shumicë (f)	[mɛ ʃumítsə]
al por menor (adj)	me pakicë	[mɛ pɛkítsə]
venta (f) al por menor	me pakicë (f)	[mɛ pɛkítsə]
competidor (m)	konkurrent (m)	[konkurént]
competencia (f)	konkurrencë (f)	[konkuréntsə]
competir (vi)	konkurroj	[konkurój]
socio (m)	ortak (m)	[orták]
sociedad (f)	partneritet (m)	[partnɛritét]
crisis (m)	krizë (f)	[krízə]
bancarrota (f)	falimentim (m)	[falimɛntím]
ir a la bancarrota	falimentoj	[falimɛntój]
dificultad (f)	vështirësi (f)	[vəʃtirəsí]
problema (m)	problem (m)	[problém]
catástrofe (f)	katastrofë (f)	[katastrófə]
economía (f)	ekonomi (f)	[ɛkonomí]
económico (adj)	ekonomik	[ɛkonomík]
recesión (f) económica	recesion ekonomik (m)	[rɛtsɛsión ɛkonom k]
meta (f)	qëllim (m)	[cəɬím]
objetivo (m)	detyrë (f)	[dɛtýrə]
comerciar (vi)	tregtoj	[trɛgtój]
red (f) (~ comercial)	rrjet (m)	[rjét]

93

| existencias (f pl) | inventar (m) | [invɛntár] |
| surtido (m) | gamë (f) | [gámə] |

líder (m)	lider (m)	[lidér]
grande (empresa ~)	e madhe	[ɛ máðɛ]
monopolio (m)	monopol (m)	[monopól]

teoría (f)	teori (f)	[tɛorí]
práctica (f)	praktikë (f)	[praktíkə]
experiencia (f)	përvojë (f)	[pərvójə]
tendencia (f)	trend (m)	[trɛnd]
desarrollo (m)	zhvillim (m)	[ʒviɬím]

105. Los métodos de los negocios. Unidad 2

| rentabilidad (f) | fitim (m) | [fitím] |
| rentable (adj) | fitimprurës | [fitimprúrəs] |

delegación (f)	delegacion (m)	[dɛlɛgatsión]
salario (m)	pagë (f)	[págə]
corregir (un error)	korrigjoj	[koriɟój]
viaje (m) de negocios	udhëtim pune (m)	[uðətím púnɛ]
comisión (f)	komision (m)	[komisión]

controlar (vt)	kontrolloj	[kontroɬój]
conferencia (f)	konferencë (f)	[konfɛréntsə]
licencia (f)	licencë (f)	[litséntsə]
fiable (socio ~)	i besueshëm	[i bɛsúɛʃəm]

iniciativa (f)	nismë (f)	[nísmə]
norma (f)	normë (f)	[nórmə]
circunstancia (f)	rrethanë (f)	[rɛθánə]
deber (m)	detyrë (f)	[dɛtýrə]

empresa (f)	organizatë (f)	[organizátə]
organización (f) (proceso)	organizativ (m)	[organizatív]
organizado (adj)	i organizuar	[i organizúar]
anulación (f)	anulim (m)	[anulím]
anular (vt)	anuloj	[anulój]
informe (m)	raport (m)	[rapórt]

patente (m)	patentë (f)	[paténtə]
patentar (vt)	patentoj	[patɛntój]
planear (vt)	planifikoj	[planifikój]

premio (m)	bonus (m)	[bonús]
profesional (adj)	profesional	[profɛsionál]
procedimiento (m)	procedurë (f)	[protsɛdúrə]

examinar (vt)	shqyrtoj	[ʃcyrtój]
cálculo (m)	llogaritje (f)	[ɬogarítjɛ]
reputación (f)	reputacion (m)	[rɛputatsión]
riesgo (m)	rrezik (m)	[rɛzík]
dirigir (administrar)	drejtoj	[drɛjtój]

información (f)	informacion (m)	[informatsión]
propiedad (f)	pronë (f)	[prónə]
unión (f)	bashkim (m)	[baʃkím]

seguro (m) de vida	sigurim jete (m)	[sigurím jétɛ]
asegurar (vt)	siguroj	[siguróʝ]
seguro (m)	sigurim (m)	[sigurím]

subasta (f)	ankand (m)	[ankánɟ]
notificar (informar)	njoftoj	[ɲoftój]
gestión (f)	menaxhim (m)	[mɛnadʒím]
servicio (m)	shërbim (m)	[ʃərbím]

foro (m)	forum (m)	[forúm]
funcionar (vi)	funksionoj	[funksiɔnój]
etapa (f)	fazë (f)	[fázə]
jurídico (servicios ~s)	ligjor	[liɟór]
jurista (m)	avokat (m)	[avokát]

106. La producción. Los trabajos

planta (f)	uzinë (f)	[uzínə]
fábrica (f)	fabrikë (f)	[fabríkə]
taller (m)	punëtori (f)	[punətɔrí]
planta (f) de producción	punishte (f)	[puníʃtɛ]

industria (f)	industri (f)	[industrí]
industrial (adj)	industrial	[industriál]
industria (f) pesada	industri e rëndë (f)	[industrí ɛ rəndə]
industria (f) ligera	industri e lehtë (f)	[industrí ɛ léhtə]

producción (f)	produkt (m)	[prodúkt]
producir (vt)	prodhoj	[proðój]
materias (f pl) primas	lëndë e parë (f)	[léndɛ ɛ párə]

jefe (m) de brigada	përgjegjës (m)	[pərɟéɟəs]
brigada (f)	skuadër (f)	[skuádər]
obrero (m)	punëtor (m)	[punətór]

día (m) de trabajo	ditë pune (f)	[dítə púnɛ]
descanso (m)	pushim (m)	[puʃím]
reunión (f)	mbledhje (f)	[mbléðjɛ]
discutir (vt)	diskutoj	[diskutój]

plan (m)	plan (m)	[plan]
cumplir el plan	përmbush planin	[pərmbúʃ plánin]
tasa (f) de producción	normë prodhimi (f)	[nórmə proðími]
calidad (f)	cilësi (f)	[tsiləsí]
revisión (f)	kontroll (m)	[kont·ół]
control (m) de calidad	kontroll cilësie (m)	[kont·ół tsiləsíɛ]

seguridad (f) de trabajo	siguri në punë (f)	[sigu·í nə púnə]
disciplina (f)	disiplinë (f)	[disiɭlínə]
infracción (f)	thyerje rregullash (f)	[θýɛrɟɛ régułaʃ]

violar (las reglas)	thyej rregullat	[θýɛj régułat]
huelga (f)	grevë (f)	[grévə]
huelguista (m)	grevist (m)	[grɛvíst]
estar en huelga	jam në grevë	[jam nə grévə]
sindicato (m)	sindikatë punëtorësh (f)	[sindikátə punətórəʃ]

inventar (máquina, etc.)	shpik	[ʃpik]
invención (f)	shpikje (f)	[ʃpíkjɛ]
investigación (f)	kërkim (m)	[kərkím]
mejorar (vt)	përmirësoj	[pərmirəsój]
tecnología (f)	teknologji (f)	[tɛknoloɟí]
dibujo (m) técnico	vizatim teknik (m)	[vizatím tɛkník]

cargamento (m)	ngarkesë (f)	[ŋarkésə]
cargador (m)	ngarkues (m)	[ŋarkúɛs]
cargar (camión, etc.)	ngarkoj	[ŋarkój]
carga (f) (proceso)	ngarkimi	[ŋarkími]
descargar (vt)	shkarkoj	[ʃkarkój]
descarga (f)	shkarkim (m)	[ʃkarkím]

transporte (m)	transport (m)	[transpórt]
compañía (f) de transporte	agjenci transporti (f)	[aɟɛntsí transpórti]
transportar (vt)	transportoj	[transportój]

vagón (m)	vagon mallrash (m)	[vagón máłraʃ]
cisterna (f)	cisternë (f)	[tsistérnə]
camión (m)	kamion (m)	[kamión]

máquina (f) herramienta	makineri veglash (f)	[makinɛrí vɛgláʃ]
mecanismo (m)	mekanizëm (m)	[mɛkanízəm]

desperdicios (m pl)	mbetje industriale (f)	[mbétjɛ industriálɛ]
empaquetado (m)	paketim (m)	[pakɛtím]
embalar (vt)	paketoj	[pakɛtój]

107. El contrato. El acuerdo

contrato (m)	kontratë (f)	[kontrátə]
acuerdo (m)	marrëveshje (f)	[marəvéʃɛ]
anexo (m)	shtojcë (f)	[ʃtójtsə]

firmar un contrato	nënshkruaj një kontratë	[nənʃkrúaj ɲə kontrátə]
firma (f) (nombre)	nënshkrim (m)	[nənʃkrím]
firmar (vt)	nënshkruaj	[nənʃkrúaj]
sello (m)	vulë (f)	[vúlə]

objeto (m) del acuerdo	objekt i kontratës (m)	[objékt i kontrátəs]
cláusula (f)	kusht (m)	[kuʃt]
partes (f pl)	palët (m)	[pálət]
domicilio (m) legal	adresa zyrtare (f)	[adrésa zyrtárɛ]

violar el contrato	mosrespektim kontrate	[mosrɛspɛktím kontrátɛ]
obligación (f)	detyrim (m)	[dɛtyrím]
responsabilidad (f)	përgjegjësi (f)	[pərɟɛɟəsí]

fuerza mayor (f)	forcë madhore (f)	[fórtsə maðórɛ]
disputa (f)	mosmarrëveshje (f)	[mosmarəvéʃɛ]
penalidades (f pl)	ndëshkime (pl)	[ndəʃkírⁿɛ]

108. Importación y Exportación

importación (f)	import (m)	[impórt⁻
importador (m)	importues (m)	[importʹɛs]
importar (vt)	importoj	[importɔ́j]
de importación (adj)	i importuar	[i importúar]

exportación (f)	eksport (m)	[ɛksport]
exportador (m)	eksportues (m)	[ɛksportúɛs]
exportar (vt)	eksportoj	[ɛksportój]
de exportación (adj)	i eksportuar	[i ɛksportúar]

| mercancía (f) | mallra (pl) | [máɫra⁻ |
| lote (m) de mercancías | ngarkesë (f) | [ŋarkésə] |

peso (m)	peshë (f)	[péʃə]
volumen (m)	vëllim (m)	[vəɫím⁻
metro (m) cúbico	metër kub (m)	[métər kúb]

productor (m)	prodhues (m)	[proðúɛs]
compañía (f) de transporte	agjenci transporti (f)	[aɟɛntsí transpórti]
contenedor (m)	kontejner (m)	[kontɛjnér]

frontera (f)	kufi (m)	[kufí]
aduana (f)	doganë (f)	[dogánə]
derechos (m pl) arancelarios	taksë doganore (f)	[táksə doganórɛ]
aduanero (m)	doganier (m)	[doganiér]
contrabandismo (m)	trafikim (m)	[trafikím]
contrabando (m)	kontrabandë (f)	[kontrabándə]

109. Las finanzas

acción (f)	stok (m)	[stok]
bono (m), obligación (f)	certifikatë valutore (f)	[tsɛrtiˑikátə valutórɛ]
letra (f) de cambio	letër me vlerë (f)	[létər mɛ vlérə]

| bolsa (f) | bursë (f) | [búrsə] |
| cotización (f) de valores | çmimi i stokut (m) | [tʃmími i stókut] |

| abaratarse (vr) | ulet | [úlɛt] |
| encarecerse (vr) | rritet | [rítɛt] |

| parte (f) | kuotë (f) | [kuótə] |
| interés (m) mayoritario | përqindje kontrolluese (f) | [pərcˈndjɛ kontroɫúɛsɛ] |

inversiones (f pl)	investim (m)	[invɛstím]
invertir (vi, vt)	investoj	[invɛstój]
porcentaje (m)	përqindje (f)	[pərcˈndjɛ]

interés (m)	interes (m)	[intɛrés]
beneficio (m)	fitim (m)	[fitím]
beneficioso (adj)	fitimprurës	[fitimprúrəs]
impuesto (m)	taksë (f)	[táksə]

divisa (f)	valutë (f)	[valútə]
nacional (adj)	kombëtare	[kombətárɛ]
cambio (m)	këmbim valute (m)	[kəmbím valútɛ]

| contable (m) | kontabilist (m) | [kontabilíst] |
| contaduría (f) | kontabilitet (m) | [kontabilitét] |

bancarrota (f)	falimentim (m)	[falimɛntím]
quiebra (f)	kolaps (m)	[koláps]
ruina (f)	rrënim (m)	[rəním]
arruinarse (vr)	rrënohem	[rənóhɛm]
inflación (f)	inflacion (m)	[inflatsión]
devaluación (f)	zhvlerësim (m)	[ʒvlɛrəsím]

capital (m)	kapital (m)	[kapitál]
ingresos (m pl)	të ardhura (f)	[tə árðura]
volumen (m) de negocio	qarkullim (m)	[carkułím]
recursos (m pl)	burime (f)	[burímɛ]
recursos (m pl) monetarios	burime monetare (f)	[burímɛ monɛtárɛ]

| gastos (m pl) accesorios | shpenzime bazë (f) | [ʃpɛnzímɛ bázə] |
| reducir (vt) | zvogëloj | [zvogəlój] |

110. La mercadotecnia

mercadotecnia (f)	marketing (m)	[markɛtíŋ]
mercado (m)	treg (m)	[trɛg]
segmento (m) del mercado	segment tregu (m)	[sɛgmént trégu]
producto (m)	produkt (m)	[prodúkt]
mercancía (f)	mallra (pl)	[máłra]

marca (f)	markë (f)	[márkə]
marca (f) comercial	markë tregtare (f)	[márkə trɛgtárɛ]
logotipo (m)	logo (f)	[lógo]
logo (m)	logo (f)	[lógo]

demanda (f)	kërkesë (f)	[kərkésə]
oferta (f)	furnizim (m)	[furnizím]
necesidad (f)	nevojë (f)	[nɛvójə]
consumidor (m)	konsumator (m)	[konsumatór]

análisis (m)	analizë (f)	[analízə]
analizar (vt)	analizoj	[analizój]
posicionamiento (m)	vendosje (f)	[vɛndósjɛ]
posicionar (vt)	vendos	[vɛndós]

precio (m)	çmim (m)	[tʃmím]
política (f) de precios	politikë e çmimeve (f)	[politíkə ɛ tʃmímɛvɛ]
formación (m) de precios	formim i çmimit (m)	[formím i tʃmímit]

111. La publicidad

publicidad (f)	reklamë (f)	[rɛklámə]
publicitar (vt)	reklamoj	[rɛklamój]
presupuesto (m)	buxhet (m)	[budʒét]
anuncio (m) publicitario	reklamë (f)	[rɛklámə]
publicidad (f) televisiva	reklamë televizive (f)	[rɛklámə tɛlɛvizívɛ]
publicidad (f) radiofónica	reklamë në radio (f)	[rɛklámə nə rádio]
publicidad (f) exterior	reklamë ambientale (f)	[rɛklámə ambiɛntálɛ]
medios (m pl) de comunicación de masas	masmedia (f)	[masmédia]
periódico (m)	botim periodik (m)	[botím ɔɛriodík]
imagen (f)	imazh (m)	[imáʒ]
consigna (f)	slogan (m)	[slogár]
divisa (f)	moto (f)	[móto]
campaña (f)	fushatë (f)	[fuʃátə]
campaña (f) publicitaria	fushatë reklamuese (f)	[fuʃátə rɛklamúɛsɛ]
auditorio (m) objetivo	grup i synuar (m)	[grup i synúar]
tarjeta (f) de visita	kartëvizitë (f)	[kartəvizítə]
prospecto (m)	fletëpalosje (f)	[flɛtəpalósjɛ]
folleto (m)	broshurë (f)	[broʃúrə]
panfleto (m)	pamflet (m)	[pamflét]
boletín (m)	buletin (m)	[bulɛtín]
letrero (m) (~ luminoso)	tabelë (f)	[tabélɛ]
pancarta (f)	poster (m)	[postér]
valla (f) publicitaria	tabelë reklamash (f)	[tabélə rɛklámaʃ]

112. La banca

banco (m)	bankë (f)	[bánkə]
sucursal (f)	degë (f)	[dégə]
asesor (m) (~ fiscal)	punonjës banke (m)	[punónəs bánkɛ]
gerente (m)	drejtor (m)	[drɛjtór]
cuenta (f)	llogari bankare (f)	[ɬogarí bankárɛ]
numero (m) de la cuenta	numër llogarie (m)	[númər ɬogaríɛ]
cuenta (f) corriente	llogari rrjedhëse (f)	[ɬogarí rjéðəsɛ]
cuenta (f) de ahorros	llogari kursimesh (f)	[ɬogarí kursímɛʃ]
abrir una cuenta	hap një llogari	[hap ɲə ɬogarí]
cerrar la cuenta	mbyll një llogari	[mbýɬ ɲə ɬogarí]
ingresar en la cuenta	depozitoj në llogari	[dɛpczitój nə ɬogarí]
sacar de la cuenta	tërheq	[tərhéc]
depósito (m)	depozitë (f)	[dɛpczítə]
hacer un depósito	kryej një depozitim	[krýɛj ɲə dɛpozitím]

| giro (m) bancario | transfer bankar (m) | [transfér bankár] |
| hacer un giro | transferoj para | [transfɛrój pará] |

| suma (f) | shumë (f) | [ʃúmə] |
| ¿Cuánto? | Sa? | [sa?] |

| firma (f) (nombre) | nënshkrim (m) | [nənʃkrím] |
| firmar (vt) | nënshkruaj | [nənʃkrúaj] |

tarjeta (f) de crédito	kartë krediti (f)	[kártə krɛdíti]
código (m)	kodi PIN (m)	[kódi pin]
número (m) de tarjeta de crédito	numri i kartës së kreditit (m)	[númri i kártəs sə krɛdítit]
cajero (m) automático	bankomat (m)	[bankomát]

cheque (m)	çek (m)	[tʃɛk]
sacar un cheque	lëshoj një çek	[ləʃój ɲə tʃék]
talonario (m)	bllok çeqesh (m)	[bɬók tʃécɛʃ]

crédito (m)	kredi (f)	[krɛdí]
pedir el crédito	aplikoj për kredi	[aplikój pər krɛdí]
obtener un crédito	marr kredi	[mar krɛdí]
conceder un crédito	jap kredi	[jap krɛdí]
garantía (f)	garanci (f)	[garantsí]

113. El teléfono. Las conversaciones telefónicas

teléfono (m)	telefon (m)	[tɛlɛfón]
teléfono (m) móvil	celular (m)	[tsɛlulár]
contestador (m)	sekretari telefonike (f)	[sɛkrɛtarí tɛlɛfoníkɛ]

| llamar, telefonear | telefonoj | [tɛlɛfonój] |
| llamada (f) | telefonatë (f) | [tɛlɛfonátə] |

marcar un número	i bie numrit	[i bíɛ númrit]
¿Sí?, ¿Dígame?	Përshëndetje!	[pərʃəndétjɛ!]
preguntar (vt)	pyes	[pýɛs]
responder (vi, vt)	përgjigjem	[pərɟíɟɛm]

oír (vt)	dëgjoj	[dəɟój]
bien (adv)	mirë	[mírə]
mal (adv)	jo mirë	[jo mírə]
ruidos (m pl)	zhurmë (f)	[ʒúrmə]

auricular (m)	marrës (m)	[márəs]
descolgar (el teléfono)	ngre telefonin	[ŋré tɛlɛfónin]
colgar el auricular	mbyll telefonin	[mbýɬ tɛlɛfónin]

ocupado (adj)	i zënë	[i zə́nə]
sonar (teléfono)	bie zilja	[bíɛ zílja]
guía (f) de teléfonos	numerator telefonik (m)	[numɛratór tɛlɛfoník]

| local (adj) | lokale | [lokálɛ] |
| llamada (f) local | thirrje lokale (f) | [θírjɛ lokálɛ] |

de larga distancia	distancë e largët	[distántsə ɛ lárgət]
llamada (f) de larga distancia	thirrje në distancë (f)	[θírjɛ nə distántsə]
internacional (adj)	ndërkombëtar	[ndərkɑmbətár]
llamada (f) internacional	thirrje ndërkombëtare (f)	[θírjɛ ndərkombətárɛ]

114. El teléfono celular

teléfono (m) móvil	celular (m)	[tsɛlulár]
pantalla (f)	ekran (m)	[ɛkrán]
botón (m)	buton (m)	[butón]
tarjeta SIM (f)	karta SIM (m)	[kárta sim]
pila (f)	bateri (f)	[batɛrí]
descargarse (vr)	e shkarkuar	[ɛ ʃkarkúar]
cargador (m)	karikues (m)	[karikúːs]
menú (m)	menu (f)	[mɛnú]
preferencias (f pl)	parametra (f)	[param étra]
melodía (f)	melodi (f)	[mɛlodí]
seleccionar (vt)	përzgjedh	[pərzɟéð]
calculadora (f)	makinë llogaritëse (f)	[makír ə ɫogarítəsɛ]
contestador (m)	postë zanore (f)	[póstə zanórɛ]
despertador (m)	alarm (m)	[alárm]
contactos (m pl)	kontakte (pl)	[kontáktɛ]
mensaje (m) de texto	SMS (m)	[ɛsɛmɛs]
abonado (m)	abonent (m)	[abonént]

115. Los artículos de escritorio

bolígrafo (m)	stilolaps (m)	[stilolaps]
pluma (f) estilográfica	stilograf (m)	[stilográf]
lápiz (f)	laps (m)	[láps]
marcador (m)	shënjues (m)	[ʃəɲúɛs]
rotulador (m)	tushë me bojë (f)	[túʃə mɛ bójə]
bloc (m) de notas	bllok shënimesh (m)	[bɫók ʃənímɛʃ]
agenda (f)	agjendë (f)	[aɟéndə]
regla (f)	vizore (f)	[vizórɛ]
calculadora (f)	makinë llogaritëse (f)	[mak nə ɫogarítəsɛ]
goma (f) de borrar	gomë (f)	[gómə]
chincheta (f)	pineskë (f)	[pinéʃkə]
clip (m)	kapëse fletësh (f)	[kápəsɛ flétəʃ]
pegamento (m)	ngjitës (m)	[ɲɟítəs]
grapadora (f)	ngjitës metalik (m)	[ɲɟítəs mɛtalík]
perforador (m)	hapës vrimash (m)	[hápəs vrímaʃ]
sacapuntas (m)	mprehëse lapsash (m)	[mpréhəsɛ lápsaʃ]

116. Diversos tipos de documentación

informe (m)	raport (m)	[rapórt]
acuerdo (m)	marrëveshje (f)	[marəvéʃjɛ]
formulario (m) de solicitud	aplikacion (m)	[aplikatsión]
auténtico (adj)	autentike	[autɛntíkɛ]
tarjeta (f) de identificación	kartë identifikimi (f)	[kártə idɛntifikími]
tarjeta (f) de visita	kartëvizitë (f)	[kartəvizítə]

certificado (m)	certifikatë (f)	[tsɛrtifikátə]
cheque (m) bancario	çek (m)	[tʃɛk]
cuenta (f) (restaurante)	llogari (f)	[łogarí]
constitución (f)	kushtetutë (f)	[kuʃtɛtútə]

contrato (m)	kontratë (f)	[kontrátə]
copia (f)	kopje (f)	[kópjɛ]
ejemplar (m)	kopje (f)	[kópjɛ]

declaración (f) de aduana	deklarim doganor (m)	[dɛklarím doganór]
documento (m)	dokument (m)	[dokumént]
permiso (m) de conducir	patentë shoferi (f)	[paténtə ʃoféri]
anexo (m)	shtojcë (f)	[ʃtójtsə]
cuestionario (m)	formular (m)	[formulár]

carnet (m) de identidad	letërnjoftim (m)	[lɛtərɲoftím]
solicitud (f) de información	kërkesë (f)	[kərkésə]
tarjeta (f) de invitación	ftesë (f)	[ftésə]
factura (f)	faturë (f)	[fatúrə]

ley (f)	ligj (m)	[liɟ]
carta (f)	letër (f)	[létər]
hoja (f) membretada	kryeradhë (f)	[kryɛráðə]
lista (f) (de nombres, etc.)	listë (f)	[lístə]
manuscrito (m)	dorëshkrim (m)	[dorəʃkrím]
boletín (m)	buletin (m)	[bulɛtín]
nota (f) (mensaje)	shënim (m)	[ʃəním]

pase (m) (permiso)	lejekalim (m)	[lɛjɛkalím]
pasaporte (m)	pasaportë (f)	[pasapórtə]
permiso (m)	leje (f)	[léjɛ]
curriculum vitae (m)	resume (f)	[rɛsumé]
pagaré (m)	shënim borxhi (m)	[ʃəním bórdʒi]
recibo (m)	faturë (f)	[fatúrə]
ticket (m) de compra	faturë shitjesh (f)	[fatúrə ʃítjɛʃ]
informe (m)	raport (m)	[rapórt]

presentar (identificación)	tregoj	[trɛgój]
firmar (vt)	nënshkruaj	[nənʃkrúaj]
firma (f) (nombre)	nënshkrim (m)	[nənʃkrím]
sello (m)	vulë (f)	[vúlə]
texto (m)	tekst (m)	[tɛkst]
billete (m)	biletë (f)	[bilétə]

tachar (vt)	fshij	[fʃij]
rellenar (vt)	plotësoj	[plotəsój]

| guía (f) de embarque | faturë dërgese (f) | [fatúrə dərgésɛ] |
| testamento (m) | testament (m) | [tɛstamént] |

117. Tipos de negocios

agencia (f) de empleo	agjenci punësimi (f)	[aɟɛntsí punəsími]
agencia (f) de información	agjenci lajmesh (f)	[aɟɛntsí lájmɛʃ]
agencia (f) de publicidad	agjenci reklamash (f)	[aɟɛntsí rɛklámaʃ]
agencia (f) de seguridad	kompani sigurimi (f)	[kompəní sigurími]

almacén (m)	magazinë (f)	[magazínə]
antigüedad (f)	antikitete (pl)	[antikitetɛ]
asesoría (f) jurídica	këshilltar ligjor (m)	[kəʃiłtár liɟór]
servicios (m pl) de auditoría	shërbime auditimi (pl)	[ʃərbímə auditími]

bar (m)	lokal (m)	[lokál]
bebidas (f pl) alcohólicas	pije alkoolike (pl)	[píjɛ alkoólikɛ]
bolsa (f) de comercio	bursë (f)	[búrsə]

casino (m)	kazino (f)	[kazíno]
centro (m) de negocios	qendër biznesi (f)	[céndər biznési]
fábrica (f) de cerveza	birrari (f)	[birarí]
cine (m) (iremos al ~)	kinema (f)	[kinɛmá]
climatizadores (m pl)	kondicioner (m)	[konditsionér]
club (m) nocturno	klub nate (m)	[klúb nátɛ]

comercio (m)	tregti (f)	[trɛgtí]
productos alimenticios	mallra ushqimore (f)	[máłra uʃcimórɛ]
compañía (f) aérea	kompani ajrore (f)	[kompəní ajrórɛ]
construcción (f)	ndërtim (m)	[ndərtim]
contabilidad (f)	kontabilitet (m)	[kontabilitét]

| deporte (m) | sport (m) | [sport] |
| diseño (m) | dizajn (m) | [dizájn] |

editorial (f)	shtëpi botuese (f)	[ʃtəpí botúɛsɛ]
escuela (f) de negocios	shkollë biznesi (f)	[ʃkółə biznési]
estomatología (f)	klinikë dentare (f)	[kliníkə dɛntárɛ]

farmacia (f)	farmaci (f)	[farmatsí]
industria (f) farmacéutica	industria farmaceutike (f)	[industría farmatsɛ ɹtíkɛ]
funeraria (f)	agjenci funeralesh (f)	[aɟɛntsí funɛrálɛʃ]
galería (f) de arte	galeri e artit (f)	[galɛr ́ ɛ ártit]
helado (m)	akullore (f)	[akułórɛ]
hotel (m)	hotel (m)	[hotél]

industria (f)	industri (f)	[industrí]
industria (f) ligera	industri e lehtë (f)	[industrí ɛ léhtə]
inmueble (m)	patundshmëri (f)	[patuɳdʃmərí]
internet (m), red (f)	internet (m)	[intɛrnét]
inversiones (f pl)	investim (m)	[invɛstím]
joyería (f)	bizhuteri (f)	[biʒuːɛrí]
joyero (m)	argjendar (m)	[arɟɛrdár]
lavandería (f)	lavanteri (f)	[lavanɛtrí]

librería (f)	librari (f)	[librarí]
medicina (f)	mjekësi (f)	[mjɛkəsí]
muebles (m pl)	orendi (f)	[orɛndí]
museo (m)	muze (m)	[muzé]
negocio (m) bancario	industri bankare (f)	[industrí bankárɛ]

periódico (m)	gazetë (f)	[gazétə]
petróleo (m)	naftë (f)	[náftə]
piscina (f)	pishinë (f)	[piʃínə]
poligrafía (f)	shtyp (m)	[ʃtyp]
publicidad (f)	reklamë (f)	[rɛklámə]

radio (f)	radio (f)	[rádio]
recojo (m) de basura	mbledhja e mbeturinave (f)	[mbléðja ɛ mbɛturínavɛ]
restaurante (m)	restorant (m)	[rɛstoránt]
revista (f)	revistë (f)	[rɛvístə]
ropa (f), vestido (m)	rroba (f)	[róba]

salón (m) de belleza	sallon bukurie (m)	[saɫón bukuríɛ]
seguro (m)	sigurim (m)	[sigurím]
servicio (m) de entrega	shërbime postare (f)	[ʃərbímɛ postárɛ]
servicios (m pl) financieros	shërbime financiare (pl)	[ʃərbímɛ finantsiárɛ]
supermercado (m)	supermarket (m)	[supɛrmarkét]

taller (m)	rrobaqepësi (f)	[robacɛpəsí]
teatro (m)	teatër (m)	[tɛátər]
televisión (f)	televizor (m)	[tɛlɛvizór]
tienda (f)	dyqan (m)	[dycán]
tintorería (f)	pastrim kimik (m)	[pastrím kimík]
servicios de transporte	transport (m)	[transpórt]
turismo (m)	udhëtim (m)	[uðətím]

venta (f) por catálogo	shitje me katalog (f)	[ʃítjɛ mɛ kataróg]
veterinario (m)	veteriner (m)	[vɛtɛrinér]
consultoría (f)	konsulencë (f)	[konsuléntsə]

El trabajo. Los negocios. Unidad 2

118. El espectáculo. La exhibición

exposición, feria (f)	ekspozitë (f)	[ɛkspozítə]
feria (f) comercial	panair (m)	[panaír]
participación (f)	pjesëmarrje (f)	[pjɛsəmárjɛ]
participar (vi)	marr pjesë	[mar pjə́sə]
participante (m)	pjesëmarrës (m)	[pjɛsəmárəs]
director (m)	drejtor (m)	[drɛjtór]
dirección (f)	zyra drejtuese (f)	[zýra drɛjtúɛsɛ]
organizador (m)	organizator (m)	[organizatór]
organizar (vt)	organizoj	[organizój]
solicitud (f) de participación	kërkesë për pjesëmarrje (f)	[kərkésə pər pjɛsəmárjɛ]
rellenar (vt)	plotësoj	[plotəsój]
detalles (m pl)	hollësi (pl)	[hoɬəs]
información (f)	informacion (m)	[informatsión]
precio (m)	çmim (m)	[tʃmím]
incluso	përfshirë	[pərffírə]
incluir (vt)	përfshij	[pərffíj]
pagar (vi, vt)	paguaj	[pagúaj]
cuota (f) de registro	taksa e regjistrimit (f)	[táksa ɛ rɛɟistrímit]
entrada (f)	hyrje (f)	[hýrjɛ]
pabellón (m)	pavijon (m)	[pavijón]
registrar (vt)	regjistroj	[rɛɟistrój]
tarjeta (f) de identificación	kartë identifikimi (f)	[kártə idɛntifikími]
stand (m)	kioskë (f)	[kióskə]
reservar (vt)	rezervoj	[rɛzɛrvój]
vitrina (f)	vitrinë (f)	[vitrínə]
lámpara (f)	dritë (f)	[drítə]
diseño (m)	dizajn (m)	[dizájn]
poner (colocar)	vendos	[vɛndós]
situarse (vr)	vendosur	[vɛndósur]
distribuidor (m)	distributor (m)	[distributór]
proveedor (m)	furnitor (m)	[furni·tór]
suministrar (vt)	furnizoj	[furnizój]
país (m)	shtet (m)	[ʃtɛt]
extranjero (adj)	huaj	[húaj]
producto (m)	produkt (m)	[prodúkt]
asociación (f)	shoqatë (f)	[ʃocá:ə]
sala (f) de conferencias	sallë konference (f)	[sáɬə konfɛréntsɛ]

| congreso (m) | kongres (m) | [koŋrés] |
| concurso (m) | konkurs (m) | [konkúrs] |

visitante (m)	vizitor (m)	[vizitór]
visitar (vt)	vizitoj	[vizitój]
cliente (m)	klient (m)	[kliént]

119. Los medios masivos

periódico (m)	gazetë (f)	[gazétə]
revista (f)	revistë (f)	[rɛvístə]
prensa (f)	shtyp (m)	[ʃtyp]
radio (f)	radio (f)	[rádio]
estación (f) de radio	radio stacion (m)	[rádio statsión]
televisión (f)	televizor (m)	[tɛlɛvizór]

presentador (m)	prezantues (m)	[prɛzantúɛs]
presentador (m) de noticias	prezantues lajmesh (m)	[prɛzantúɛs lájmɛʃ]
comentarista (m)	komentues (m)	[komɛntúɛs]

periodista (m)	gazetar (m)	[gazɛtár]
corresponsal (m)	reporter (m)	[rɛportér]
corresponsal (m) fotográfico	fotograf gazetar (m)	[fotográf gazɛtár]
reportero (m)	reporter (m)	[rɛportér]

| redactor (m) | redaktor (m) | [rɛdaktór] |
| redactor jefe (m) | kryeredaktor (m) | [krɣɛrɛdaktór] |

suscribirse (vr)	abonohem	[abonóhɛm]
suscripción (f)	abonim (m)	[aboním]
suscriptor (m)	abonent (m)	[abonént]
leer (vi, vt)	lexoj	[lɛdzój]
lector (m)	lexues (m)	[lɛdzúɛs]

tirada (f)	qarkullim (m)	[carkuɫím]
mensual (adj)	mujore	[mujórɛ]
semanal (adj)	javor	[javór]
número (m)	edicion (m)	[ɛditsión]
nuevo (~ número)	i ri	[i rí]

titular (m)	kryeradhë (f)	[krɣɛráðə]
noticia (f)	artikull i shkurtër (m)	[artíkuɫ i ʃkúrtər]
columna (f)	rubrikë (f)	[rubríkə]
artículo (m)	artikull (m)	[artíkuɫ]
página (f)	faqe (f)	[fácɛ]

reportaje (m)	reportazh (m)	[rɛportáʒ]
evento (m)	ceremoni (f)	[tsɛrɛmoní]
sensación (f)	ndjesi (f)	[ndjɛsí]
escándalo (m)	skandal (m)	[skandál]
escandaloso (adj)	skandaloz	[skandalóz]
gran (~ escándalo)	i madh	[i máð]
emisión (f)	emision (m)	[ɛmisión]
entrevista (f)	intervistë (f)	[intɛrvístə]

| transmisión (f) en vivo | lidhje direkte (f) | [líðjɛ diɾéktɛ] |
| canal (m) | kanal (m) | [kanál] |

120. La agricultura

agricultura (f)	agrikulturë (f)	[agrikuˈtúɾə]
campesino (m)	fshatar (m)	[fʃatár]
campesina (f)	fshatare (f)	[fʃatárɛ]
granjero (m)	fermer (m)	[fɛɾmér]

| tractor (m) | traktor (m) | [traktóɾ] |
| cosechadora (f) | autokombajnë (f) | [autokombájnə] |

arado (m)	plug (m)	[plug]
arar (vi, vt)	lëroj	[lərój]
labrado (m)	tokë bujqësore (f)	[tókə ᵵujcəsórɛ]
surco (m)	brazdë (f)	[brázdə]

sembrar (vi, vt)	mbjell	[mbjéɬ]
sembradora (f)	mbjellës (m)	[mbjéɬəs]
siembra (f)	mbjellje (f)	[mbjéɬjɛ]

| guadaña (f) | kosë (f) | [kósə] |
| segar (vi, vt) | kosit | [kosít] |

| pala (f) | lopatë (f) | [lopátə] |
| layar (vt) | lëroj | [lərój] |

azada (f)	shat (m)	[ʃat]
sachar, escardar	prashis	[praʃís]
mala hierba (f)	bar i keq (m)	[bar i kɛc]

regadera (f)	vaditës (m)	[vadítəs]
regar (plantas)	ujis	[ujís]
riego (m)	vaditje (f)	[vadítjɛ]

| horquilla (f) | sfurk (m) | [sfúrk] |
| rastrillo (m) | grabujë (f) | [grabújə] |

fertilizante (m)	pleh (m)	[plɛhˈ]
abonar (vt)	hedh pleh	[hɛð ɔléh]
estiércol (m)	pleh kafshësh (m)	[plɛh káfʃəʃ]

campo (m)	fushë (f)	[fúʃə]
prado (m)	lëndinë (f)	[ləndínə]
huerta (f)	kopsht zarzavatesh (m)	[kópʃt zarzavátɛʃ]
jardín (m)	kopsht frutor (m)	[kópʃt frutóɾ]

pacer (vt)	kullos	[kuɬos]
pastor (m)	bari (m)	[barí]
pastadero (m)	kullota (f)	[kuɬota]

| ganadería (f) | mbarështim bagëtish (m) | [mbarəʃtím bagət ʃ] |
| cría (f) de ovejas | rritje e deleve (f) | [rítjɛ ɛ délɛvɛ] |

plantación (f)	plantacion (m)	[plantatsión]
hilera (f) (~ de cebollas)	rresht (m)	[réʃt]
invernadero (m)	serë (f)	[sérə]

| sequía (f) | thatësirë (f) | [θatəsírə] |
| seco, árido (adj) | e thatë | [ɛ θátə] |

grano (m)	drithë (m)	[drίθə]
cereales (m pl)	drithëra (pl)	[drίθəra]
recolectar (vt)	korr	[kor]

molinero (m)	mullixhi (m)	[muɫidʒΐ]
molino (m)	mulli (m)	[muɫΐ]
moler (vt)	bluaj	[blúaj]
harina (f)	miell (m)	[mίɛɫ]
paja (f)	kashtë (f)	[káʃtə]

121. La construcción. Los métodos de construcción

obra (f)	kantier ndërtimi (m)	[kantiér ndərtίmi]
construir (vt)	ndërtoj	[ndərtój]
albañil (m)	punëtor ndërtimi (m)	[punətór ndərtίmi]

proyecto (m)	projekt (m)	[projékt]
arquitecto (m)	arkitekt (m)	[arkitékt]
obrero (m)	punëtor (m)	[punətór]

cimientos (m pl)	themel (m)	[θɛmél]
techo (m)	çati (f)	[tʃətΐ]
pila (f) de cimentación	shtyllë themeli (f)	[ʃtýɫə θɛméli]
muro (m)	mur (m)	[muɾ]

| armadura (f) | shufra përforcuese (pl) | [ʃúfra pərfortsúɛsɛ] |
| andamio (m) | skela (f) | [skéla] |

hormigón (m)	beton (m)	[bɛtón]
granito (m)	granit (m)	[granίt]
piedra (f)	gur (m)	[guɾ]
ladrillo (m)	tullë (f)	[túɫə]

arena (f)	rërë (f)	[rérə]
cemento (m)	çimento (f)	[tʃiménto]
estuco (m)	suva (f)	[súva]
estucar (vt)	suvatoj	[suvatój]

pintura (f)	bojë (f)	[bójə]
pintar (las paredes)	lyej	[lýɛj]
barril (m)	fuçi (f)	[futʃΐ]

grúa (f)	vinç (m)	[vintʃ]
levantar (vt)	ngreh	[ŋréh]
bajar (vt)	ul	[ul]
bulldózer (m)	buldozer (m)	[buldozéɾ]
excavadora (f)	ekskavator (m)	[ɛkskavatóɾ]

cuchara (f)	goja e ekskavatorit (f)	[gója ɛ ɛkskavatórit]
cavar (vt)	gërmoj	[gərmój]
casco (m)	helmetë (f)	[hɛlmétə]

122. La ciencia. La investigación. Los científicos

ciencia (f)	shkencë (f)	[ʃkéntsɛ]
científico (adj)	shkencore	[ʃkɛntsɛ́rɛ]
científico (m)	shkencëtar (m)	[ʃkɛntsɛtár]
teoría (f)	teori (f)	[tɛorí]

axioma (m)	aksiomë (f)	[aksiómə]
análisis (m)	analizë (f)	[analízə]
analizar (vt)	analizoj	[analizój]
argumento (m)	argument (m)	[argumént]
sustancia (f) (materia)	substancë (f)	[substɛ́ntsə]

hipótesis (f)	hipotezë (f)	[hipotézə]
dilema (m)	dilemë (f)	[dilémə]
tesis (f) de grado	disertacion (m)	[disɛrtatsión]
dogma (m)	dogma (f)	[dógma]

doctrina (f)	doktrinë (f)	[doktríɲə]
investigación (f)	kërkim (m)	[kərkím]
investigar (vt)	kërkoj	[kərkó]
prueba (f)	analizë (f)	[analízə]
laboratorio (m)	laborator (m)	[laboratór]

método (m)	metodë (f)	[mɛtódə]
molécula (f)	molekulë (f)	[molɛkúlə]
seguimiento (m)	monitorim (m)	[monitorím]
descubrimiento (m)	zbulim (m)	[zbulím]

postulado (m)	postulat (m)	[postulát]
principio (m)	parim (m)	[parím]
pronóstico (m)	parashikim (m)	[paraʃkím]
pronosticar (vt)	parashikoj	[paraʃkój]

síntesis (f)	sintezë (f)	[sintézə]
tendencia (f)	trend (m)	[trɛndʃ]
teorema (m)	teoremë (f)	[tɛorémə]

| enseñanzas (f pl) | mësim (m) | [məsim] |
| hecho (m) | fakt (m) | [fakt] |

| expedición (f) | ekspeditë (f) | [ɛkspɛdítə] |
| experimento (m) | eksperiment (m) | [ɛkspɛrimént] |

académico (m)	akademik (m)	[akadɛmík]
bachiller (m)	baçelor (m)	[bátʃɛlor]
doctorado (m)	doktor shkencash (m)	[doktór ʃkéntsaʃ]
docente (m)	Profesor i Asociuar (m)	[profɛsór i asotsiúər]
Master (m) (~ en Letras)	Master (m)	[mastér]
profesor (m)	profesor (m)	[profɛsór]

Las profesiones y los oficios

123. La búsqueda de trabajo. El despido del trabajo

trabajo (m)	punë (f)	[púnə]
empleados (pl)	staf (m)	[staf]
personal (m)	personel (m)	[pɛrsonél]
carrera (f)	karrierë (f)	[kariérə]
perspectiva (f)	mundësi (f)	[mundəsí]
maestría (f)	aftësi (f)	[aftəsí]
selección (f)	përzgjedhje (f)	[pərzɟéðjɛ]
agencia (f) de empleo	agjenci punësimi (f)	[aɟɛntsí punəsími]
curriculum vitae (m)	resume (f)	[rɛsumé]
entrevista (f)	intervistë punësimi (f)	[intɛrvístə punəsími]
vacancia (f)	vend i lirë pune (m)	[vɛnd i lírə púnɛ]
salario (m)	rrogë (f)	[rógə]
salario (m) fijo	rrogë fikse (f)	[rógə fíksɛ]
remuneración (f)	pagesë (f)	[pagésə]
puesto (m) (trabajo)	post (m)	[post]
deber (m)	detyrë (f)	[dɛtýrə]
gama (f) de deberes	lista e detyrave (f)	[lísta ɛ dɛtýravɛ]
ocupado (adj)	i zënë	[i zə́nə]
despedir (vt)	pushoj nga puna	[puʃój ŋa púna]
despido (m)	pushim nga puna (m)	[puʃím ŋa púna]
desempleo (m)	papunësi (m)	[papunəsí]
desempleado (m)	i papunë (m)	[i papúnə]
jubilación (f)	pension (m)	[pɛnsión]
jubilarse	dal në pension	[dál nə pɛnsión]

124. Los negociantes

director (m)	drejtor (m)	[drɛjtór]
gerente (m)	drejtor (m)	[drɛjtór]
jefe (m)	bos (m)	[bos]
superior (m)	epror (m)	[ɛprór]
superiores (m pl)	eprorët (pl)	[ɛprórət]
presidente (m)	president (m)	[prɛsidént]
presidente (m) (de compañía)	kryetar (m)	[kryɛtár]
adjunto (m)	zëvendës (m)	[zəvéndəs]
asistente (m)	ndihmës (m)	[ndíhməs]

| secretario, -a (m, f) | sekretar (m) | [sɛkrɛtá˞] |
| secretario (m) particular | ndihmës personal (m) | [ndíhmɛs pɛrsonál] |

hombre (m) de negocios	biznesmen (m)	[biznɛsmén]
emprendedor (m)	sipërmarrës (m)	[sipərmárəs]
fundador (m)	themelues (m)	[θɛmɛlúɛs]
fundar (vt)	themeloj	[θɛmɛlój]

institutor (m)	bashkëthemelues (m)	[baʃkəθɛmɛlúɛs]
compañero (m)	partner (m)	[partnér]
accionista (m)	aksioner (m)	[aksionə́r]

millonario (m)	milioner (m)	[milionér]
multimillonario (m)	bilioner (m)	[bilioné˞]
propietario (m)	pronar (m)	[pronár]
terrateniente (m)	pronar tokash (m)	[pronár tókaʃ]

cliente (m)	klient (m)	[kliént]
cliente (m) habitual	klient i rregullt (m)	[kliént i réguɫt]
comprador (m)	blerës (m)	[blérəs]
visitante (m)	vizitor (m)	[vizitór]

profesional (m)	profesionist (m)	[profɛsoníst]
experto (m)	ekspert (m)	[ɛkspét]
especialista (m)	specialist (m)	[spɛtsialíst]

| banquero (m) | bankier (m) | [bankier] |
| broker (m) | komisioner (m) | [komisonér] |

cajero (m)	arkëtar (m)	[arkətə́r]
contable (m)	kontabilist (m)	[kontabilíst]
guardia (m) de seguridad	roje sigurimi (m)	[rójɛ sigurími]

inversionista (m)	investitor (m)	[invɛstitór]
deudor (m)	debitor (m)	[dɛbitə́r]
acreedor (m)	kreditor (m)	[krɛditór]
prestatario (m)	huamarrës (m)	[huamárəs]

| importador (m) | importues (m) | [importúɛs] |
| exportador (m) | eksportues (m) | [ɛksportúɛs] |

productor (m)	prodhues (m)	[proðúɛs]
distribuidor (m)	distributor (m)	[distributór]
intermediario (m)	ndërmjetës (m)	[ndərmjétəs]

asesor (m) (~ fiscal)	këshilltar (m)	[kəʃiɫtár]
representante (m)	përfaqësues i shitjeve (m)	[pərfacəsúɛs i ʃitjévɛ]
agente (m)	agjent (m)	[aɟént]
agente (m) de seguros	agjent sigurimesh (m)	[aɟént sigurímɛʃ]

125. Los trabajos de servicio

| cocinero (m) | kuzhinier (m) | [kuʒiniér] |
| jefe (m) de cocina | shef kuzhine (m) | [ʃɛf kuʒínɛ] |

panadero (m)	furrtar (m)	[furtár]
barman (m)	banakier (m)	[banakiér]
camarero (m)	kamerier (m)	[kamεriér]
camarera (f)	kameriere (f)	[kamεriérε]
abogado (m)	avokat (m)	[avokát]
jurista (m)	jurist (m)	[juríst]
notario (m)	noter (m)	[notér]
electricista (m)	elektricist (m)	[εlεktritsíst]
fontanero (m)	hidraulik (m)	[hidraulík]
carpintero (m)	marangoz (m)	[maraŋóz]
masajista (m)	masazhist (m)	[masaʒíst]
masajista (f)	masazhiste (f)	[masaʒístε]
médico (m)	mjek (m)	[mjék]
taxista (m)	shofer taksie (m)	[ʃofér taksíε]
chófer (m)	shofer (m)	[ʃofér]
repartidor (m)	postier (m)	[postiér]
camarera (f)	pastruese (f)	[pastrúεsε]
guardia (m) de seguridad	roje sigurimi (m)	[rójε sigurími]
azafata (f)	stjuardesë (f)	[stjuardésə]
profesor (m) (~ de baile, etc.)	mësues (m)	[məsúεs]
bibliotecario (m)	punonjës biblioteke (m)	[punóɲəs bibliotékε]
traductor (m)	përkthyes (m)	[pərkθýεs]
intérprete (m)	përkthyes (m)	[pərkθýεs]
guía (m)	udhërrëfyes (m)	[uðərəfýεs]
peluquero (m)	parukiere (f)	[parukiérε]
cartero (m)	postier (m)	[postiér]
vendedor (m)	shitës (m)	[ʃítəs]
jardinero (m)	kopshtar (m)	[kopʃtár]
servidor (m)	shërbëtor (m)	[ʃərbətór]
criada (f)	shërbëtore (f)	[ʃərbətórε]
mujer (f) de la limpieza	pastruese (f)	[pastrúεsε]

126. La profesión militar y los rangos

soldado (m) raso	ushtar (m)	[uʃtár]
sargento (m)	rreshter (m)	[rεʃtér]
teniente (m)	toger (m)	[togér]
capitán (m)	kapiten (m)	[kapitén]
mayor (m)	major (m)	[majór]
coronel (m)	kolonel (m)	[kolonél]
general (m)	gjeneral (m)	[ɟεnεrál]
mariscal (m)	marshall (m)	[marʃáɫ]
almirante (m)	admiral (m)	[admirál]
militar (m)	ushtri (f)	[uʃtrí]
soldado (m)	ushtar (m)	[uʃtár]

| oficial (m) | oficer (m) | [ofitsér] |
| comandante (m) | komandant (m) | [komandánt] |

guardafronteras (m)	roje kufiri (m)	[rójɛ kufíri]
radio-operador (m)	radist (m)	[radíst]
explorador (m)	eksplorues (m)	[ɛksploˑúɛs]
zapador (m)	xhenier (m)	[dʒɛniér]
tirador (m)	shënjues (m)	[ʃəɲúɛs]
navegador (m)	navigues (m)	[navigúɛs]

127. Los oficiales. Los sacerdotes

| rey (m) | mbret (m) | [mbrét] |
| reina (f) | mbretëreshë (f) | [mbrɛtəréʃə] |

| príncipe (m) | princ (m) | [prints] |
| princesa (f) | princeshë (f) | [printséʃə] |

| zar (m) | car (m) | [tsár] |
| zarina (f) | carina (f) | [tsarína] |

presidente (m)	president (m)	[prɛsicént]
ministro (m)	ministër (m)	[minísˑər]
primer ministro (m)	kryeministër (m)	[kryɛmˑiníster]
senador (m)	senator (m)	[sɛnatɔ́r]

diplomático (m)	diplomat (m)	[diplomát]
cónsul (m)	konsull (m)	[kónsuɫ]
embajador (m)	ambasador (m)	[ambɛsadór]
consejero (m)	këshilltar diplomatik (m)	[kəʃiɫtar diplomatík]

funcionario (m)	zyrtar (m)	[zyrtár]
prefecto (m)	prefekt (m)	[prɛféˑt]
alcalde (m)	kryetar komune (m)	[kryɛtár komúnɛ]

| juez (m) | gjykatës (m) | [ɟykátəs] |
| fiscal (m) | prokuror (m) | [prokurór] |

misionero (m)	misionar (m)	[misionár]
monje (m)	murg (m)	[murɡ]
abad (m)	abat (m)	[abát]
rabino (m)	rabin (m)	[rabír]

visir (m)	vezir (m)	[vɛzír]
sha (m), shah (m)	shah (m)	[ʃah]
jeque (m)	sheik (m)	[ʃéik]

128. Las profesiones agrícolas

apicultor (m)	bletar (m)	[blɛtar]
pastor (m)	bari (m)	[barí]
agrónomo (m)	agronom (m)	[agronóm]

| ganadero (m) | rritës bagëtish (m) | [rítəs bagətíʃ] |
| veterinario (m) | veteriner (m) | [vɛtɛrinér] |

granjero (m)	fermer (m)	[fɛrmér]
vinicultor (m)	prodhues verërash (m)	[proðúɛs vérəraʃ]
zoólogo (m)	zoolog (m)	[zoológ]
cowboy (m)	lopar (m)	[lopáɾ]

129. Las profesiones artísticas

| actor (m) | aktor (m) | [aktóɾ] |
| actriz (f) | aktore (f) | [aktóɾɛ] |

| cantante (m) | këngëtar (m) | [kəŋətáɾ] |
| cantante (f) | këngëtare (f) | [kəŋətáɾɛ] |

| bailarín (m) | valltar (m) | [vaɫtáɾ] |
| bailarina (f) | valltare (f) | [vaɫtáɾɛ] |

| artista (m) | artist (m) | [artíst] |
| artista (f) | artiste (f) | [artístɛ] |

músico (m)	muzikant (m)	[muzikánt]
pianista (m)	pianist (m)	[pianíst]
guitarrista (m)	kitarist (m)	[kitaríst]

director (m) de orquesta	dirigjent (m)	[diriɟént]
compositor (m)	kompozitor (m)	[kompozitóɾ]
empresario (m)	organizator (m)	[organizatóɾ]

director (m) de cine	regjisor (m)	[rɛɟisóɾ]
productor (m)	producent (m)	[produtsént]
guionista (m)	skenarist (m)	[skɛnaríst]
crítico (m)	kritik (m)	[kritík]

escritor (m)	shkrimtar (m)	[ʃkrimtáɾ]
poeta (m)	poet (m)	[poét]
escultor (m)	skulptor (m)	[skulptóɾ]
pintor (m)	piktor (m)	[piktóɾ]

malabarista (m)	zhongler (m)	[ʒoŋlér]
payaso (m)	kloun (m)	[kloún]
acróbata (m)	akrobat (m)	[akrobát]
ilusionista (m)	magjistar (m)	[maɟistáɾ]

130. Profesiones diversas

médico (m)	mjek (m)	[mjék]
enfermera (f)	infermiere (f)	[infɛrmiérɛ]
psiquiatra (m)	psikiatër (m)	[psikiátəɾ]
estomatólogo (m)	dentist (m)	[dɛntíst]
cirujano (m)	kirurg (m)	[kirúrg]

astronauta (m)	astronaut (m)	[astronaút]
astrónomo (m)	astronom (m)	[astronóm]
piloto (m)	pilot (m)	[pilót]

conductor (m) (chófer)	shofer (m)	[ʃofér]
maquinista (m)	makinist (m)	[makiníst]
mecánico (m)	mekanik (m)	[mɛkaník]

minero (m)	minator (m)	[minatór]
obrero (m)	punëtor (m)	[punətór]
cerrajero (m)	bravandreqës (m)	[bravandrécəs]
carpintero (m)	marangoz (m)	[maraŋóz]
tornero (m)	tornitor (m)	[tornitó·]
albañil (m)	punëtor ndërtimi (m)	[punətór ndərtími]
soldador (m)	saldator (m)	[saldatór]

profesor (m) (título)	profesor (m)	[profɛsór]
arquitecto (m)	arkitekt (m)	[arkitékt]
historiador (m)	historian (m)	[historián]
científico (m)	shkencëtar (m)	[ʃkɛntsətár]
físico (m)	fizikant (m)	[fizikárt]
químico (m)	kimist (m)	[kimíst]

arqueólogo (m)	arkeolog (m)	[arkɛológ]
geólogo (m)	gjeolog (m)	[ɟɛológ]
investigador (m)	studiues (m)	[studiúɛs]

| niñera (f) | dado (f) | [dádo] |
| pedagogo (m) | mësues (m) | [məsúɛs] |

redactor (m)	redaktor (m)	[rɛdaktór]
redactor jefe (m)	kryeredaktor (m)	[kryɛrɛdaktór]
corresponsal (m)	korrespondent (m)	[korɛspondént]
mecanógrafa (f)	daktilografiste (f)	[daktilografístɛ]

diseñador (m)	projektues (m)	[projɛktúɛs]
especialista (m) en ordenadores	ekspert kompjuterësh (m)	[ɛkspért kompjutérəʃ]
programador (m)	programues (m)	[progɾamúɛs]
ingeniero (m)	inxhinier (m)	[indʒiniér]

marino (m)	marinar (m)	[marinár]
marinero (m)	marinar (m)	[marinár]
socorrista (m)	shpëtimtar (m)	[ʃpətimtár]

bombero (m)	zjarrfikës (m)	[zjarfkəs]
policía (m)	polic (m)	[políts]
vigilante (m) nocturno	roje (f)	[rójɛ]
detective (m)	detektiv (m)	[dɛtɛktív]

aduanero (m)	doganier (m)	[doganiér]
guardaespaldas (m)	truprojë (f)	[trup·ójə]
guardia (m) de prisiones	gardian burgu (m)	[gardián búrgu]
inspector (m)	inspektor (m)	[inspɛktór]
deportista (m)	sportist (m)	[spotíst]
entrenador (m)	trajner (m)	[trajnér]

carnicero (m)	kasap (m)	[kasáp]
zapatero (m)	këpucëtar (m)	[kəputsətár]
comerciante (m)	tregtar (m)	[trɛgtár]
cargador (m)	ngarkues (m)	[ŋarkúɛs]

| diseñador (m) de modas | stilist (m) | [stilíst] |
| modelo (f) | modele (f) | [modélɛ] |

131. Los trabajos. El estatus social

| escolar (m) | nxënës (m) | [ndzə́nəs] |
| estudiante (m) | student (m) | [studént] |

filósofo (m)	filozof (m)	[filozóf]
economista (m)	ekonomist (m)	[ɛkonomíst]
inventor (m)	shpikës (m)	[ʃpíkəs]

desempleado (m)	i papunë (m)	[i papúnə]
jubilado (m)	pensionist (m)	[pɛnsioníst]
espía (m)	spiun (m)	[spiún]

prisionero (m)	i burgosur (m)	[i burgósur]
huelguista (m)	grevist (m)	[grɛvíst]
burócrata (m)	burokrat (m)	[burokrát]
viajero (m)	udhëtar (m)	[uðətár]

homosexual (m)	homoseksual (m)	[homosɛksuál]
hacker (m)	haker (m)	[hakér]
hippie (m)	hipik (m)	[hipík]

bandido (m)	bandit (m)	[bandít]
sicario (m)	vrasës (m)	[vrásəs]
drogadicto (m)	narkoman (m)	[narkomán]
narcotraficante (m)	trafikant droge (m)	[trafikánt drógɛ]
prostituta (f)	prostitutë (f)	[prostitútə]
chulo (m), proxeneta (m)	tutor (m)	[tutór]

brujo (m)	magjistar (m)	[maɟistár]
bruja (f)	shtrigë (f)	[ʃtrígə]
pirata (m)	pirat (m)	[pirát]
esclavo (m)	skllav (m)	[skɫav]
samurai (m)	samurai (m)	[samurái]
salvaje (m)	i egër (m)	[i égər]

Los deportes

132. Tipos de deportes. Deportistas

deportista (m)	sportist (m)	[sportíst]
tipo (m) de deporte	lloj sporti (m)	[łoj spárti]
baloncesto (m)	basketboll (m)	[baskɛtɔ́ł]
baloncestista (m)	basketbollist (m)	[baskɛtɔołíst]
béisbol (m)	bejsboll (m)	[bɛjsbółł]
beisbolista (m)	lojtar bejsbolli (m)	[lojtár bɛjsbółi]
fútbol (m)	futboll (m)	[futbółː]
futbolista (m)	futbollist (m)	[futbołíst]
portero (m)	portier (m)	[portiér]
hockey (m)	hokej (m)	[hokéjł]
jugador (m) de hockey	lojtar hokeji (m)	[lojtár hokéji]
voleibol (m)	volejboll (m)	[volɛjbɔ́ł]
voleibolista (m)	volejbollist (m)	[volɛjbɔłíst]
boxeo (m)	boks (m)	[boks]
boxeador (m)	boksier (m)	[boksiér]
lucha (f)	mundje (f)	[múndʒɛ]
luchador (m)	mundës (m)	[múndəs]
kárate (m)	karate (f)	[karátɛ]
karateka (m)	karateist (m)	[karatɛíst]
judo (m)	xhudo (f)	[dʒúdɔ]
judoka (m)	xhudist (m)	[dʒud st]
tenis (m)	tenis (m)	[tɛnísˑ]
tenista (m)	tenist (m)	[tɛnísˑ]
natación (f)	not (m)	[not]
nadador (m)	notar (m)	[notáɾ]
esgrima (f)	skerma (f)	[skérma]
esgrimidor (m)	skermist (m)	[skɛrmíst]
ajedrez (m)	shah (m)	[ʃah]
ajedrecista (m)	shahist (m)	[ʃahíst]
alpinismo (m)	alpinizëm (m)	[alpirízəm]
alpinista (m)	alpinist (m)	[alpiríst]
carrera (f)	vrapim (m)	[vrapím]

corredor (m)	vrapues (m)	[vrapúɛs]
atletismo (m)	atletikë (f)	[atlɛtíkə]
atleta (m)	atlet (m)	[atlét]

deporte (m) hípico	kalërim (m)	[kalərím]
jinete (m)	kalorës (m)	[kalórəs]

patinaje (m) artístico	patinazh (m)	[patináʒ]
patinador (m)	patinator (m)	[patinatór]
patinadora (f)	patinatore (f)	[patinatórɛ]

levantamiento (m) de pesas	peshëngritje (f)	[pɛʃəŋrítjɛ]
levantador (m) de pesos	peshëngritës (m)	[pɛʃəŋrítəs]

carreras (f pl) de coches	garë me makina (f)	[gárə mɛ makína]
piloto (m) de carreras	shofer garash (m)	[ʃofér gáraʃ]

ciclismo (m)	çiklizëm (m)	[tʃiklízəm]
ciclista (m)	çiklist (m)	[tʃiklíst]

salto (m) de longitud	kërcim së gjati (m)	[kərtsím sə ɟáti]
salto (m) con pértiga	kërcim së larti (m)	[kərtsím sə lárti]
saltador (m)	kërcyes (m)	[kərtsýɛs]

133. Tipos de deportes. Miscelánea

fútbol (m) americano	futboll amerikan (m)	[futbół amɛrikán]
bádminton (m)	badminton (m)	[bádminton]
biatlón (m)	biatlon (m)	[biatlón]
billar (m)	bilardo (f)	[bilárdo]

bobsleigh (m)	bobsled (m)	[bobsléd]
culturismo (m)	bodybuilding (m)	[bodybuildíŋ]
waterpolo (m)	vaterpol (m)	[vatɛrpól]
balonmano (m)	hendboll (m)	[hɛndbół]
golf (m)	golf (m)	[golf]

remo (m)	kanotazh (m)	[kanotáʒ]
buceo (m)	zhytje (f)	[ʒýtjɛ]
esquí (m) de fondo	skijim nordik (m)	[skijím nordík]
tenis (m) de mesa	ping pong (m)	[piŋ póŋ]

vela (f)	lundrim me vela (m)	[lundrím mɛ véla]
rally (m)	garë rally (f)	[gárə ráły]
rugby (m)	ragbi (m)	[rágbi]
snowboarding (m)	snoubord (m)	[snoubórd]
tiro (m) con arco	gjuajtje me hark (f)	[ɟúajtjɛ mɛ hárk]

134. El gimnasio

barra (f) de pesas	peshë (f)	[péʃə]
pesas (f pl)	gira (f)	[gíra]

aparato (m) de ejercicios
bicicleta (f) estática
cinta (f) de correr

barra (f) fija
barras (f pl) paralelas
potro (m)
colchoneta (f)

comba (f)
aeróbica (f)
yoga (m)

makinë trajnimi (f)
biçikletë ushtrimesh (f)
makinë vrapi (f)

tra horizontal (m)
trarë paralele (pl)
kaluç (m)
tapet gjimnastike (m)

litar kërcimi (m)
aerobik (m)
joga (f)

[makínə trajními]
[bitʃiklétə uʃtrímɛʃ]
[makínə vrápi]

[tra horizontál]
[trárə pəralélɛ]
[kalútʃ]
[tapét ɟimnastíkɛ]

[litár kərtsími]
[aɛrobíↄ]
[jóga]

135. El hóckey

hockey (m)
jugador (m) de hockey
jugar al hockey
hielo (m)

disco (m)
palo (m) de hockey
patines (m pl)

muro (m)
tiro (m)

portero (m)
gol (m)
marcar un gol

período (m)
segundo período (m)
banquillo (m) de reserva

hokej (m)
lojtar hokeji (m)
luaj hokej
akull (m)

top hokeji (m)
shkop hokeji (m)
patina akulli (pl)

fushë hokeji (f)
gjuajtje (f)

portier (m)
gol (m)
shënoj gol

pjesë (f)
pjesa e dytë
stol i rezervave (m)

[hokéj]
[lojtár hokéji]
[lúaj hokéj]
[ákuɫ]

[top hokéji]
[ʃkop hokéji]
[patína ákuɫi]

[fúʃə hɔkéji]
[ɟúajtjɛ]

[portiér]
[gol]
[ʃənój gol]

[pjésɛ]
[pjésɛ ɛ dýtə]
[stol i rɛzérvavɛ]

136. El fútbol

fútbol (m)
futbolista (m)
jugar al fútbol

liga (f) superior
club (m) de fútbol
entrenador (m)
propietario (m)

equipo (m)
capitán (m) del equipo
jugador (m)
reserva (m)
delantero (m)
delantero centro (m)

futboll (m)
futbollist (m)
luaj futboll

liga e parë (f)
klub futbolli (m)
trajner (m)
pronar (m)

skuadër (f)
kapiteni i skuadrës (m)
lojtar (m)
zëvendësues (m)
sulmues (m)
qendërsulmues (m)

[futbéɫ]
[futbɔɫíst]
[lúaj futbóɫ]

[líga ɛ párə]
[klúb futbóɫi]
[trajnér]
[pronár]

[skuadər]
[kapiténi i skuádrɛs]
[lojtár]
[zəvɛndəsúɛs]
[sulmúɛs]
[cɛndərsulmúɛs]

119

goleador (m)	golashënues (m)	[golaʃənúɛs]
defensa (m)	mbrojtës (m)	[mbrójtəs]
medio (m)	mesfushor (m)	[mɛsfuʃór]

match (m)	ndeshje (f)	[ndéʃjɛ]
encontrarse (vr)	takoj	[takój]
final (m)	finale	[finálɛ]
semifinal (f)	gjysmë-finale (f)	[ɟýsmə-finálɛ]
campeonato (m)	kampionat (m)	[kampionát]

tiempo (m)	pjesë (f)	[pjésə]
primer tiempo (m)	pjesa e parë (f)	[pjésa ɛ párə]
descanso (m)	pushim (m)	[puʃím]

puerta (f)	gol (m)	[gol]
portero (m)	portier (m)	[portiér]
poste (m)	shtyllë (f)	[ʃtýłə]
larguero (m)	traversa (f)	[travérsa]
red (f)	rrjetë (f)	[rjétə]
recibir un gol	pësoj gol	[pəsój gol]

balón (m)	top (m)	[top]
pase (m)	pas (m)	[pas]
tiro (m)	goditje (f)	[godítjɛ]
lanzar un tiro	godas	[godás]
tiro (m) de castigo	goditje e lirë (f)	[godítjɛ ɛ lírə]
saque (m) de esquina	goditje nga këndi (f)	[godítjɛ ŋa kəndi]

ataque (m)	sulm (m)	[sulm]
contraataque (m)	kundërsulm (m)	[kundərsúlm]
combinación (f)	kombinim (m)	[kombiním]

árbitro (m)	arbitër (m)	[arbítər]
silbar (vi)	i bie bilbilit	[i bíɛ bilbílit]
silbato (m)	bilbil (m)	[bilbíl]
infracción (f)	faull (m)	[faúł]
cometer una infracción	faulloj	[faułój]
expulsar del campo	nxjerr nga loja	[ndzjér ŋa lója]

tarjeta (f) amarilla	karton i verdhë (m)	[kartón i vérðə]
tarjeta (f) roja	karton i kuq (m)	[kartón i kúc]
descalificación (f)	diskualifikim (m)	[diskualifikím]
descalificar (vt)	diskualifikoj	[diskualifikój]

penalti (m)	goditje dënimi (f)	[godítjɛ dəními]
barrera (f)	mur (m)	[mur]
meter un gol	shënoj	[ʃənój]
gol (m)	gol (m)	[gol]
marcar un gol	shënoj gol	[ʃənój gol]

reemplazo (m)	zëvendësim (m)	[zəvɛndəsím]
reemplazar (vt)	zëvendësoj	[zəvɛndəsój]
reglas (f pl)	rregullat (pl)	[régułat]
táctica (f)	taktikë (f)	[taktíkə]
estadio (m)	stadium (m)	[stadiúm]
gradería (f)	tribunë (f)	[tribúnə]

| hincha (m) | tifoz (m) | [tifóz] |
| gritar (vi) | bërtas | [bərtás] |

| tablero (m) | tabela e rezultateve (f) | [tabéla ɛ rɛzultátɛvɛ] |
| tanteo (m) | rezultat (m) | [rɛzultáf] |

derrota (f)	humbje (f)	[húmbjɛ]
perder (vi)	humb	[húmb]
empate (m)	barazim (m)	[barazím]
empatar (vi)	barazoj	[barazɔ́j]

| victoria (f) | fitore (f) | [fitórɛ] |
| ganar (vi) | fitoj | [fitój] |

campeón (m)	kampion (m)	[kampión]
mejor (adj)	më i miri	[mə i míri]
felicitar (vt)	përgëzoj	[pərgəzój]

comentarista (m)	komentues (m)	[komɛntúɛs]
comentar (vt)	komentoj	[komɛntój]
transmisión (f)	transmetim (m)	[transmɛtím]

137. El esquí

esquís (m pl)	ski (pl)	[ski]
esquiar (vi)	bëj ski	[bəj skí]
estación (f) de esquí	resort malor për ski (m)	[rɛsórt malór pər skí]
telesquí (m)	ashensor për ski (m)	[aʃɛnsɔ́r pər skí]

bastones (m pl)	heshta skish (pl)	[héʃta skíʃ]
cuesta (f)	shpat (m)	[ʃpat]
eslalon (m)	slalom (m)	[slalóm]

138. El tenis. El golf

golf (m)	golf (m)	[golf]
club (m) de golf	klub golfi (m)	[klúb gólfi]
jugador (m) de golf	golfist (m)	[golfíst]

hoyo (m)	vrimë (f)	[vrímə]
palo (m)	shkop golfi (m)	[ʃkop gólfi]
carro (m) de golf	karrocë golfi (f)	[karótsə gólfi]

| tenis (m) | tenis (m) | [tɛnís] |
| cancha (f) de tenis | fushë tenisi (f) | [fúʃə tɛnísi] |

| saque (m) | servim (m) | [sɛrvím] |
| sacar (servir) | servoj | [sɛrvój] |

raqueta (f)	reket (m)	[rɛkét]
red (f)	rrjetë (f)	[rjétə]
pelota (f)	top (m)	[top]

139. El ajedrez

ajedrez (m)	shah (m)	[ʃah]
piezas (f pl)	figura shahu (pl)	[figúra ʃáhu]
ajedrecista (m)	shahist (m)	[ʃahíst]
tablero (m) de ajedrez	fushë shahu (f)	[fúʃə ʃáhu]
pieza (f)	figurë shahu (f)	[figúrə ʃáhu]
blancas (f pl)	të bardhat (pl)	[tə bárðat]
negras (f pl)	të zezat (pl)	[tə zézat]
peón (m)	ushtar (m)	[uʃtáɾ]
alfil (m)	oficer (m)	[ofitséɾ]
caballo (m)	kalorës (m)	[kalóɾəs]
torre (f)	top (m)	[top]
reina (f)	mbretëreshë (f)	[mbrɛtəréʃə]
rey (m)	mbret (m)	[mbrét]
jugada (f)	lëvizje (f)	[ləvízjɛ]
jugar (mover una pieza)	lëviz	[ləvíz]
sacrificar (vt)	sakrifikoj	[sakrifikój]
enroque (m)	rokadë (f)	[rokádə]
jaque (m)	shah (m)	[ʃah]
mate (m)	shah mat (m)	[ʃah mat]
torneo (m) de ajedrez	turne shahu (m)	[turné ʃáhu]
gran maestro (m)	Mjeshtër i Madh (m)	[mjéʃtər i máð]
combinación (f)	kombinim (m)	[kombiním]
partida (f)	lojë (f)	[lójə]
damas (f pl)	damë (f)	[dámə]

140. El boxeo

boxeo (m)	boks (m)	[boks]
combate (m) (~ de boxeo)	ndeshje (f)	[ndéʃjɛ]
pelea (f) de boxeo	ndeshje boksi (f)	[ndéʃjɛ bóksi]
asalto (m)	raund (m)	[ráund]
cuadrilátero (m)	ring (m)	[riŋ]
gong (m)	gong (m)	[goŋ]
golpe (m)	goditje (f)	[godítjɛ]
knockdown (m)	nokdaun (m)	[nokdáun]
nocaut (m)	nokaut (m)	[nokaút]
noquear (vt)	hedh nokaut	[hɛð nokaút]
guante (m) de boxeo	dorezë boksi (f)	[dorézə bóksi]
árbitro (m)	arbitër (m)	[arbítər]
peso (m) ligero	peshë e lehtë (f)	[péʃə ɛ léhtə]
peso (m) medio	peshë e mesme (f)	[péʃə ɛ mésmɛ]
peso (m) pesado	peshë e rëndë (f)	[péʃə ɛ rəndə]

141. Los deportes. Miscelánea

Juegos (m pl) Olímpicos	Lojërat Olimpike (pl)	[lójərat olimpíkɛ]
vencedor (m)	fitues (m)	[fitúɛs]
vencer (vi)	duke fituar	[dúkɛ fitúar]
ganar (vi)	fitoj	[fitój]
líder (m)	lider (m)	[lidér]
llevar la delantera	udhëheq	[uðəhéc]
primer puesto (m)	vendi i parë	[véndi i párə]
segundo puesto (m)	vendi i dytë	[véndi i dýtə]
tercer puesto (m)	vendi i tretë	[véndi i trétə]
medalla (f)	medalje (f)	[mɛdáljɛ]
trofeo (m)	trofe (f)	[trofé]
copa (f) (trofeo)	kupë (f)	[kúpə]
premio (m)	çmim (m)	[tʃmím]
premio (m) principal	çmimi i parë (m)	[tʃmími i párə]
record (m)	rekord (m)	[rɛkórd]
establecer un record	vendos rekord	[vɛndós rɛkórd]
final (m)	finale	[finálɛ]
de final (adj)	finale	[finálɛ]
campeón (m)	kampion (m)	[kamp ón]
campeonato (m)	kampionat (m)	[kamp onát]
estadio (m)	stadium (m)	[stadiúm]
gradería (f)	tribunë (f)	[tribúnə]
hincha (m)	tifoz (m)	[tifóz]
adversario (m)	kundërshtar (m)	[kundərʃtár]
arrancadero (m)	start (m)	[start]
línea (f) de meta	cak (m)	[tsák]
derrota (f)	humbje (f)	[húmbjɛ]
perder (vi)	humb	[húmb]
árbitro (m)	arbitër (m)	[arbítər]
jurado (m)	juri (f)	[jurí]
cuenta (f)	rezultat (m)	[rɛzul:át]
empate (m)	barazim (m)	[baraʒím]
empatar (vi)	barazoj	[baraʒój]
punto (m)	pikë (f)	[píkə]
resultado (m)	rezultat (m)	[rɛzultát]
tiempo (m)	pjesë (f)	[pjésə]
descanso (m)	pushim (m)	[puʃín]
droga (f), doping (m)	doping (m)	[dopiŋ]
penalizar (vt)	penalizoj	[pɛnalizój]
descalificar (vt)	diskualifikoj	[diskualifikój]
aparato (m)	aparat (m)	[aparát]

jabalina (f)	hedhje e shtizës (f)	[héðjɛ ɛ ʃtízəs]
peso (m) (lanzamiento de ~)	gjyle (f)	[ɟýlɛ]
bola (f) (billar, etc.)	bile (f)	[bílɛ]

objetivo (m)	shënjestër (f)	[ʃəɲéstər]
blanco (m)	shënjestër (f)	[ʃəɲéstər]
tirar (vi)	qëlloj	[cəɫój]
preciso (~ disparo)	e saktë	[ɛ sáktə]

entrenador (m)	trajner (m)	[trajnér]
entrenar (vt)	stërvit	[stərvít]
entrenarse (vr)	stërvitem	[stərvítɛm]
entrenamiento (m)	trajnim (m)	[trajním]

gimnasio (m)	palestër (f)	[paléstər]
ejercicio (m)	ushtrime (f)	[uʃtrímɛ]
calentamiento (m)	ngrohje (f)	[ŋróhjɛ]

La educación

142. La escuela

escuela (f)	shkollë (f)	[ʃkótə]
director (m) de escuela	drejtor shkolle (m)	[drɛjtór ʃkótɛ]
alumno (m)	nxënës (m)	[ndzénəs]
alumna (f)	nxënëse (f)	[ndzénəsɛ]
escolar (m)	nxënës (m)	[ndzénəs]
escolar (f)	nxënëse (f)	[ndzénəsɛ]
enseñar (vt)	jap mësim	[jap məsím]
aprender (ingles, etc.)	mësoj	[məsój]
aprender de memoria	mësoj përmendësh	[məsó. pərméndəʃ]
aprender (a leer, etc.)	mësoj	[məsó.]
estar en la escuela	jam në shkollë	[jam nə ʃkótə]
ir a la escuela	shkoj në shkollë	[ʃkoj nə ʃkótə]
alfabeto (m)	alfabet (m)	[alfabét]
materia (f)	lëndë (f)	[léndɛ]
clase (f), aula (f)	klasë (f)	[klásə]
lección (f)	mësim (m)	[məsím]
recreo (m)	pushim (m)	[puʃím.]
campana (f)	zile e shkollës (f)	[zílɛ ɛ ʃkótəs]
pupitre (m)	bankë e shkollës (f)	[bánkə ɛ ʃkótəs]
pizarra (f)	tabelë e zezë (f)	[tabélə ɛ zézə]
nota (f)	notë (f)	[nótə·]
buena nota (f)	notë e mirë (f)	[nótə ɛ mírə]
mala nota (f)	notë e keqe (f)	[nótə ɛ kécɛ]
poner una nota	vendos notë	[vɛndós nótə]
falta (f)	gabim (m)	[gabím]
hacer faltas	bëj gabime	[bəj gabímɛ]
corregir (un error)	korrigjoj	[koriɟój]
chuleta (f)	kopje (f)	[kópjɛ]
deberes (m pl) de casa	detyrë shtëpie (f)	[dɛtýrə ʃtəpíɛ]
ejercicio (m)	ushtrim (m)	[uʃtrím]
estar presente	jam prezent	[jam prɛzént]
estar ausente	mungoj	[muŋój]
faltar a las clases	mungoj në shkollë	[muŋój nə ʃkótə]
castigar (vt)	ndëshkoj	[ndəʃkój]
castigo (m)	ndëshkim (m)	[ndəʃkím]
conducta (f)	sjellje (f)	[sjéʈɛ]

libreta (f) de notas	dëftesë (f)	[dəftésə]
lápiz (f)	laps (m)	[láps]
goma (f) de borrar	gomë (f)	[gómə]
tiza (f)	shkumës (m)	[ʃkúməs]
cartuchera (f)	portofol lapsash (m)	[portofól lápsaʃ]

mochila (f)	çantë shkolle (f)	[tʃántə ʃkółɛ]
bolígrafo (m)	stilolaps (m)	[stiloláps]
cuaderno (m)	fletore (f)	[flɛtórɛ]
manual (m)	tekst mësimor (m)	[tɛkst məsimór]
compás (m)	kompas (m)	[kompás]

| trazar (vi, vt) | vizatoj | [vizatój] |
| dibujo (m) técnico | vizatim teknik (m) | [vizatím tɛkník] |

poema (m), poesía (f)	poezi (f)	[poɛzí]
de memoria (adv)	përmendësh	[pərméndəʃ]
aprender de memoria	mësoj përmendësh	[məsój pərméndəʃ]

vacaciones (f pl)	pushimet e shkollës (m)	[puʃímɛt ɛ ʃkółəs]
estar de vacaciones	jam me pushime	[jam mɛ puʃímɛ]
pasar las vacaciones	kaloj pushimet	[kalój puʃímɛt]

prueba (f) escrita	test (m)	[tɛst]
composición (f)	ese (f)	[ɛsé]
dictado (m)	diktim (m)	[diktím]
examen (m)	provim (m)	[provím]
hacer un examen	kam provim	[kam provím]
experimento (m)	eksperiment (m)	[ɛkspɛrimént]

143. Los institutos. La Universidad

academia (f)	akademi (f)	[akadɛmí]
universidad (f)	universitet (m)	[univɛrsitét]
facultad (f)	fakultet (m)	[fakultét]

estudiante (m)	student (m)	[studént]
estudiante (f)	studente (f)	[studéntɛ]
profesor (m)	pedagog (m)	[pɛdagóg]

| aula (f) | auditor (m) | [auditór] |
| graduado (m) | i diplomuar (m) | [i diplomúar] |

| diploma (m) | diplomë (f) | [diplómə] |
| tesis (f) de grado | disertacion (m) | [disɛrtatsión] |

| estudio (m) | studim (m) | [studím] |
| laboratorio (m) | laborator (m) | [laboratór] |

| clase (f) | leksion (m) | [lɛksión] |
| compañero (m) de curso | shok kursi (m) | [ʃok kúrsi] |

| beca (f) | bursë (f) | [búrsə] |
| grado (m) académico | diplomë akademike (f) | [diplómə akadɛmíkɛ] |

144. Las ciencias. Las disciplinas

matemáticas (f pl)	matematikë (f)	[matɛmatíkə]
álgebra (f)	algjebër (f)	[alɟébər]
geometría (f)	gjeometri (f)	[ɟɛomɛtrí]
astronomía (f)	astronomi (f)	[astronomí]
biología (f)	biologji (f)	[bioloɟí]
geografía (f)	gjeografi (f)	[ɟɛografí]
geología (f)	gjeologji (f)	[ɟɛoloɟí]
historia (f)	histori (f)	[historí]
medicina (f)	mjekësi (f)	[mjɛkəsí]
pedagogía (f)	pedagogji (f)	[pɛdagoɟí]
derecho (m)	drejtësi (f)	[drɛjtəsí]
física (f)	fizikë (f)	[fizíkə]
química (f)	kimi (f)	[kimí]
filosofía (f)	filozofi (f)	[filozofˈ]
psicología (f)	psikologji (f)	[psikoloɟí]

145. Los sistemas de escritura. La ortografía

gramática (f)	gramatikë (f)	[gramatíkə]
vocabulario (m)	fjalor (m)	[fjalór]
fonética (f)	fonetikë (f)	[fonɛtíkə]
sustantivo (m)	emër (m)	[émər]
adjetivo (m)	mbiemër (m)	[mbiémər]
verbo (m)	folje (f)	[fóljɛ]
adverbio (m)	ndajfolje (f)	[ndajfóljɛ]
pronombre (m)	përemër (m)	[pərémər]
interjección (f)	pasthirrmë (f)	[pasθírrmə]
preposición (f)	parafjalë (f)	[parafjálə]
raíz (f), radical (m)	rrënjë (f)	[réɲə]
desinencia (f)	fundore (f)	[fundórɛ]
prefijo (m)	parashtesë (f)	[paraˌtésə]
sílaba (f)	rrokje (f)	[rókjɛ]
sufijo (m)	prapashtesë (f)	[prapaʃtésə]
acento (m)	theks (m)	[θɛks]
apóstrofo (m)	apostrof (m)	[apostróf]
punto (m)	pikë (f)	[píkə]
coma (f)	presje (f)	[présjɛ]
punto y coma	pikëpresje (f)	[pikəprésjɛ]
dos puntos (m pl)	dy pika (f)	[dy píka]
puntos (m pl) suspensivos	tre pika (f)	[trɛ píka]
signo (m) de interrogación	pikëpyetje (f)	[pikɛpýɛtjɛ]
signo (m) de admiración	pikëçuditje (f)	[pikɛtʃudítjɛ]

comillas (f pl)	thonjëza (f)	[θóɲəza]
entre comillas	në thonjëza	[nə θóɲəza]
paréntesis (m)	kllapa (f)	[kɫápa]
entre paréntesis	brenda kllapave	[brénda kɫápavɛ]

guión (m)	vizë ndarëse (f)	[vízə ndárəsɛ]
raya (f)	vizë (f)	[vízə]
blanco (m)	hapësirë (f)	[hapəsírə]

| letra (f) | shkronjë (f) | [ʃkróɲə] |
| letra (f) mayúscula | shkronjë e madhe (f) | [ʃkróɲə ɛ máðɛ] |

| vocal (f) | zanore (f) | [zanórɛ] |
| consonante (m) | bashkëtingëllore (f) | [baʃkətiɲəɫórɛ] |

oración (f)	fjali (f)	[fjalí]
sujeto (m)	kryefjalë (f)	[kryɛfjálə]
predicado (m)	kallëzues (m)	[kaɫəzúɛs]

línea (f)	rresht (m)	[réʃt]
en una nueva línea	rresht i ri	[réʃt i rí]
párrafo (m)	paragraf (m)	[paragráf]

palabra (f)	fjalë (f)	[fjálə]
combinación (f) de palabras	grup fjalësh (m)	[grup fjáləʃ]
expresión (f)	shprehje (f)	[ʃpréhjɛ]
sinónimo (m)	sinonim (m)	[sinoním]
antónimo (m)	antonim (m)	[antoním]

regla (f)	rregull (m)	[réguɫ]
excepción (f)	përjashtim (m)	[pərjaʃtím]
correcto (adj)	saktë	[sáktə]

conjugación (f)	lakim (m)	[lakím]
declinación (f)	rasë	[rásə]
caso (m)	rasë emërore (f)	[rásə ɛmərórɛ]
pregunta (f)	pyetje (f)	[pýɛtjɛ]
subrayar (vt)	nënvijëzoj	[nənvijɛzój]
línea (f) de puntos	vijë me ndërprerje (f)	[víjə mɛ ndərprérjɛ]

146. Los idiomas extranjeros

lengua (f)	gjuhë (f)	[ɟúhə]
extranjero (adj)	huaj	[húaj]
lengua (f) extranjera	gjuhë e huaj (f)	[ɟúhə ɛ húaj]
estudiar (vt)	studioj	[studiój]
aprender (ingles, etc.)	mësoj	[məsój]

leer (vi, vt)	lexoj	[lɛdzój]
hablar (vi, vt)	flas	[flas]
comprender (vt)	kuptoj	[kuptój]
escribir (vt)	shkruaj	[ʃkrúaj]
rápidamente (adv)	shpejt	[ʃpɛjt]
lentamente (adv)	ngadalë	[ŋadálə]

con fluidez (adv)	rrjedhshëm	[rjéðʃəm]
reglas (f pl)	rregullat (pl)	[régułat]
gramática (f)	gramatikë (f)	[gramat kə]
vocabulario (m)	fjalor (m)	[fjalór]
fonética (f)	fonetikë (f)	[fonɛtíkə]

manual (m)	tekst mësimor (m)	[tɛkst məsimór]
diccionario (m)	fjalor (m)	[fjalór]
manual (m) autodidáctico	libër i mësimit autodidakt (m)	[líbər i məsímit autodidákt]
guía (f) de conversación	libër frazeologjik (m)	[líbər frazɛolojík]

casete (m)	kasetë (f)	[kasétə]
videocasete (f)	videokasetë (f)	[vidɛokasétə]
CD (m)	CD (f)	[tsɛdé]
DVD (m)	DVD (m)	[dividí]

alfabeto (m)	alfabet (m)	[alfabé:]
deletrear (vt)	gërmëzoj	[gərməzój]
pronunciación (f)	shqiptim (m)	[ʃciptím]

acento (m)	aksent (m)	[aksén:]
con acento	me aksent	[mɛ aksént]
sin acento	pa aksent	[pa aksént]

| palabra (f) | fjalë (f) | [fjálə] |
| significado (m) | kuptim (m) | [kuptím] |

cursos (m pl)	kurs (m)	[kurs]
inscribirse (vr)	regjistrohem	[rɛjistróhɛm]
profesor (m) (~ de inglés)	mësues (m)	[məsúɛs]

traducción (f) (proceso)	përkthim (m)	[pərkθím]
traducción (f) (texto)	përkthim (m)	[pərkθím]
traductor (m)	përkthyes (m)	[pərkθýɛs]
intérprete (m)	përkthyes (m)	[pərkθýɛs]

| políglota (m) | poliglot (m) | [poliglót] |
| memoria (f) | kujtesë (f) | [kujtésə] |

147. Los personajes de los cuentos de hadas

Papá Noel (m)	Santa Klaus (m)	[sánta kláus]
Cenicienta	Hirushja (f)	[hirúʃa]
sirena (f)	sirenë (f)	[sirér ə]
Neptuno (m)	Neptuni (m)	[nɛpt úni]

mago (m)	magjistar (m)	[majistár]
maga (f)	zanë (f)	[zánə]
mágico (adj)	magjike	[majíkɛ]
varita (f) mágica	shkop magjik (m)	[ʃkop majík]

| cuento (m) de hadas | përrallë (f) | [pəráłə] |
| milagro (m) | mrekulli (f) | [mrɛkułí] |

| enano (m) | xhuxh (m) | [dʒudʒ] |
| transformarse en ... | shndërrohem ... | [ʃndəróhɛm ...] |

espíritu (m) (fantasma)	fantazmë (f)	[fantázmə]
fantasma (m)	fantazmë (f)	[fantázmə]
monstruo (m)	bishë (f)	[bíʃə]
dragón (m)	dragua (m)	[dragúa]
gigante (m)	gjigant (m)	[ɟigánt]

148. Los signos de zodiaco

Aries (m)	Dashi (m)	[dáʃi]
Tauro (m)	Demi (m)	[démi]
Géminis (m pl)	Binjakët (pl)	[biɲákət]
Cáncer (m)	Gaforrja (f)	[gafórja]
Leo (m)	Luani (m)	[luáni]
Virgo (m)	Virgjëresha (f)	[virɟəréʃa]

Libra (f)	Peshorja (f)	[pɛʃórja]
Escorpio (m)	Akrepi (m)	[akrépi]
Sagitario (m)	Shigjetari (m)	[ʃiɟɛtári]
Capricornio (m)	Bricjapi (m)	[britsjápi]
Acuario (m)	Ujori (m)	[ujóri]
Piscis (m pl)	Peshqit (pl)	[péʃcit]

carácter (m)	karakter (m)	[karaktéɾ]
rasgos (m pl) de carácter	tipare të karakterit (pl)	[tipáɾɛ tə karaktérit]
conducta (f)	sjellje (f)	[sjéɬjɛ]
decir la buenaventura	parashikoj fatin	[paraʃikój fátin]
adivinadora (f)	lexuese e fatit (f)	[lɛdzúɛsɛ ɛ fátit]
horóscopo (m)	horoskop (m)	[horoskóp]

El arte

149. El teatro

teatro (m)	teatër (m)	[tɛátər]
ópera (f)	operë (f)	[opérə]
opereta (f)	operetë (f)	[opɛrétə]
ballet (m)	balet (m)	[balét]

cartelera (f)	afishe teatri (f)	[afíʃɛ tɛátri]
compañía (f) de teatro	trupë teatrale (f)	[trúpə tɛatrálɛ]
gira (f) artística	turne (f)	[turné]
hacer una gira artística	jam në turne	[jam nə turné]
ensayar (vi, vt)	bëj prova	[bəj próva]
ensayo (m)	provë (f)	[próvə]
repertorio (m)	repertor (m)	[rɛpɛrtór]

representación (f)	shfaqje (f)	[ʃfácjɛ]
espectáculo (m)	shfaqje teatrale (f)	[ʃfácjɛ tɛatrálɛ]
pieza (f) de teatro	dramë (f)	[drámə]

billet (m)	biletë (f)	[bilétɛ]
taquilla (f)	zyrë e shitjeve të biletave (f)	[zýrə ɛ ʃítjɛvɛ tə biletavɛ]
vestíbulo (m)	holl (m)	[hoł]
guardarropa (f)	dhoma e xhaketave (f)	[ðóma ɛ dʒakétavɛ]
ficha (f) de guardarropa	numri i xhaketës (m)	[númri i dʒakétəs]
gemelos (m pl)	dylbi (f)	[dylbí]
acomodador (m)	portier (m)	[portiér]

patio (m) de butacas	plato (f)	[platʨ]
balconcillo (m)	ballkon (m)	[baɫkón]
entresuelo (m)	galeria e parë (f)	[galɛría ɛ párə]
palco (m)	lozhë (f)	[lóʒə]
fila (f)	rresht (m)	[réʃt]
asiento (m)	karrige (f)	[karígɛ]

público (m)	publiku (m)	[publíku]
espectador (m)	spektator (m)	[spɛktatór]
aplaudir (vi, vt)	duartrokas	[duartrokás]
aplausos (m pl)	duartrokitje (f)	[duartrokítjɛ]
ovación (f)	brohoritje (f)	[brohorítjɛ]

escenario (m)	skenë (f)	[skénə]
telón (m)	perde (f)	[pérdɛ]
decoración (f)	skenografi (f)	[skɛnografí]
bastidores (m pl)	prapaskenë (f)	[praɔaskénə]

escena (f)	skenë (f)	[skénə]
acto (m)	akt (m)	[ákt]
entreacto (m)	pushim (m)	[puʃím]

150. El cine

actor (m)	aktor (m)	[aktór]
actriz (f)	aktore (f)	[aktórɛ]

cine (m) (industria)	kinema (f)	[kinɛmá]
película (f)	film (m)	[film]
episodio (m)	episod (m)	[ɛpisód]

película (f) policíaca	triller (m)	[triɫér]
película (f) de acción	aksion (m)	[aksión]
película (f) de aventura	aventurë (f)	[avɛntúrə]
película (f) de ciencia ficción	fanta-shkencë (f)	[fánta-ʃkéntsə]
película (f) de horror	film horror (m)	[fílm horór]

película (f) cómica	komedi (f)	[komɛdí]
melodrama (m)	melodramë (f)	[mɛlodrámə]
drama (m)	dramë (f)	[drámə]

película (f) de ficción	film fiktiv (m)	[fílm fiktív]
documental (m)	dokumentar (m)	[dokumɛntár]
dibujos (m pl) animados	film vizatimor (m)	[fílm vizatimór]
cine (m) mudo	filma pa zë (m)	[fílma pa zə]

papel (m)	rol (m)	[rol]
papel (m) principal	rol kryesor (m)	[rol kryɛsór]
interpretar (vt)	luaj	[lúaj]

estrella (f) de cine	yll kinemaje (m)	[yɫ kinɛmájɛ]
conocido (adj)	i njohur	[i ɲóhur]
famoso (adj)	i famshëm	[i fámʃəm]
popular (adj)	popullor	[popuɫór]

guión (m) de cine	skenar (m)	[skɛnár]
guionista (m)	skenarist (m)	[skɛnaríst]
director (m) de cine	regjisor (m)	[rɛɟisór]
productor (m)	producent (m)	[produtsént]
asistente (m)	ndihmës (m)	[ndíhməs]
operador (m)	kameraman (m)	[kamɛramán]
doble (m) de riesgo	dubla (f)	[dúbla]
doble (m)	dubla (f)	[dúbla]

filmar una película	xhiroj film	[dʒirój film]
audición (f)	provë (f)	[próvə]
rodaje (m)	xhirim (m)	[dʒirím]
equipo (m) de rodaje	ekip kinematografik (m)	[ɛkíp kinɛmatografík]
plató (m) de rodaje	set kinematografik (m)	[sɛt kinɛmatografík]
cámara (f)	kamerë (f)	[kamérə]

cine (m) (iremos al ~)	kinema (f)	[kinɛmá]
pantalla (f)	ekran (m)	[ɛkrán]
mostrar la película	shfaq film	[ʃfac film]

pista (f) sonora	muzikë e filmit (f)	[muzíkə ɛ filmit]
efectos (m pl) especiales	efekte speciale (pl)	[ɛféktɛ spɛtsiálɛ]

subtítulos (m pl)
créditos (m pl)
traducción (f)

titra (pl)
lista e pjesëmarrësve (f)
përkthim (m)

[títra]
[lísta ε pɪεsəmárəsvε]
[pərkθírr]

151. La pintura

arte (m)
bellas artes (f pl)
galería (f) de arte
exposición (f) de arte

art (m)
artet e bukura (pl)
galeri arti (f)
ekspozitë (f)

[art]
[ártεt ε búkura]
[galεrí érti]
[εkspozítə]

pintura (f)
gráfica (f)
abstraccionismo (m)
impresionismo (m)

pikturë (f)
art grafik (m)
art abstrakt (m)
impresionizëm (m)

[piktúrə]
[árt graᶠík]
[árt abstrákt]
[imprεsionízəm]

pintura (f)
dibujo (m)
pancarta (f)

pikturë (f)
vizatim (m)
poster (m)

[piktúrε]
[vizatím]
[postér]

ilustración (f)
miniatura (f)
copia (f)
reproducción (f)

ilustrim (m)
miniaturë (f)
kopje (f)
riprodhim (m)

[ilustrím]
[miniatúrə]
[kópjε]
[riproð´m]

mosaico (m)
vidriera (f)
fresco (m)
grabado (m)

mozaik (m)
pikturë në dritare (f)
afresk (m)
gravurë (f)

[mozaïk]
[piktúrə nə dritárε]
[afrésk]
[gravúrə]

busto (m)
escultura (f)
estatua (f)
yeso (m)
en yeso (adj)

bust (m)
skulpturë (f)
statujë (f)
allçi (f)
me allçi

[búst]
[skulptúrə]
[statú ə]
[aɫtʃí]
[mε aɫtʃí]

retrato (m)
autorretrato (m)
paisaje (m)
naturaleza (f) muerta
caricatura (f)
boceto (m)

portret (m)
autoportret (m)
peizazh (m)
natyrë e qetë (f)
karikaturë (f)
skicë (f)

[portrɜt]
[autoɔortrét]
[pɛizaʒ]
[natý´ə ε cétə]
[karikatúrə]
[skítsə]

pintura (f)
acuarela (f)
óleo (m)
lápiz (f)
tinta (f) china
carboncillo (m)

bojë (f)
bojë uji (f)
bojë vaji (f)
laps (m)
bojë stilografi (f)
karbon (m)

[bójε]
[bójε úji]
[bójε váji]
[lápε]
[bójə stilográfi]
[karbón]

dibujar (vi, vt)
pintar (vi, vt)
posar (vi)
modelo (m)

vizatoj
pikturoj
pozoj
model (m)

[vizatój]
[pikturój]
[pozój]
[moɗél]

modelo (f)	modele (f)	[modélɛ]
pintor (m)	piktor (m)	[piktór]
obra (f) de arte	vepër arti (f)	[vépər árti]
obra (f) maestra	kryevepër (f)	[kryɛvépər]
estudio (m) (de un artista)	studio (f)	[stúdio]

lienzo (m)	kanavacë (f)	[kanavátsə]
caballete (m)	këmbalec (m)	[kəmbaléts]
paleta (f)	paletë (f)	[palétə]

marco (m)	kornizë (f)	[kornízə]
restauración (f)	restaurim (m)	[rɛstaurím]
restaurar (vt)	restauroj	[rɛstaurój]

152. La literatura y la poesía

literatura (f)	letërsi (f)	[lɛtərsí]
autor (m) (escritor)	autor (m)	[autór]
seudónimo (m)	pseudonim (m)	[psɛudoním]

libro (m)	libër (m)	[líbər]
tomo (m)	vëllim (m)	[vəɬím]
tabla (f) de contenidos	tabela e përmbajtjes (f)	[tabéla ɛ pərmbájtjɛs]
página (f)	faqe (f)	[fácɛ]
héroe (m) principal	personazhi kryesor (m)	[pɛrsonáʒi kryɛsór]
autógrafo (m)	autograf (m)	[autográf]

relato (m) corto	tregim i shkurtër (m)	[trɛgím i ʃkúrtər]
cuento (m)	novelë (f)	[novélə]
novela (f)	roman (m)	[román]
obra (f) literaria	vepër (m)	[vépər]
fábula (f)	fabula (f)	[fábula]
novela (f) policíaca	roman policesk (m)	[román politsésk]

verso (m)	vjershë (f)	[vjérʃə]
poesía (f)	poezi (f)	[poɛzí]
poema (f)	poemë (f)	[poémə]
poeta (m)	poet (m)	[poét]

bellas letras (f pl)	trillim (m)	[triɬím]
ciencia ficción (f)	fanta-shkencë (f)	[fánta-ʃkéntsə]
aventuras (f pl)	aventurë (f)	[avɛntúrə]
literatura (f) didáctica	letërsi edukative (f)	[lɛtərsí ɛdukatívɛ]
literatura (f) infantil	letërsi për fëmijë (f)	[lɛtərsí pər fəmíjə]

153. El circo

circo (m)	cirk (m)	[tsírk]
circo (m) ambulante	cirk udhëtues (m)	[tsírk uðətúɛs]
programa (m)	program (m)	[prográm]
representación (f)	shfaqje (f)	[ʃfácjɛ]
número (m)	akt (m)	[ákt]

arena (f)	arenë cirku (f)	[arénə tsɨrku]
pantomima (f)	pantomimë (f)	[pantomɨmə]
payaso (m)	kloun (m)	[kloún]

acróbata (m)	akrobat (m)	[akrobát⁻]
acrobacia (f)	akrobaci (f)	[akrobatsí]
gimnasta (m)	gjimnast (m)	[ɟimnást⁻]
gimnasia (f)	gjimnastikë (f)	[ɟimnast kə]
salto (m)	salto (f)	[sálto]

forzudo (m)	atlet (m)	[atlét]
domador (m)	zbutës (m)	[zbútəs⁻]
caballista (m)	kalorës (m)	[kalórəɛ]
asistente (m)	ndihmës (m)	[ndíhməs]

truco (m)	akrobaci (f)	[akrobɛtsí]
truco (m) de magia	truk magjik (m)	[truk maɟík]
ilusionista (m)	magjistar (m)	[maɟistár]

malabarista (m)	zhongler (m)	[ʒoŋlérǀ]
hacer malabarismos	luaj	[lúaj]
amaestrador (m)	zbutës kafshësh (m)	[zbútəs káfʃəʃ]
amaestramiento (m)	zbutje kafshësh (f)	[zbútjɛ káfʃəʃ]
amaestrar (vt)	stërvit	[stərví⁻]

154. La música. La música popular

música (f)	muzikë (f)	[muzíkə]
músico (m)	muzikant (m)	[muzikánt]
instrumento (m) musical	instrument muzikor (m)	[instrumént muzikér]
tocar ...	i bie ...	[i bíɛ ...]

guitarra (f)	kitarë (f)	[kitárə]
violín (m)	violinë (f)	[violínə]
violonchelo (m)	violonçel (m)	[violɑntʃél]
contrabajo (m)	kontrabas (m)	[kont⁻abás]
arpa (f)	lira (f)	[líra]

piano (m)	piano (f)	[piáno]
piano (m) de cola	pianoforte (f)	[piar ofórtɛ]
órgano (m)	organo (f)	[organo]

instrumentos (m pl) de viento	instrumente frymore (pl)	[inst⁻uméntɛ frymɔ́rɛ]
oboe (m)	oboe (f)	[obɔ́ɛ]
saxofón (m)	saksofon (m)	[saksofón]
clarinete (m)	klarinetë (f)	[klarinétə]
flauta (f)	flaut (m)	[flaʊ̈t]
trompeta (f)	trombë (f)	[trómbə]

| acordeón (m) | fizarmonikë (f) | [fizarmoníkə] |
| tambor (m) | daulle (f) | [daʊ̈ɬɛ] |

| dúo (m) | duet (m) | [duə̇t] |
| trío (m) | trio (f) | [trío] |

cuarteto (m)	kuartet (m)	[kuartét]
coro (m)	kor (m)	[kor]
orquesta (f)	orkestër (f)	[orkéstər]

música (f) pop	muzikë pop (f)	[muzíkə pop]
música (f) rock	muzikë rok (m)	[muzíkə rok]
grupo (m) de rock	grup rok (m)	[grup rók]
jazz (m)	xhaz (m)	[dʒaz]

| ídolo (m) | idhull (m) | [íðuɬ] |
| admirador (m) | admirues (m) | [admirúɛs] |

concierto (m)	koncert (m)	[kontsért]
sinfonía (f)	simfoni (f)	[simfoní]
composición (f)	kompozicion (m)	[kompozitsión]
escribir (vt)	kompozoj	[kompozój]

canto (m)	këndim (m)	[kəndím]
canción (f)	këngë (f)	[kə́ŋə]
melodía (f)	melodi (f)	[mɛlodí]
ritmo (m)	ritëm (m)	[rítəm]
blues (m)	bluz (m)	[blúz]

notas (f pl)	partiturë (f)	[partitúrə]
batuta (f)	shkopi i dirigjimit (m)	[ʃkopi i diriɟímit]
arco (m)	hark (m)	[hárk]
cuerda (f)	tel (m)	[tɛl]
estuche (m)	kuti (f)	[kutí]

Los restaurantes. El entretenimiento. El viaje

155. El viaje. Viajar

turismo (m)	turizëm (m)	[turízəm]
turista (m)	turist (m)	[turíst]
viaje (m)	udhëtim (m)	[uðətírr]
aventura (f)	aventurë (f)	[avɛntúrə]
viaje (m)	udhëtim (m)	[uðətím]
vacaciones (f pl)	pushim (m)	[puʃím]
estar de vacaciones	jam me pushime	[jam mɛ puʃímɛ]
descanso (m)	pushim (m)	[puʃím]
tren (m)	tren (m)	[trɛn]
en tren	me tren	[mɛ trén]
avión (m)	avion (m)	[avión]
en avión	me avion	[mɛ avión]
en coche	me makinë	[mɛ makínə]
en barco	me anije	[mɛ aníjɛ]
equipaje (m)	bagazh (m)	[bagáʒ]
maleta (f)	valixhe (f)	[valídʒɛ]
carrito (m) de equipaje	karrocë bagazhesh (f)	[karótsə bagáʒɛʃ]
pasaporte (m)	pasaportë (f)	[pasapórtə]
visado (m)	vizë (f)	[vízə]
billete (m)	biletë (f)	[bilétə]
billete (m) de avión	biletë avioni (f)	[bilétə avióni]
guía (f) (libro)	guidë turistike (f)	[guídə turistíkɛ]
mapa (m)	hartë (f)	[hártə]
área (m) (~ rural)	zonë (f)	[zónə]
lugar (m)	vend (m)	[vɛnd]
exotismo (m)	ekzotikë (f)	[ɛkzotíkə]
exótico (adj)	ekzotik	[ɛkzotík]
asombroso (adj)	mahnitëse	[mahnítəsɛ]
grupo (m)	grup (m)	[gruɔ]
excursión (f)	ekskursion (m)	[ɛkskursión]
guía (m) (persona)	udhërrëfyes (m)	[uðɛrəfýɛs]

156. El hotel

hotel (m), motel (m)	hotel (m)	[hoːél]
motel (m)	motel (m)	[motél]
de tres estrellas	me tre yje	[mɛ trɛ ýjɛ]

| de cinco estrellas | me pesë yje | [mɛ pésə ýjɛ] |
| hospedarse (vr) | qëndroj | [cəndrój] |

habitación (f)	dhomë (f)	[ðómə]
habitación (f) individual	dhomë teke (f)	[ðómə tékɛ]
habitación (f) doble	dhomë dyshe (f)	[ðómə dýʃɛ]
reservar una habitación	rezervoj një dhomë	[rɛzɛrvój ɲə ðómə]

| media pensión (f) | gjysmë-pension (m) | [ɟýsmə-pɛnsión] |
| pensión (f) completa | pension i plotë (m) | [pɛnsión i plótə] |

con baño	me banjo	[mɛ báɲo]
con ducha	me dush	[mɛ dúʃ]
televisión (f) satélite	televizor satelitor (m)	[tɛlɛvizór satɛlitór]
climatizador (m)	kondicioner (m)	[konditsionér]
toalla (f)	peshqir (m)	[pɛʃcír]
llave (f)	çelës (m)	[ʧéləs]

administrador (m)	administrator (m)	[administratór]
camarera (f)	pastruese (f)	[pastrúɛsɛ]
maletero (m)	portier (m)	[portiér]
portero (m)	portier (m)	[portiér]

restaurante (m)	restorant (m)	[rɛstoránt]
bar (m)	pab (m), pijetore (f)	[pab], [pijɛtórɛ]
desayuno (m)	mëngjes (m)	[məɲjés]
cena (f)	darkë (f)	[dárkə]
buffet (m) libre	bufe (f)	[bufé]

| vestíbulo (m) | holl (m) | [hoɫ] |
| ascensor (m) | ashensor (m) | [aʃɛnsór] |

| NO MOLESTAR | MOS SHQETËSONI | [mos ʃcɛtəsóni] |
| PROHIBIDO FUMAR | NDALOHET DUHANI | [ndalóhɛt duháni] |

157. Los libros. La lectura

libro (m)	libër (m)	[líbər]
autor (m)	autor (m)	[autór]
escritor (m)	shkrimtar (m)	[ʃkrimtár]
escribir (~ un libro)	shkruaj	[ʃkrúaj]

lector (m)	lexues (m)	[lɛdzúɛs]
leer (vi, vt)	lexoj	[lɛdzój]
lectura (f)	lexim (m)	[lɛdzím]

| en silencio | pa zë | [pa zə] |
| en voz alta | me zë | [mɛ zə] |

editar (vt)	botoj	[botój]
edición (f) (~ de libros)	botim (m)	[botím]
editor (m)	botues (m)	[botúɛs]
editorial (f)	shtëpi botuese (f)	[ʃtəpí botúɛsɛ]
salir (libro)	botohet	[botóhɛt]

| salida (f) (de un libro) | botim (m) | [botím] |
| tirada (f) | edicion (m) | [ɛditsión] |

| librería (f) | librari (f) | [librarí] |
| biblioteca (f) | bibliotekë (f) | [bibliotékə] |

cuento (m)	novelë (f)	[novélə]
relato (m) corto	tregim i shkurtër (m)	[trɛgím i ʃkúrtər]
novela (f)	roman (m)	[román]
novela (f) policíaca	roman policesk (m)	[román ɔolitsésk]

memorias (f pl)	kujtime (pl)	[kujtímɛ]
leyenda (f)	legjendë (f)	[lɛɟéndɛ]
mito (m)	mit (m)	[mit]

versos (m pl)	poezi (f)	[poɛzí]
autobiografía (f)	autobiografi (f)	[autobiografí]
obras (f pl) escogidas	vepra të zgjedhura (f)	[vépra tə zɟéðura]
ciencia ficción (f)	fanta-shkencë (f)	[fánta-ʃ‹éntsə]

título (m)	titull (m)	[títuɫ]
introducción (f)	hyrje (f)	[hýrjɛ]
portada (f)	faqe e titullit (f)	[fácɛ ɛ títuɫit]

capítulo (m)	kreu (m)	[kréu]
extracto (m)	ekstrakt (m)	[ɛkstrákt]
episodio (m)	episod (m)	[ɛpisód]

sujeto (m)	fabul (f)	[fábul]
contenido (m)	përmbajtje (f)	[pərmbájtjɛ]
tabla (f) de contenidos	tabela e përmbajtjes (f)	[tabéla ɛ pərmbájtjɛs]
héroe (m) principal	personazhi kryesor (m)	[pɛrsonáʒi kryɛsór]

tomo (m)	vëllim (m)	[vəɫírr]
cubierta (f)	kopertinë (f)	[kopɛrtínə]
encuadernado (m)	libërlidhje (f)	[libərliðjɛ]
marcador (m) de libro	shënjim (m)	[ʃəɲírr]

página (f)	faqe (f)	[fácɛ]
hojear (vt)	kaloj faqet	[kalój fácɛt]
márgenes (m pl)	margjinat (pl)	[marɟ nat]
anotación (f)	shënim (m)	[ʃəním]
nota (f) a pie de página	fusnotë (f)	[fusnótə]

texto (m)	tekst (m)	[tɛksf]
fuente (f)	lloji i shkrimit (m)	[ɫóji i ʃkrímit]
errata (f)	gabim ortografik (m)	[gabim ortografík]

traducción (f)	përkthim (m)	[pərkθím]
traducir (vt)	përkthej	[pərkθéj]
original (m)	origjinal (m)	[oriɟinál]

famoso (adj)	i famshëm	[i fárnʃəm]
desconocido (adj)	i panjohur	[i paɲóhur]
interesante (adj)	interesant	[intɛˉɛsánt]
best-seller (m)	libër më i shitur (m)	[líbər mə i ʃítur]

diccionario (m)	fjalor (m)	[fjalór]
manual (m)	tekst mësimor (m)	[tɛkst məsimór]
enciclopedia (f)	enciklopedi (f)	[ɛntsiklopɛdí]

158. La caza. La pesca

caza (f)	gjueti (f)	[ɟuɛtí]
cazar (vi, vt)	dal për gjah	[dál pər ɟáh]
cazador (m)	gjahtar (m)	[ɟahtár]

tirar (vi)	qëlloj	[cəɫój]
fusil (m)	pushkë (f)	[púʃkə]
cartucho (m)	fishek (m)	[fiʃék]
perdigón (m)	plumb (m)	[plúmb]

cepo (m)	grackë (f)	[grátskə]
trampa (f)	kurth (m)	[kurθ]
caer en la trampa	bie në grackë	[bíɛ nə grátskə]
poner una trampa	ngre grackë	[ŋré grátskə]

cazador (m) furtivo	gjahtar i jashtëligjshëm (m)	[ɟahtár i jaʃtəliɟʃəm]
caza (f) menor	gjah (m)	[ɟáh]
perro (m) de caza	zagar (m)	[zagár]
safari (m)	safari (m)	[safári]
animal (m) disecado	kafshë e balsamosur (f)	[káfʃə ɛ balsamósur]

pescador (m)	peshkatar (m)	[pɛʃkatár]
pesca (f)	peshkim (m)	[pɛʃkím]
pescar (vi)	peshkoj	[pɛʃkój]

caña (f) de pescar	kallam peshkimi (m)	[kaɫám pɛʃkími]
sedal (m)	tojë peshkimi (f)	[tójə pɛʃkími]
anzuelo (m)	grep (m)	[grép]

| flotador (m) | tapë (f) | [tápə] |
| cebo (m) | karrem (m) | [karém] |

| lanzar el anzuelo | hedh grepin | [hɛð grépin] |
| picar (vt) | bie në grep | [bíɛ nə grép] |

| pesca (f) (lo pescado) | kapje peshku (f) | [kápjɛ péʃku] |
| agujero (m) en el hielo | vrimë në akull (f) | [vrímə nə ákuɫ] |

| red (f) | rrjetë peshkimi (f) | [rjétə pɛʃkími] |
| barca (f) | varkë (f) | [várkə] |

pescar con la red	peshkoj me rrjeta	[pɛʃkój mɛ rjéta]
tirar la red	hedh rrjetat	[hɛð rjétat]
sacar la red	tërheq rrjetat	[tərhéc rjétat]
caer en la red	bie në rrjetë	[bíɛ nə rjétə]

ballenero (m) (persona)	gjuetar balenash (m)	[ɟuɛtár balénaʃ]
ballenero (m) (barco)	balenagjuajtëse (f)	[balɛnaɟúajtəsɛ]
arpón (m)	fuzhnjë (f)	[fúʒɲə]

159. Los juegos. El billar

billar (m)	bilardo (f)	[bilárdo]
sala (f) de billar	sallë bilardosh (f)	[sálə bilárdoʃ]
bola (f) de billar	bile (f)	[bílɛ]

entronerar la bola	fus në vrimë	[fús nə vrímə]
taco (m)	stekë (f)	[stékə]
tronera (f)	xhep (m), vrimë (f)	[dʒɛp], [vrímə]

160. Los juegos. Las cartas

cuadrados (m pl)	karo (f)	[káro]
picas (f pl)	maç (m)	[matʃ]
corazones (m pl)	kupë (f)	[kúpə]
tréboles (m pl)	spathi (m)	[spáθi]

as (m)	as (m)	[ás]
rey (m)	mbret (m)	[mbrét]
dama (f)	mbretëreshë (f)	[mbrɛtəréʃə]
sota (f)	fant (m)	[fant]

carta (f)	letër (f)	[létər]
cartas (f pl)	letrat (pl)	[létrat]
triunfo (m)	letër e fortë (f)	[létər ɛ fórtə]
baraja (f)	set letrash (m)	[sɛt léʧraʃ]

punto (m)	pikë (f)	[píkə]
dar (las cartas)	ndaj	[ndáj]
barajar (vt)	përziej	[pərzícj]
jugada (f)	radha (f)	[ráða]
fullero (m)	mashtrues (m)	[maʃtrɹɛs]

161. El casino. La ruleta

casino (m)	kazino (f)	[kazíno]
ruleta (f)	ruletë (f)	[rulétə]
puesta (f)	bast (m)	[bastჷ]
apostar (vt)	vë bast	[və bast]

rojo (m)	e kuqe (f)	[ɛ kúcɛ]
negro (m)	e zezë (f)	[ɛ zézə]
apostar al rojo	vë bast në të kuqe	[və bast nə tə kúcɛ]
apostar al negro	vë bast në të zezë	[və bast nə tə zézə]

crupier (m, f)	krupier (m)	[krupiér]
girar la ruleta	rrotulloj ruletën	[rotɫtój rulétən]
reglas (f pl) de juego	rregullat (pl)	[régɹɫat]
ficha (f)	fishe (f)	[fíʃɛ]
ganar (vi, vt)	fitoj	[fitóჷ]
ganancia (f)	fitim (m)	[fitín]

| perder (vi) | humb | [húmb] |
| pérdida (f) | humbje (f) | [húmbjɛ] |

jugador (m)	lojtar (m)	[lojtár]
black jack (m)	blackjack (m)	[blatskjátsk]
juego (m) de dados	lojë me zare (f)	[lójə mɛ zárɛ]
dados (m pl)	zare (f)	[zárɛ]
tragaperras (f)	makinë e lojërave të fatit (f)	[makínə ɛ lojərávɛ tə fátit]

162. El descanso. Los juegos. Miscelánea

pasear (vi)	shëtitem	[ʃətítɛm]
paseo (m) (caminata)	shëtitje (f)	[ʃətítjɛ]
paseo (m) (en coche)	xhiro me makinë (f)	[dʒíro mɛ makínə]
aventura (f)	aventurë (f)	[avɛntúrə]
picnic (m)	piknik (m)	[pikník]

juego (m)	lojë (f)	[lójə]
jugador (m)	lojtar (m)	[lojtár]
partido (m)	një lojë (f)	[ɲə lójə]

coleccionista (m)	koleksionist (m)	[kolɛksioníst]
coleccionar (vt)	koleksionoj	[kolɛksionój]
colección (f)	koleksion (m)	[kolɛksión]

crucigrama (m)	fjalëkryq (m)	[fjaləkrýc]
hipódromo (m)	hipodrom (m)	[hipodróm]
discoteca (f)	disko (f)	[dísko]

| sauna (f) | sauna (f) | [saúna] |
| lotería (f) | lotari (f) | [lotarí] |

marcha (f)	kamping (m)	[kampíŋ]
campo (m)	kamp (m)	[kamp]
tienda (f) de campaña	çadër kampingu (f)	[tʃádər kampíŋu]
brújula (f)	kompas (m)	[kompás]
campista (m)	kampinist (m)	[kampiníst]

ver (la televisión)	shikoj	[ʃikój]
telespectador (m)	teleshikues (m)	[tɛlɛʃikúɛs]
programa (m) de televisión	program televiziv (m)	[prográm tɛlɛvizív]

163. La fotografía

| cámara (f) fotográfica | aparat fotografik (m) | [aparát fotografík] |
| fotografía (f) (una foto) | foto (f) | [fóto] |

fotógrafo (m)	fotograf (m)	[fotográf]
estudio (m) fotográfico	studio fotografike (f)	[stúdio fotografíkɛ]
álbum (m) de fotos	album fotografik (m)	[albúm fotografík]
objetivo (m)	objektiv (m)	[objɛktív]
teleobjetivo (m)	teleobjektiv (m)	[tɛlɛobjɛktív]

| filtro (m) | filtër (m) | [fíltər] |
| lente (m) | lente (f) | [léntɛ] |

óptica (f)	optikë (f)	[optíkə]
diafragma (m)	diafragma (f)	[diafrágma]
tiempo (m) de exposición	koha e ekspozimit (f)	[kóha ɛ ɛkspozímit]
visor (m)	tregues i kuadrit (m)	[trɛgúɛs i kuádrit]

cámara (f) digital	kamerë digjitale (f)	[kamérə diɟitálɛ]
trípode (m)	tripod (m)	[tripód]
flash (m)	blic (m)	[blits]

fotografiar (vt)	fotografoj	[fotogrɛfój]
hacer fotos	bëj foto	[bəj fóto]
fotografiarse (vr)	bëj fotografi	[bəj fotɔgrafí]

foco (m)	fokus (m)	[fokús]
enfocar (vt)	fokusoj	[fokusój]
nítido (adj)	i qartë	[i cártə]
nitidez (f)	qartësi (f)	[cartəsí]

| contraste (m) | kontrast (m) | [kontrɛ́st] |
| contrastante (adj) | me kontrast | [mɛ kɔntrást] |

foto (f)	foto (f)	[fóto]
negativo (m)	negativ (m)	[nɛgatív]
película (f) fotográfica	film negativash (m)	[fílm nɛgatívaʃ]
fotograma (m)	imazh (m)	[imáʒ]
imprimir (vt)	printoj	[printɛ́j]

164. La playa. La natación

playa (f)	plazh (m)	[plaʒ]
arena (f)	rërë (f)	[rérə]
desierto (playa ~a)	plazh i shkretë	[plaʒ i ʃkrétə]

bronceado (m)	nxirje nga dielli (f)	[ndzíjɛ ŋa díɛɬi]
broncearse (vr)	nxihem	[ndzíʔɛm]
bronceado (adj)	i nxirë	[i ndzírə]
protector (m) solar	krem dielli (f)	[krɛm díɛɬi]

bikini (m)	bikini (m)	[bikíni]
traje (m) de baño	rrobë banje (f)	[róbə bájɛ]
bañador (m)	mbathje banjo (f)	[mbɛ́θjɛ bájo]

piscina (f)	pishinë (f)	[piʃírə]
nadar (vi)	notoj	[notoj]
ducha (f)	dush (m)	[duʃ]
cambiarse (vr)	ndërroj	[ndɛrój]
toalla (f)	peshqir (m)	[pɛʃcír]

barca (f)	varkë (f)	[várkə]
lancha (f) motora	skaf (m)	[skɛf]
esquís (m pl) acuáticos	ski ujor (m)	[ski ujór]

bicicleta (f) acuática	varkë me pedale (f)	[várkə mɛ pɛdálɛ]
surf (m)	surf (m)	[surf]
surfista (m)	surfist (m)	[surfíst]

equipo (m) de buceo	komplet për skuba (f)	[komplét pər skúba]
aletas (f pl)	këmbale noti (pl)	[kəmbálɛ nóti]
máscara (f) de buceo	maskë (f)	[máskə]
buceador (m)	zhytës (m)	[ʒýtəs]
bucear (vi)	zhytem	[ʒýtɛm]
bajo el agua (adv)	nën ujë	[nən újə]

sombrilla (f)	çadër plazhi (f)	[tʃádər pláʒi]
tumbona (f)	shezlong (m)	[ʃɛzlóŋ]
gafas (f pl) de sol	syze dielli (f)	[sýzɛ diéɫi]
colchoneta (f) inflable	dyshek me ajër (m)	[dyʃék mɛ ájər]

jugar (divertirse)	loz	[loz]
bañarse (vr)	notoj	[notój]

pelota (f) de playa	top plazhi (m)	[top pláʒi]
inflar (vt)	fryj	[fryj]
inflable (colchoneta ~)	që fryhet	[cə frýhɛt]

ola (f)	dallgë (f)	[dáɫgə]
boya (f)	tapë (f)	[tápə]
ahogarse (vr)	mbytem	[mbýtɛm]

salvar (vt)	shpëtoj	[ʃpətój]
chaleco (m) salvavidas	jelek shpëtimi (m)	[jɛlék ʃpətími]
observar (vt)	vëzhgoj	[vəʒgój]
socorrista (m)	rojë bregdetare (m)	[rójə brɛgdɛtárɛ]

EL EQUIPO TÉCNICO. EL TRANSPORTE

El equipo técnico

165. El computador

ordenador (m)	kompjuter (m)	[kompjɩtér]
ordenador (m) portátil	laptop (m)	[laptóp]
encender (vt)	ndez	[ndɛz]
apagar (vt)	fik	[fik]
teclado (m)	tastiera (f)	[tastiéra]
tecla (f)	çelës (m)	[tʃéləs]
ratón (m)	maus (m)	[máus]
alfombrilla (f) para ratón	shtroje e mausit (f)	[ʃtrójɛ ɛ máusit]
botón (m)	buton (m)	[butón]
cursor (m)	kursor (m)	[kursór]
monitor (m)	monitor (m)	[monitór]
pantalla (f)	ekran (m)	[ɛkrán]
disco (m) duro	hard disk (m)	[hárd dísk]
volumen (m) de disco duro	kapaciteti i hard diskut (m)	[kapatʒitéti i hárd dískut]
memoria (f)	memorie (f)	[mɛmórɛ]
memoria (f) operativa	memorie operative (f)	[mɛmórɛ opɛratívɛ]
archivo, fichero (m)	skedë (f)	[skédə]
carpeta (f)	dosje (f)	[dósjɛ]
abrir (vt)	hap	[hap]
cerrar (vt)	mbyll	[mbyɫ]
guardar (un archivo)	ruaj	[rúaj]
borrar (vt)	fshij	[fʃíj]
copiar (vt)	kopjoj	[kopjɔ́j]
ordenar (vt) (~ de A a Z, etc.)	sistemoj	[sistɛmój]
copiar (vt)	transferoj	[transfɛrój]
programa (m)	program (m)	[prográm]
software (m)	softuer (f)	[softuér]
programador (m)	programues (m)	[programúɛs]
programar (vt)	programoj	[programój]
hacker (m)	haker (m)	[hakér]
contraseña (f)	fjalëkalim (m)	[fjaləkalím]
virus (m)	virus (m)	[virús]
detectar (vt)	zbuloj	[zbulój]
octeto (m)	bajt (m)	[bájt]

megaocteto (m)	megabajt (m)	[mɛgabájt]
datos (m pl)	të dhënat (pl)	[tə ðénat]
base (f) de datos	databazë (f)	[databázə]

cable (m)	kabllo (f)	[kábło]
desconectar (vt)	shkëpus	[ʃkəpús]
conectar (vt)	lidh	[lið]

166. El internet. El correo electrónico

internet (m), red (f)	internet (m)	[intɛrnét]
navegador (m)	shfletues (m)	[ʃflɛtúɛs]
buscador (m)	makineri kërkimi (f)	[makinɛrí kərkími]
proveedor (m)	ofrues (m)	[ofrúɛs]

webmaster (m)	uebmaster (m)	[uɛbmástɛr]
sitio (m) web	ueb-faqe (f)	[uéb-fácɛ]
página (f) web	ueb-faqe (f)	[uéb-fácɛ]

| dirección (f) | adresë (f) | [adrésə] |
| libro (m) de direcciones | libërth adresash (m) | [líbərθ adrésaʃ] |

buzón (m)	kuti postare (f)	[kutí postárɛ]
correo (m)	postë (f)	[póstə]
lleno (adj)	i mbushur	[i mbúʃur]

mensaje (m)	mesazh (m)	[mɛsáʒ]
correo (m) entrante	mesazhe të ardhura (pl)	[mɛsáʒɛ tə árðura]
correo (m) saliente	mesazhe të dërguara (pl)	[mɛsáʒɛ tə dərgúara]

expedidor (m)	dërguesi (m)	[dərgúɛsi]
enviar (vt)	dërgoj	[dərgój]
envío (m)	dërgesë (f)	[dərgésə]

| destinatario (m) | pranues (m) | [pranúɛs] |
| recibir (vt) | pranoj | [pranój] |

| correspondencia (f) | korrespondencë (f) | [korɛspondéntsə] |
| escribirse con ... | komunikim | [komunikím] |

archivo, fichero (m)	skedë (f)	[skédə]
descargar (vt)	shkarkoj	[ʃkarkój]
crear (vt)	krijoj	[krijój]
borrar (vt)	fshij	[fʃij]
borrado (adj)	e fshirë	[ɛ fʃírə]

conexión (f) (ADSL, etc.)	lidhje (f)	[líðjɛ]
velocidad (f)	shpejtësi (f)	[ʃpɛjtəsí]
módem (m)	modem (m)	[modém]
acceso (m)	hyrje (f)	[hýrjɛ]
puerto (m)	port (m)	[port]

| conexión (f) (establecer la ~) | lidhje (f) | [líðjɛ] |
| conectarse a ... | lidhem me ... | [líðɛm mɛ ...] |

| seleccionar (vt) | përzgjedh | [pərzɟéð⁻] |
| buscar (vt) | kërkoj ... | [kərkój . .] |

167. La electricidad

electricidad (f)	elektricitet (m)	[ɛlɛktritsitét]
eléctrico (adj)	elektrik	[ɛlɛktrík⁻
central (f) eléctrica	hidrocentral (m)	[hidrotsɛntrál]
energía (f)	energji (f)	[ɛnɛɟí]
energía (f) eléctrica	energji elektrike (f)	[ɛnɛɟí ɛlɛktríkɛ]

bombilla (f)	poç (m)	[potʃ]
linterna (f)	llambë dore (f)	[ɫámbə dórɛ]
farola (f)	llambë rruge (f)	[ɫámbə rúgɛ]

luz (f)	dritë (f)	[drítə]
encender (vt)	ndez	[ndɛz]
apagar (vt)	fik	[fik]
apagar la luz	fik dritën	[fík drítən]

quemarse (vr)	digjet	[díɟɛt]
circuito (m) corto	qark i shkurtër (m)	[cark i ⁻kúrtər]
ruptura (f)	tel i prishur (m)	[tɛl i príʃur]
contacto (m)	kontakt (m)	[kontákt]

interruptor (m)	çelës drite (m)	[tʃéləs drítɛ]
enchufe (m)	prizë (f)	[prízə]
clavija (f)	spinë (f)	[spínə]
alargador (m)	zgjatues (m)	[zɟatúɛs]

fusible (m)	siguresë (f)	[sigurɛsə]
hilo (m)	kabllo (f)	[kábɫc]
instalación (f) eléctrica	rrjet elektrik (m)	[rjét ɛlɛktrík]

amperio (m)	amper (m)	[ampér]
amperaje (m)	amperazh (f)	[ampɛráʒ]
voltio (m)	volt (m)	[volt]
voltaje (m)	voltazh (m)	[voltáʒ]

| aparato (m) eléctrico | aparat elektrik (m) | [aparát ɛlɛktrík] |
| indicador (m) | indikator (m) | [indikatór] |

electricista (m)	elektricist (m)	[ɛlɛktritsíst]
soldar (vt)	saldoj	[saldój]
soldador (m)	pajisje saldimi (f)	[pajísjɛ saldími]
corriente (f)	korrent elektrik (m)	[korént ɛlɛktrík]

168. Las herramientas

instrumento (m)	vegël (f)	[végəl]
instrumentos (m pl)	vegla (pl)	[végia]
maquinaria (f)	pajisje (f)	[pajísjɛ]

martillo (m)	çekiç (m)	[tʃɛkítʃ]
destornillador (m)	kaçavidë (f)	[katʃavídə]
hacha (f)	sëpatë (f)	[səpátə]

sierra (f)	sharrë (f)	[ʃárə]
serrar (vt)	sharroj	[ʃarój]
cepillo (m)	zdrukthues (m)	[zdrukθúɛs]
cepillar (vt)	zdrukthoj	[zdrukθój]
soldador (m)	pajisje saldimi (f)	[pajísjɛ saldími]
soldar (vt)	saldoj	[saldój]

lima (f)	limë (f)	[límə]
tenazas (f pl)	darë (f)	[dárə]
alicates (m pl)	pinca (f)	[píntsa]
escoplo (m)	daltë (f)	[dáltə]

broca (f)	turjelë (f)	[turjélə]
taladro (m)	shpuese elektrike (f)	[ʃpúɛsɛ ɛlɛktríkɛ]
taladrar (vi, vt)	shpoj	[ʃpoj]

cuchillo (m)	thikë (f)	[θíkə]
navaja (f)	thikë xhepi (f)	[θíkə dʒépi]
filo (m)	teh (m)	[tɛh]

agudo (adj)	i mprehtë	[i mpréhtə]
embotado (adj)	i topitur	[i topítur]
embotarse (vr)	bëhet e topítur	[bə́hɛt ɛ topítur]
afilar (vt)	mpreh	[mpréh]

perno (m)	vidë (f)	[vídə]
tuerca (f)	dado (f)	[dádo]
filete (m)	filetë e vidhës (f)	[filétə ɛ víðəs]
tornillo (m)	vidhë druri (f)	[víðə drúri]

| clavo (m) | gozhdë (f) | [góʒdə] |
| cabeza (f) del clavo | kokë gozhde (f) | [kókə góʒdɛ] |

regla (f)	vizore (f)	[vizórɛ]
cinta (f) métrica	metër (m)	[métər]
nivel (m) de burbuja	nivelizues (m)	[nivɛlizúɛs]
lupa (f)	lente zmadhuese (f)	[lɛ́ntɛ zmaðúɛsɛ]

aparato (m) de medida	mjet matës (m)	[mjét mátəs]
medir (vt)	mas	[mas]
escala (f) (~ métrica)	gradë (f)	[grádə]
lectura (f)	matjet (pl)	[mátjɛt]

| compresor (m) | kompresor (m) | [komprɛsór] |
| microscopio (m) | mikroskop (m) | [mikroskóp] |

bomba (f) (~ de agua)	pompë (f)	[pómpə]
robot (m)	robot (m)	[robót]
láser (m)	laser (m)	[lasér]

| llave (f) de tuerca | çelës (m) | [tʃéləs] |
| cinta (f) adhesiva | shirit ngjitës (m) | [ʃirít ɲɟítəs] |

pegamento (m)	ngjitës (m)	[nɟítəs]
papel (m) de lija	letër smeril (f)	[létər smɛríl]
resorte (m)	sustë (f)	[sústə]
imán (m)	magnet (m)	[magné:]
guantes (m pl)	dorëza (pl)	[dórəza]
cuerda (f)	litar (m)	[litár]
cordón (m)	kordon (m)	[kordón]
hilo (m) (~ eléctrico)	tel (m)	[tɛl]
cable (m)	kabllo (f)	[kábɬo]
almádana (f)	çekan i rëndë (m)	[tʃɛkán rəndə]
barra (f)	levë (f)	[lévə]
escalera (f) portátil	shkallë (f)	[ʃkátə]
escalera (f) de tijera	shkallëz (f)	[ʃkátəz]
atornillar (vt)	vidhos	[viðós]
destornillar (vt)	zhvidhos	[ʒviðós]
apretar (vt)	shtrëngoj	[ʃtrəŋój]
pegar (vt)	ngjes	[nɟés]
cortar (vt)	pres	[prɛs]
fallo (m)	avari (f)	[avarí]
reparación (f)	riparim (m)	[riparím]
reparar (vt)	riparoj	[riparó]
regular, ajustar (vt)	rregulloj	[rɛguɬój]
verificar (vt)	kontrolloj	[kontrɔɬój]
control (m)	kontroll (m)	[kontrɔɬ]
lectura (f) (~ del contador)	matjet (pl)	[mátjɛ:]
fiable (máquina)	e sigurt	[ɛ sígurt]
complicado (adj)	komplekse	[komplékse]
oxidarse (vr)	ndryshket	[ndrýʃkɛt]
oxidado (adj)	e ndryshkur	[ɛ ndrýʃkur]
óxido (m)	ndryshk (m)	[ndrýʃk]

149

El transporte

169. El avión

avión (m)	avion (m)	[avión]
billete (m) de avión	biletë avioni (f)	[bilétə avióni]
compañía (f) aérea	kompani ajrore (f)	[kompaní ajrórɛ]
aeropuerto (m)	aeroport (m)	[aɛropórt]
supersónico (adj)	supersonik	[supɛrsoník]
comandante (m)	kapiten (m)	[kapitén]
tripulación (f)	ekip (m)	[ɛkíp]
piloto (m)	pilot (m)	[pilót]
azafata (f)	stjuardesë (f)	[stjuardésə]
navegador (m)	naviguas (m)	[navigúɛs]
alas (f pl)	krahë (pl)	[kráhə]
cola (f)	bisht (m)	[biʃt]
cabina (f)	kabinë (f)	[kabínə]
motor (m)	motor (m)	[motór]
tren (m) de aterrizaje	karrel (m)	[karél]
turbina (f)	turbinë (f)	[turbínə]
hélice (f)	helikë (f)	[hɛlíkə]
caja (f) negra	kuti e zezë (f)	[kutí ɛ zézə]
timón (m)	timon (m)	[timón]
combustible (m)	karburant (m)	[karburánt]
instructivo (m) de seguridad	udhëzime sigurie (pl)	[uðəzímɛ siguríɛ]
respirador (m) de oxígeno	maskë oksigjeni (f)	[máskə oksiɟéni]
uniforme (m)	uniformë (f)	[unifórmə]
chaleco (m) salvavidas	jelek shpëtimi (m)	[jɛlék ʃpətími]
paracaídas (m)	parashutë (f)	[paraʃútə]
despegue (m)	ngritje (f)	[ŋrítjɛ]
despegar (vi)	fluturon	[fluturón]
pista (f) de despegue	pista e fluturimit (f)	[písta ɛ fluturímit]
visibilidad (f)	shikueshmëri (f)	[ʃikuɛʃmərí]
vuelo (m)	fluturim (m)	[fluturím]
altura (f)	lartësi (f)	[lartəsí]
pozo (m) de aire	xhep ajri (m)	[dʒɛp ájri]
asiento (m)	karrige (f)	[karígɛ]
auriculares (m pl)	kufje (f)	[kúfjɛ]
mesita (f) plegable	tabaka (f)	[tabaká]
ventana (f)	dritare avioni (f)	[dritárɛ avióni]
pasillo (m)	korridor (m)	[koridór]

170. El tren

tren (m)	tren (m)	[trɛn]
tren (m) eléctrico	tren elektrik (m)	[trɛn ɛlɛktrík]
tren (m) rápido	tren ekspres (m)	[trɛn ɛksprés]
locomotora (f) diésel	lokomotivë me naftë (f)	[lokomótivə mɛ náftə]
tren (m) de vapor	lokomotivë me avull (f)	[lokomótivə mɛ ávuɫ]
coche (m)	vagon (m)	[vagón]
coche (m) restaurante	vagon restorant (m)	[vagón ʦstoránt]
rieles (m pl)	shina (pl)	[ʃína]
ferrocarril (m)	hekurudhë (f)	[hɛkurúðə]
traviesa (f)	traversë (f)	[travérsə]
plataforma (f)	platformë (f)	[platfórmə]
vía (f)	binar (m)	[binár]
semáforo (m)	semafor (m)	[sɛmafór]
estación (f)	stacion (m)	[statsión]
maquinista (m)	makinist (m)	[makin st]
maletero (m)	portier (m)	[portiér]
mozo (m) del vagón	konduktor (m)	[konduktór]
pasajero (m)	pasagjer (m)	[pasaɟer]
revisor (m)	konduktor (m)	[konduktór]
corredor (m)	korridor (m)	[koridɛ́r]
freno (m) de urgencia	frena urgjence (f)	[fréna ʋrɟéntsɛ]
compartimiento (m)	ndarje (f)	[ndárjɛ]
litera (f)	kat (m)	[kat]
litera (f) de arriba	kati i sipërm (m)	[káti i sípərm]
litera (f) de abajo	kati i poshtëm (m)	[káti i ɔ́ʃtəm]
ropa (f) de cama	shtroje shtrati (pl)	[ʃtrójɛ ʈráti]
billete (m)	biletë (f)	[bilétə]
horario (m)	orar (m)	[orár]
pantalla (f) de información	tabelë e informatave (f)	[tabélə ɛ informátavɛ]
partir (vi)	niset	[nísɛt]
partida (f) (del tren)	nisje (f)	[nísjɛ]
llegar (tren)	arrij	[aríj]
llegada (f)	arritje (f)	[arítjɛ]
llegar en tren	arrij me tren	[aríj mɛ trɛn]
tomar el tren	hip në tren	[hip ɾə trén]
bajar del tren	zbres nga treni	[zbrɛs ŋa tréni]
descarrilamiento (m)	aksident hekurudhor (m)	[aksidént hɛkuruðór]
descarrilarse (vr)	del nga shinat	[dɛl ɾa ʃínat]
tren (m) de vapor	lokomotivë me avull (f)	[loko nótivə mɛ ávuɫ]
fogonero (m)	mbikëqyrës i zjarrit (m)	[mbikəcýrəs i zjárit]
hogar (m)	furrë (f)	[fúrə]
carbón (m)	qymyr (m)	[cymýr]

171. El barco

buque (m)	anije (f)	[aníjɛ]
navío (m)	mjet lundrues (m)	[mjét lundrúɛs]

buque (m) de vapor	anije me avull (f)	[aníjɛ mɛ ávuɫ]
motonave (m)	anije lumi (f)	[aníjɛ lúmi]
trasatlántico (m)	krocierë (f)	[krotsiérə]
crucero (m)	anije luftarake (f)	[aníjɛ luftarákɛ]

yate (m)	jaht (m)	[jáht]
remolcador (m)	anije rimorkiuese (f)	[aníjɛ rimorkiúɛsɛ]
barcaza (f)	anije transportuese (f)	[aníjɛ transportúɛsɛ]
ferry (m)	traget (m)	[tragét]

velero (m)	anije me vela (f)	[aníjɛ mɛ véla]
bergantín (m)	brigantinë (f)	[brigantínə]

rompehielos (m)	akullthyese (f)	[akuɫθýɛsɛ]
submarino (m)	nëndetëse (f)	[nəndétəsɛ]

bote (m) de remo	barkë (f)	[bárkə]
bote (m)	gomone (f)	[gomónɛ]
bote (m) salvavidas	varkë shpëtimi (f)	[várkə ʃpətími]
lancha (f) motora	skaf (m)	[skaf]

capitán (m)	kapiten (m)	[kapitén]
marinero (m)	marinar (m)	[marinár]
marino (m)	marinar (m)	[marinár]
tripulación (f)	ekip (m)	[ɛkíp]

contramaestre (m)	kryemarinar (m)	[kryɛmarinár]
grumete (m)	djali i anijes (m)	[djáli i aníjɛs]
cocinero (m) de abordo	kuzhinier (m)	[kuʒiniér]
médico (m) del buque	doktori i anijes (m)	[doktóri i aníjɛs]

cubierta (f)	kuverta (f)	[kuvérta]
mástil (m)	direk (m)	[dirék]
vela (f)	vela (f)	[véla]

bodega (f)	bagazh (m)	[bagáʒ]
proa (f)	harku sipëror (m)	[hárku sipərór]
popa (f)	pjesa e pasme (f)	[pjésa ɛ pásmɛ]
remo (m)	rrem (m)	[rɛm]
hélice (f)	helikë (f)	[hɛlíkə]

camarote (m)	kabinë (f)	[kabínə]
sala (f) de oficiales	zyrë e oficerëve (m)	[zýrə ɛ ofitsérəvɛ]
sala (f) de máquinas	salla e motorit (m)	[sáɫa ɛ motórit]
puente (m) de mando	urë komanduese (f)	[úrə komandúɛsɛ]
sala (f) de radio	kabina radiotelegrafike (f)	[kabína radiotɛlɛgrafíkɛ]
onda (f)	valë (f)	[válə]
cuaderno (m) de bitácora	libri i shënimeve (m)	[líbri i ʃənímɛvɛ]
anteojo (m)	dylbi (f)	[dylbí]
campana (f)	këmbanë (f)	[kəmbánə]

bandera (f)	flamur (m)	[flamúr]
cabo (m) (maroma)	pallamar (m)	[patamár]
nudo (m)	nyjë (f)	[nýjə]

| pasamano (m) | parmakë (pl) | [parmákə] |
| pasarela (f) | shkallë (f) | [ʃkátə] |

ancla (f)	spirancë (f)	[spirántsə]
levar ancla	ngre spirancën	[ŋré spiɾántsən]
echar ancla	hedh spirancën	[hɛð spirántsən]
cadena (f) del ancla	zinxhir i spirancës (m)	[zindʒír i spirántsəs]

puerto (m)	port (m)	[port]
embarcadero (m)	skelë (f)	[skélə]
amarrar (vt)	ankoroj	[ankorój]
desamarrar (vt)	niset	[nísɛt]

viaje (m)	udhëtim (m)	[uðətím]
crucero (m) (viaje)	udhëtim me krocierë (f)	[uðətím mɛ krotsiérə]
derrota (f) (rumbo)	kursi i udhëtimit (m)	[kúrsi i ʉðətímit]
itinerario (m)	itinerar (m)	[itinɛrár]

canal (m) navegable	ujëra të lundrueshme (f)	[újəra tə lundrúɛʃmɛ]
bajío (m)	cekëtinë (f)	[tsɛkətinə]
encallar (vi)	bllokohet në rërë	[btokóhɛt nə rərə]

tempestad (f)	stuhi (f)	[stuhí]
señal (f)	sinjal (m)	[siɲál]
hundirse (vr)	fundoset	[fundósɛt]
¡Hombre al agua!	Njeri në det!	[ɲɛrí nə dɛt!]
SOS	SOS (m)	[sos]
aro (m) salvavidas	bovë shpëtuese (f)	[bóvə ˌpətúɛsɛ]

172. El aeropuerto

aeropuerto (m)	aeroport (m)	[aɛropórt]
avión (m)	avion (m)	[avión]
compañía (f) aérea	kompani ajrore (f)	[kompaní ajróɾɛ]
controlador (m) aéreo	kontroll i trafikut ajror (m)	[kontrɔ́t i trafíkut aj˙ór]

despegue (m)	nisje (f)	[nísjɛ]
llegada (f)	arritje (f)	[arítjɛ]
llegar (en avión)	arrij me avion	[aríj mɛ avión]

| hora (f) de salida | nisja (f) | [nísja] |
| hora (f) de llegada | arritja (f) | [arítjɛ] |

| retrasarse (vr) | vonesë | [vonésə] |
| retraso (m) de vuelo | vonesë avioni (f) | [vonésə avióni] |

pantalla (f) de información	ekrani i informacioneve (m)	[ɛkrá˙i i informatsiónɛvɛ]
información (f)	informacion (m)	[infomatsión]
anunciar (vt)	njoftoj	[ɲoftój]
vuelo (m)	fluturim (m)	[flutu˕ím]

aduana (f)	doganë (f)	[dogánə]
aduanero (m)	doganier (m)	[doganiér]

declaración (f) de aduana	deklarim doganor (m)	[dɛklarím doganór]
rellenar (vt)	plotësoj	[plotəsój]
rellenar la declaración	plotësoj deklaratën	[plotəsój dɛklarátən]
control (m) de pasaportes	kontroll pasaportash (m)	[kontrół pasapórtaʃ]

equipaje (m)	bagazh (m)	[bagáʒ]
equipaje (m) de mano	bagazh dore (m)	[bagáʒ dórɛ]
carrito (m) de equipaje	karrocë bagazhesh (f)	[karótsə bagáʒeʃ]

aterrizaje (m)	aterrim (m)	[atɛrím]
pista (f) de aterrizaje	pistë aterrimi (f)	[pístə atɛrími]
aterrizar (vi)	aterroj	[atɛrój]
escaleras (f pl) (de avión)	shkallë avioni (f)	[ʃkáłə avióni]

facturación (f) (check-in)	regjistrim (m)	[rɛɟistrím]
mostrador (m) de facturación	sportel regjistrimi (m)	[sportél rɛɟistrími]
hacer el check-in	regjistrohem	[rɛɟistróhɛm]
tarjeta (f) de embarque	biletë e hyrjes (f)	[bilétə ɛ hýrjɛs]
puerta (f) de embarque	porta e nisjes (f)	[pórta ɛ nísjɛs]

tránsito (m)	transit (m)	[transít]
esperar (aguardar)	pres	[prɛs]
zona (f) de preembarque	salla e nisjes (f)	[sáła ɛ nísjɛs]
despedir (vt)	përcjell	[pərtsjéł]
despedirse (vr)	përshëndetem	[pərʃəndétɛm]

173. La bicicleta. La motocicleta

bicicleta (f)	biçikletë (f)	[bitʃiklétə]
scooter (f)	skuter (m)	[skutér]
motocicleta (f)	motoçikletë (f)	[mototʃiklétə]

ir en bicicleta	shkoj me biçikletë	[ʃkoj mɛ bitʃiklétə]
manillar (m)	timon (m)	[timón]
pedal (m)	pedale (f)	[pɛdálɛ]
frenos (m pl)	frenat (pl)	[frénat]
sillín (m)	shalë (f)	[ʃálə]

bomba (f)	pompë (f)	[pómpə]
portaequipajes (m)	mbajtëse (f)	[mbájtəsɛ]
faro (m)	drita e përparme (f)	[dríta ɛ pərpármɛ]
casco (m)	helmetë (f)	[hɛlmétə]

rueda (f)	rrotë (f)	[rótə]
guardabarros (m)	parafango (f)	[parafáŋo]
llanta (f)	rreth i jashtëm i rrotës (m)	[rɛθ i jáʃtəm i rótəs]
rayo (m)	telat e diskut (m)	[télat ɛ dískut]

Los coches

174. Tipos de carros

coche (m)	makinë (f)	[makínə]
coche (m) deportivo	makinë sportive (f)	[makínə sportívɛ]
limusina (f)	limuzinë (f)	[limuzínə]
todoterreno (m)	fuoristradë (f)	[fuoristɾádə]
cabriolé (m)	kabriolet (m)	[kabriolét]
microbús (m)	furgon (m)	[furgón|
ambulancia (f)	ambulancë (f)	[ambulántsə]
quitanieves (m)	borëpastruese (f)	[borəpastrúɛsɛ]
camión (m)	kamion (m)	[kamióɳ]
camión (m) cisterna	autocisternë (f)	[autotsistérnə]
camioneta (f)	furgon mallrash (m)	[furgór máɫraʃ]
remolcador (m)	kamionçinë (f)	[kamiɔntʃínə]
remolque (m)	rimorkio (f)	[rimórkio]
confortable (adj)	i rehatshëm	[i rɛháʲʃəm]
de ocasión (adj)	i përdorur	[i pərdɔ́rur]

175. Los carros. Taller de pintura

capó (m)	kofano (f)	[kófaɳo]
guardabarros (m)	parafango (f)	[parafáŋo]
techo (m)	çati (f)	[tʃatí]
parabrisas (m)	xham i përparmë (m)	[dʒam i pərpármə]
espejo (m) retrovisor	pasqyrë për prapa (f)	[pascýrə pər prápa]
limpiador (m)	larëse xhami (f)	[lárəsɛ dʒámi]
limpiaparabrisas (m)	fshirëse xhami (f)	[fʃírəsɛ dʒámi]
ventana (f) lateral	xham anësor (m)	[dʒam anəsór]
elevalunas (m)	levë xhami (f)	[lévə dʒámi]
antena (f)	antenë (f)	[antéʲə]
techo (m) solar	çati diellore (f)	[tʃatí diɛɫórɛ]
parachoques (m)	parakolp (m)	[parakólp]
maletero (m)	bagazh (m)	[bagaʒ]
baca (f) (portaequipajes)	bagazh mbi çati (m)	[bagaʒ mbi tʃatí]
puerta (f)	derë (f)	[dérɛ]
tirador (m) de puerta	doreza e derës (m)	[doréza ɛ dérəs]
cerradura (f)	kyç (m)	[kytʃ]
matrícula (f)	targë makine (f)	[tárgə makínɛ]
silenciador (m)	silenciator (m)	[silɛntsiatór]

| tanque (m) de gasolina | serbator (m) | [sɛrbatór] |
| tubo (m) de escape | tub shkarkimi (m) | [tub ʃkarkími] |

acelerador (m)	gaz (m)	[gaz]
pedal (m)	këmbëz (f)	[kémbəz]
pedal (m) de acelerador	pedal i gazit (m)	[pɛdál i gázit]

freno (m)	freni (m)	[fréni]
pedal (m) de freno	pedal i frenave (m)	[pɛdál i frénavɛ]
frenar (vi)	frenoj	[frɛnój]
freno (m) de mano	freni i dorës (m)	[fréni i dórəs]

embrague (m)	friksion (m)	[friksión]
pedal (m) de embrague	pedal i friksionit (m)	[pɛdál i friksiónit]
disco (m) de embrague	disk i friksionit (m)	[dísk i friksiónit]
amortiguador (m)	amortizator (m)	[amortizatór]

rueda (f)	rrotë (f)	[rótə]
rueda (f) de repuesto	gomë rezervë (f)	[gómə rɛzérvə]
neumático (m)	gomë (f)	[gómə]
tapacubo (m)	mbulesë gome (f)	[mbulésə gómɛ]

ruedas (f pl) motrices	rrota makine (f)	[róta makínɛ]
de tracción delantera	me rrotat e përparme	[mɛ rotat ɛ pərpármɛ]
de tracción trasera	me rrotat e pasme	[mɛ rótat ɛ pásmɛ]
de tracción integral	me të gjitha rrotat	[mɛ tə ɟíθa rótat]

caja (f) de cambios	kutia e marsheve (f)	[kutía ɛ márʃɛvɛ]
automático (adj)	automatik	[automatík]
mecánico (adj)	mekanik	[mɛkaník]
palanca (f) de cambios	levë e marshit (f)	[lévə ɛ márʃit]

| faro (m) delantero | dritë e përparme (f) | [drítə ɛ pərpármɛ] |
| faros (m pl) | dritat e përparme (pl) | [drítat ɛ pərpármɛ] |

luz (f) de cruce	dritat e shkurtra (pl)	[drítat ɛ ʃkúrtra]
luz (f) de carretera	dritat e gjata (pl)	[drítat ɛ ɟáta]
luz (f) de freno	dritat e frenave (pl)	[drítat ɛ frénavɛ]

luz (f) de posición	dritat për parkim (pl)	[drítat pər parkím]
luces (f pl) de emergencia	sinjal për urgjencë (m)	[siɲál pər uɾɟéntsə]
luces (f pl) antiniebla	drita mjegulle (pl)	[dríta mjégutɛ]
intermitente (m)	sinjali i kthesës (m)	[siɲáli i kθésəs]
luz (f) de marcha atrás	dritat e prapme (pl)	[drítat ɛ prápmɛ]

176. Los carros. El compartimento de pasajeros

habitáculo (m)	interier (m)	[intɛriér]
de cuero (adj)	prej lëkure	[prɛj ləkúrɛ]
de felpa (adj)	kadife	[kadífɛ]
revestimiento (m)	veshje (f)	[véʃjɛ]

| instrumento (m) | instrument (m) | [instrumént] |
| salpicadero (m) | panel instrumentesh (m) | [panél instruméntɛʃ] |

| velocímetro (m) | matës i shpejtësisë (m) | [mátəs i ʃpɛjtəsísə] |
| aguja (f) | shigjetë (f) | [ʃiɟétə] |

cuentakilómetros (m)	kilometrazh (m)	[kilomɛtráʒ]
indicador (m)	indikator (m)	[indikatór]
nivel (m)	nivel (m)	[nivél]
testigo (m) (~ luminoso)	dritë paralajmëruese (f)	[drítə pɛralajmərúɛsɛ]

volante (m)	timon (m)	[timón]
bocina (f)	bori (f)	[borí]
botón (m)	buton (m)	[butón]
interruptor (m)	çelës drite (m)	[tʃéləs críte]

asiento (m)	karrige (f)	[karígɛ]
respaldo (m)	shpinore (f)	[ʃpinórɛ]
reposacabezas (m)	mbështetësja e kokës (m)	[mbəʃtétəsja ɛ kókəs]
cinturón (m) de seguridad	rrip i sigurimit (m)	[rip i sigurímit]
abrocharse el cinturón	lidh rripin e sigurimit	[lið rípin ɛ sigurímit]
reglaje (m)	rregulloj (m)	[rɛguɫó]

| bolsa (f) de aire (airbag) | jastëk ajri (m) | [jastək ájri] |
| climatizador (m) | kondicioner (m) | [konditsionér] |

radio (f)	radio (f)	[rádio]
reproductor (m) de CD	disk CD (m)	[dísk tɛɛdé]
encender (vt)	ndez	[ndɛz]
antena (f)	antenë (f)	[anténə]
guantera (f)	kroskot (m)	[kroskot]
cenicero (m)	taketuke (f)	[takɛtúkɛ]

177. Los carros. El motor

motor (m)	motor (m)	[motór]
diesel (adj)	me naftë	[mɛ naftə]
a gasolina (adj)	me benzinë	[mɛ bɛnzínə]

volumen (m) del motor	vëllim i motorit (m)	[vətírr i motórit]
potencia (f)	fuqi (f)	[fucí]
caballo (m) de fuerza	kuaj-fuqi (f)	[kúaj-fucí]
pistón (m)	piston (m)	[pistón]
cilindro (m)	cilindër (m)	[tsilíndər]
válvula (f)	valvulë (f)	[valvúlə]

inyector (m)	injektor (m)	[iɲɛktór]
generador (m)	gjenerator (m)	[ɟɛnɛrɔtór]
carburador (m)	karburator (m)	[karburatór]
aceite (m) de motor	vaj i motorit (m)	[vaj i ʼnotórit]

radiador (m)	radiator (m)	[radiɛtór]
liquido (m) refrigerante	antifriz (m)	[antifríz]
ventilador (m)	ventilator (m)	[vɛntilatór]

| batería (f) | bateri (f) | [batɛʼí] |
| estárter (m) | motorino (f) | [motoríno] |

encendido (m)	kuadër ndezës (m)	[kuádər ndézəs]
bujía (f) de ignición	kandelë (f)	[kandélə]
terminal (f)	morseta e baterisë (f)	[morséta ɛ batɛrísə]
terminal (f) positiva	kahu pozitiv (m)	[káhu pózitiv]
terminal (f) negativa	kahu negativ (m)	[káhu négativ]
fusible (m)	siguresë (f)	[sigurésə]
filtro (m) de aire	filtri i ajrit (m)	[fíltri i ájrit]
filtro (m) de aceite	filtri i vajit (m)	[fíltri i vájit]
filtro (m) de combustible	filtri i karburantit (m)	[fíltri i karburántit]

178. Los carros. Los choques. La reparación

accidente (m)	aksident (m)	[aksidént]
accidente (m) de tráfico	aksident rrugor (m)	[aksidént rúgor]
chocar contra ...	përplasem në mur	[pərplásɛm nə mur]
tener un accidente	aksident i rëndë	[aksidént i rəndə]
daño (m)	dëm (m)	[dəm]
intacto (adj)	pa dëmtime	[pa dəmtímɛ]
pana (f)	avari (f)	[avarí]
averiarse (vr)	prishet	[prífɛt]
remolque (m) (cuerda)	kabllo rimorkimi (f)	[kábło rimorkími]
pinchazo (m)	shpim (m)	[ʃpim]
desinflarse (vr)	shpohet	[ʃpóhɛt]
inflar (vt)	fryj	[fryj]
presión (f)	presion (m)	[prɛsión]
verificar (vt)	kontrolloj	[kontrołój]
reparación (f)	riparim (m)	[riparím]
taller (m)	auto servis (m)	[áuto sɛrvís]
parte (f) de repuesto	pjesë këmbimi (f)	[pjésə kəmbími]
parte (f)	pjesë (f)	[pjésə]
perno (m)	bulona (f)	[bulóna]
tornillo (m)	vida (f)	[vída]
tuerca (f)	dado (f)	[dádo]
arandela (f)	rondelë (f)	[rondélə]
rodamiento (m)	kushineta (f)	[kuʃinéta]
tubo (m)	tub (m)	[tub]
junta (f)	rondelë (f)	[rondélə]
hilo (m)	kabllo (f)	[kábło]
gato (m)	krik (m)	[krik]
llave (f) de tuerca	çelës (m)	[tʃéləs]
martillo (m)	çekiç (m)	[tʃɛkítʃ]
bomba (f)	pompë (f)	[pómpə]
destornillador (m)	kaçavidë (f)	[katʃavídə]
extintor (m)	bombolë kundër zjarrit (f)	[bombólə kúndər zjárit]
triángulo (m) de avería	trekëndësh paralajmërues (m)	[trékəndəʃ paralajmərúɛs]

calarse (vr)	fiket	[fíkɛt]
parada (f) (del motor)	fikje (f)	[fíkjɛ]
estar averiado	prishet	[príʃɛt]

recalentarse (vr)	nxehet	[ndzéhɛ:]
estar atascado	bllokohet	[bɫokóhɛt]
congelarse (vr)	ngrihet	[ŋríhɛt]
reventar (vi)	plas tubi	[plas túbi]

presión (f)	presion (m)	[prɛsión]
nivel (m)	nivel (m)	[nivél]
flojo (correa ~a)	i lirshëm	[i lírʃəm]

abolladura (f)	shtypje (f)	[ʃtýpjɛ]
ruido (m) (en el motor)	zhurmë motori (f)	[ʒúrmə motóri]
grieta (f)	çarje (f)	[tʃárjɛ]
rozadura (f)	gërvishtje (f)	[gərvíʃtjɛ]

179. Los carros. La calle

camino (m)	rrugë (f)	[rúgə]
autovía (f)	autostradë (f)	[autost:ádə]
carretera (f)	autostradë (f)	[autost:ádə]
dirección (f)	drejtim (m)	[drɛjtím]
distancia (f)	largësi (f)	[largəsí]

puente (m)	urë (f)	[úrə]
aparcamiento (m)	parking (m)	[parkír]
plaza (f)	shesh (m)	[ʃɛʃ]
intercambiador (m)	kryqëzim rrugësh (m)	[krycəzím rúgəʃ]
túnel (m)	tunel (m)	[tunél]

gasolinera (f)	pikë karburanti (f)	[píkə karburánti]
aparcamiento (m)	parking (m)	[parkíŋ]
surtidor (m)	pompë karburanti (f)	[pómpə karburánti]
taller (m)	auto servis (m)	[áuto sɛrvís]
cargar gasolina	furnizohem me gaz	[furnizóhɛm mɛ gáz]
combustible (m)	karburant (m)	[karburánt]
bidón (m) de gasolina	bidon (m)	[bidón]

asfalto (m)	asfalt (m)	[asfálf]
señalización (f) vial	vijëzime të rrugës (pl)	[vijəzímɛ tə rúgəs]
bordillo (m)	bordurë (f)	[bordurə]
barrera (f) de seguridad	parmakë të sigurisë (pl)	[parmákə tə sigurísə]
cuneta (f)	kanal (m)	[kaná:]
borde (m) de la carretera	shpatull rrugore (f)	[ʃpátuɫ rugórɛ]
farola (f)	shtyllë dritash (f)	[ʃtýɫə dritaʃ]

conducir (vi, vt)	ngas	[ŋas]
girar (~ a la izquierda)	kthej	[kθɛj]
dar la vuelta en U	marr kthesë U	[mar kθésə u]
marcha (f) atrás	marsh prapa (m)	[marʃ prápa]
tocar la bocina	i bie borisë	[i bíɛ borísə]
bocinazo (m)	tyt (m)	[tyt]

atascarse (vr)	ngec në baltë	[ŋɛts nə báltə]
patinar (vi)	xhiroj gomat	[dʒirój gómat]
parar (el motor)	fik	[fik]

velocidad (f)	shpejtësi (f)	[ʃpɛjtəsí]
exceder la velocidad	kaloj minimumin e shpejtësisë	[kalój minimúmin ɛ ʃpɛjtəsísə]
multar (vt)	vë gjobë	[və ɟóbə]
semáforo (m)	semafor (m)	[sɛmafór]
permiso (m) de conducir	patentë shoferi (f)	[paténtə ʃoféri]

paso (m) a nivel	kalim hekurudhor (m)	[kalím hɛkuruðór]
cruce (m)	kryqëzim (m)	[krycəzím]
paso (m) de peatones	kalim për këmbësorë (m)	[kalím pər kəmbəsórə]
curva (f)	kthesë (f)	[kθésə]
zona (f) de peatones	zonë këmbësorësh (f)	[zónə kəmbəsórəʃ]

180. Las señales de tráfico

reglas (f pl) de tránsito	rregullat e trafikut rrugor (pl)	[réguɫat ɛ trafíkut rugór]
señal (m) de tráfico	shenjë trafiku (f)	[ʃéɲə trafíku]
adelantamiento (m)	tejkalim	[tɛjkalím]
curva (f)	kthesë	[kθésə]
vuelta (f) en U	kthesë U	[kθésə u]
rotonda (f)	rrethrrotullim	[rɛθrotuɫím]

prohibido el paso	Ndalohet hyrja	[ndalóhɛt hýrja]
circulación prohibida	Ndalohen automjetet	[ndalóhɛn automjétɛt]
prohibido adelantar	Ndalohet tejkalimi	[ndalóhɛt tɛjkalími]
prohibido aparcar	Ndalohet parkimi	[ndalóhɛt parkími]
prohibido parar	Ndalohet qëndrimi	[ndalóhɛt cəndrími]

curva (f) peligrosa	kthesë e rrezikshme	[kθésə ɛ rɛzíkʃmɛ]
bajada con fuerte pendiente	pjerrësi e fortë	[pjɛrəsí ɛ fórtə]
sentido (m) único	rrugë me një drejtim	[rúgə mɛ ɲə drɛjtím]
paso (m) de peatones	kalim për këmbësorë (m)	[kalím pər kəmbəsórə]
pavimento (m) deslizante	rrugë e rrëshqitshme	[rúgə ɛ rəʃcítʃmɛ]
ceda el paso	HAP UDHËN	[hap úðən]

LA GENTE. ACONTECIMIENTOS DE LA VIDA

Acontecimentos de la vida

181. Los días festivos. Los eventos

fiesta (f)	festë (f)	[féstə]
fiesta (f) nacional	festë kombëtare (f)	[féstə kombətárɛ]
día (m) de fiesta	festë publike (f)	[féstə publíkɛ]
festejar (vt)	festoj	[fɛstój]
evento (m)	ceremoni (f)	[tsɛrɛmoní]
medida (f)	eveniment (m)	[ɛvɛnimént]
banquete (m)	banket (m)	[bankét]
recepción (f)	pritje (f)	[prítjɛ]
festín (m)	aheng (m)	[ahéŋ]
aniversario (m)	përvjetor (m)	[pərvjɛtór]
jubileo (m)	jubile (m)	[jubilé]
celebrar (vt)	festoj	[fɛstój]
Año (m) Nuevo	Viti i Ri (m)	[víti i r]
¡Feliz Año Nuevo!	Gëzuar Vitin e Ri!	[gəzúar vítin ɛ rí!]
Papá Noel (m)	Santa Klaus (m)	[sánta kláus]
Navidad (f)	Krishtlindje (f)	[kriʃtlíndjɛ]
¡Feliz Navidad!	Gëzuar Krishtlindjen!	[gəzúar kriʃtlíndjɛn!]
árbol (m) de Navidad	péma e Krishtlindjes (f)	[pémɛ ɛ kriʃtlíndjɛs]
fuegos (m pl) artificiales	fishekzjarrë (m)	[fiʃɛkzjárə]
boda (f)	dasmë (f)	[dásmə]
novio (m)	dhëndër (m)	[ðǝndər]
novia (f)	nuse (f)	[núsɛ]
invitar (vt)	ftoj	[ftoj]
tarjeta (f) de invitación	ftesë (f)	[ftésə]
invitado (m)	mysafir (m)	[mysafír]
visitar (vt) (a los amigos)	vizitoj	[vizitoj]
recibir a los invitados	takoj të ftuarit	[takó tə ftúarit]
regalo (m)	dhuratë (f)	[ðurátə]
regalar (vt)	dhuroj	[ðurój]
recibir regalos	marr dhurata	[mar ðuráta]
ramo (m) de flores	buqetë (f)	[bucetə]
felicitación (f)	urime (f)	[urímɛ]
felicitar (vt)	përgëzoj	[pərgəzój]
tarjeta (f) de felicitación	kartolinë (f)	[kartɔlínə]

enviar una tarjeta	dërgoj kartolinë	[dərgój kartolínə]
recibir una tarjeta	marr kartolinë	[mar kartolínə]

brindis (m)	dolli (f)	[doɫí]
ofrecer (~ una copa)	qeras	[cɛrás]
champaña (f)	shampanjë (f)	[ʃampáɲə]

divertirse (vr)	kënaqem	[kənácɛm]
diversión (f)	gëzim (m)	[gəzím]
alegría (f) (emoción)	gëzim (m)	[gəzím]

baile (m)	vallëzim (m)	[vaɫəzím]
bailar (vi, vt)	vallëzoj	[vaɫəzój]

vals (m)	vals (m)	[vals]
tango (m)	tango (f)	[táŋo]

182. Los funerales. El entierro

cementerio (m)	varreza (f)	[varéza]
tumba (f)	varr (m)	[var]
cruz (f)	kryq (m)	[kryc]
lápida (f)	gur varri (m)	[gur vári]
verja (f)	gardh (m)	[garð]
capilla (f)	kishëz (m)	[kíʃəz]

muerte (f)	vdekje (f)	[vdékjɛ]
morir (vi)	vdes	[vdɛs]
difunto (m)	i vdekuri (m)	[i vdékuri]
luto (m)	zi (f)	[zi]

enterrar (vt)	varros	[varós]
funeraria (f)	agjenci funeralesh (f)	[aɟɛntsí funɛráɫɛʃ]
entierro (m)	funeral (m)	[funɛrál]

corona (f) funeraria	kurorë (f)	[kurórə]
ataúd (m)	arkivol (m)	[arkivól]
coche (m) fúnebre	makinë funebre (f)	[makínə funébrɛ]
mortaja (f)	qefin (m)	[cɛfín]

cortejo (m) fúnebre	kortezh (m)	[kortéʒ]
urna (f) funeraria	urnë (f)	[úrnə]
crematorio (m)	kremator (m)	[krɛmatór]

necrología (f)	përkujtim (m)	[pərkujtím]
llorar (vi)	qaj	[caj]
sollozar (vi)	qaj me dënesë	[caj mɛ dənésə]

183. La guerra. Los soldados

sección (f)	togë (f)	[tógə]
compañía (f)	kompani (f)	[kompaní]

regimiento (m)	regjiment (m)	[rɛɟiménʃ]
ejército (m)	ushtri (f)	[uʃtrí]
división (f)	divizion (m)	[divizión]

| destacamento (m) | skuadër (f) | [skuádə˙] |
| hueste (f) | armatë (f) | [armátə˙ |

| soldado (m) | ushtar (m) | [uʃtár] |
| oficial (m) | oficer (m) | [ofitsér] |

soldado (m) raso	ushtar (m)	[uʃtár]
sargento (m)	rreshter (m)	[rɛʃtér]
teniente (m)	toger (m)	[togér]
capitán (m)	kapiten (m)	[kapitéɲ]
mayor (m)	major (m)	[majór]
coronel (m)	kolonel (m)	[kolonéɫ]
general (m)	gjeneral (m)	[ɟɛnɛráɫ]

marino (m)	marinar (m)	[marinɛ́r]
capitán (m)	kapiten (m)	[kapitén]
contramaestre (m)	kryemarinar (m)	[kryɛmarinár]

artillero (m)	artiljer (m)	[artiljér]
paracaidista (m)	parashutist (m)	[paraʃutíst]
piloto (m)	pilot (m)	[pilót]
navegador (m)	navigues (m)	[navigʊɛs]
mecánico (m)	mekanik (m)	[mɛkaník]

zapador (m)	xhenier (m)	[dʒɛniér]
paracaidista (m)	parashutist (m)	[paraʃutíst]
explorador (m)	agjent zbulimi (m)	[aɟént zbulími]
francotirador (m)	snajper (m)	[snajpér]

patrulla (f)	patrullë (f)	[patrú+ə]
patrullar (vi, vt)	patrulloj	[patruɫój]
centinela (m)	rojë (f)	[rójə]

| guerrero (m) | luftëtar (m) | [luftətár] |
| patriota (m) | patriot (m) | [patriot] |

| héroe (m) | hero (m) | [hɛró] |
| heroína (f) | heroinë (f) | [hɛroinə] |

| traidor (m) | tradhtar (m) | [traðtár] |
| traicionar (vt) | tradhtoj | [traðtój] |

| desertor (m) | dezertues (m) | [dɛzɛrtúɛs] |
| desertar (vi) | dezertoj | [dɛzɛrtój] |

mercenario (m)	mercenar (m)	[mɛɾtsɛnár]
recluta (m)	rekrut (m)	[rɛkrút]
voluntario (m)	vullnetar (m)	[vuɫnɛtár]

muerto (m)	vdekur (m)	[vdé<ur]
herido (m)	i plagosur (m)	[i plagósur]
prisionero (m)	rob lufte (m)	[rob lúftɛ]

184. La guerra. Las maniobras militares. Unidad 1

guerra (f)	luftë (f)	[lúftə]
estar en guerra	në luftë	[nə lúftə]
guerra (f) civil	luftë civile (f)	[lúftə tsivílɛ]
pérfidamente (adv)	pabesisht	[pabɛsíʃt]
declaración (f) de guerra	shpallje lufte (f)	[ʃpáʈjɛ lúftɛ]
declarar (~ la guerra)	shpall	[ʃpaɫ]
agresión (f)	agresion (m)	[agrɛsión]
atacar (~ a un país)	sulmoj	[sulmój]
invadir (vt)	pushtoj	[puʃtój]
invasor (m)	pushtues (m)	[puʃtúɛs]
conquistador (m)	pushtues (m)	[puʃtúɛs]
defensa (f)	mbrojtje (f)	[mbrójtjɛ]
defender (vt)	mbroj	[mbrój]
defenderse (vr)	mbrohem	[mbróhɛm]
enemigo (m)	armik (m)	[armík]
adversario (m)	kundërshtar (m)	[kundərʃtár]
enemigo (adj)	armike	[armíkɛ]
estrategia (f)	strategji (f)	[stratɛɟí]
táctica (f)	taktikë (f)	[taktíkə]
orden (f)	urdhër (m)	[úrðər]
comando (m)	komandë (f)	[komándə]
ordenar (vt)	urdhëroj	[urðərój]
misión (f)	mision (m)	[misión]
secreto (adj)	sekret	[sɛkrét]
combate (m), batalla (f)	betejë (f)	[bɛtéjə]
combate (m)	luftim (m)	[luftím]
ataque (m)	sulm (m)	[sulm]
asalto (m)	sulm (m)	[sulm]
tomar por asalto	sulmoj	[sulmój]
asedio (m), sitio (m)	nën rrethim (m)	[nən rɛθím]
ofensiva (f)	sulm (m)	[sulm]
tomar la ofensiva	kaloj në sulm	[kalój nə súlm]
retirada (f)	tërheqje (f)	[tərhécjɛ]
retirarse (vr)	tërhiqem	[tərhícɛm]
envolvimiento (m)	rrethim (m)	[rɛθím]
cercar (vt)	rrethoj	[rɛθój]
bombardeo (m)	bombardim (m)	[bombardím]
lanzar una bomba	hedh bombë	[hɛð bómbə]
bombear (vt)	bombardoj	[bombardój]
explosión (f)	shpërthim (m)	[ʃpərθím]
tiro (m), disparo (m)	e shtënë (f)	[ɛ ʃténə]

| disparar (vi) | qëlloj | [cətój] |
| tiroteo (m) | të shtëna (pl) | [tə ʃténa] |

apuntar a ...	vë në shënjestër	[və nə ʃɛɲéstər]
encarar (apuntar)	drejtoj armën	[drɛjtój ɛ́rmən]
alcanzar (el objetivo)	qëlloj	[cətój]

hundir (vt)	fundos	[fundós]
brecha (f) (~ en el casco)	vrimë (f)	[vrímə]
hundirse (vr)	fundoset	[fundósɛt]

frente (m)	front (m)	[front]
evacuación (f)	evakuim (m)	[ɛvakuím]
evacuar (vt)	evakuoj	[ɛvakúj]

trinchera (f)	llogore (f)	[ɫogórɛ]
alambre (m) de púas	tel me gjemba (m)	[tɛl mɛ ˌémba]
barrera (f) (~ antitanque)	pengesë (f)	[pɛɲésə]
torre (f) de vigilancia	kullë vrojtuese (f)	[kúɫə vrojtúɛsɛ]

hospital (m)	spital ushtarak (m)	[spitál uʃtarák]
herir (vt)	plagos	[plagós]
herida (f)	plagë (f)	[plágə]
herido (m)	i plagosur (m)	[i plagósur]
recibir una herida	jam i plagosur	[jam i plagósur]
grave (herida)	rëndë	[rə́ndə]

185. La guerra. Las maniobras militares. Unidad 2

cautiverio (m)	burgosje (f)	[burgósjɛ]
capturar (vt)	zë rob	[zə rob]
estar en cautiverio	mbahem rob	[mbáhɛm rób]
caer prisionero	zihem rob	[zíhɛm rob]

campo (m) de concentración	kamp përqendrimi (m)	[kamp pərcɛndrími]
prisionero (m)	rob lufte (m)	[rob lúftɛ]
escapar (de cautiverio)	arratisem	[aratísɛm]

traicionar (vt)	tradhtoj	[traðtój]
traidor (m)	tradhtar (m)	[traðtár]
traición (f)	tradhti (f)	[traðt]

| fusilar (vt) | ekzekutoj | [ɛkzɛ‹utój] |
| fusilamiento (m) | ekzekutim (m) | [ɛkzɛ‹utím] |

equipo (m) (uniforme, etc.)	armatim (m)	[armatím]
hombrera (f)	spaletë (f)	[spalə́tə]
máscara (f) antigás	maskë antigaz (f)	[máskə antigáz]

radio transmisor (m)	radiomarrëse (f)	[radiomárəsɛ]
cifra (f) (código)	kod sekret (m)	[kód sɛkrét]
conspiración (f)	komplot (m)	[komˈplót]
contraseña (f)	fjalëkalim (m)	[fjalɛkalím]
mina (f) terrestre	minë tokësore (f)	[mínə tokəsórɛ]

minar (poner minas)	minoj	[minój]
campo (m) minado	fushë e minuar (f)	[fúʃə ɛ minúar]

alarma (f) aérea	alarm sulmi ajror (m)	[alárm súlmi ajrór]
alarma (f)	alarm (m)	[alárm]
señal (f)	sinjal (m)	[siɲál]
cohete (m) de señales	sinjalizues (m)	[siɲalizúɛs]

estado (m) mayor	selia qendrore (f)	[sɛlía cɛndrórɛ]
reconocimiento (m)	zbulim (m)	[zbulím]
situación (f)	gjendje (f)	[ɟéndjɛ]
informe (m)	raport (m)	[rapórt]
emboscada (f)	pritë (f)	[prítə]
refuerzo (m)	përforcim (m)	[pərfortsím]

blanco (m)	shënjestër (f)	[ʃəɲéstər]
terreno (m) de prueba	poligon (m)	[poligón]
maniobras (f pl)	manovra ushtarake (f)	[manóvra uʃtarákɛ]

pánico (m)	panik (m)	[paník]
devastación (f)	shkatërrim (m)	[ʃkatərím]
destrucciones (f pl)	gërmadha (pl)	[gərmáða]
destruir (vt)	shkatërroj	[ʃkatərój]

sobrevivir (vi, vt)	mbijetoj	[mbijɛtój]
desarmar (vt)	çarmatos	[tʃarmatós]
manejar (un arma)	manovroj	[manovrój]

¡Firmes!	Gatitu!	[gatitú!]
¡Descanso!	Qetësohu!	[cɛtəsóhu!]

hazaña (f)	akt heroik (m)	[ákt hɛroík]
juramento (m)	betim (m)	[bɛtím]
jurar (vt)	betohem	[bɛtóhɛm]

condecoración (f)	dekoratë (f)	[dɛkorátə]
condecorar (vt)	dekoroj	[dɛkorój]
medalla (f)	medalje (f)	[mɛdáljɛ]
orden (f) (~ de Merito)	urdhër medalje (m)	[úrðər mɛdáljɛ]

victoria (f)	fitore (f)	[fitórɛ]
derrota (f)	humbje (f)	[húmbjɛ]
armisticio (m)	armëpushim (m)	[arməpuʃím]

bandera (f)	flamur beteje (m)	[flamúr bɛtéjɛ]
gloria (f)	famë (f)	[fámə]
desfile (m) militar	paradë (f)	[parádə]
marchar (desfilar)	marshoj	[marʃój]

186. Las armas

arma (f)	armë (f)	[ármə]
arma (f) de fuego	armë zjarri (f)	[ármə zjári]
arma (f) blanca	armë të ftohta (pl)	[ármə tə ftóhta]

arma (f) química	armë kimike (f)	[árma kimíkɛ]
nuclear (adj)	nukleare	[nuklɛárɛ]
arma (f) nuclear	armë nukleare (f)	[árma nɹklɛárɛ]
bomba (f)	bombë (f)	[bómba]
bomba (f) atómica	bombë atomike (f)	[bómba atomíkɛ]
pistola (f)	pistoletë (f)	[pistoléta]
fusil (m)	pushkë (f)	[púʃka]
metralleta (f)	mitraloz (m)	[mitralóz]
ametralladora (f)	mitraloz (m)	[mitralóz]
boca (f)	grykë (f)	[grýka]
cañón (m) (del arma)	tytë pushke (f)	[týta púʃkɛ]
calibre (m)	kalibër (m)	[kalíbar]
gatillo (m)	këmbëz (f)	[kémbɛz]
alza (f)	shënjestër (f)	[ʃaɲéstar]
cargador (m)	karikator (m)	[karika:ór]
culata (f)	qytë (f)	[cýta]
granada (f) de mano	bombë dore (f)	[bómba dórɛ]
explosivo (m)	eksploziv (m)	[ɛksplozív]
bala (f)	plumb (m)	[plúmt]
cartucho (m)	fishek (m)	[fiʃék]
carga (f)	karikim (m)	[karikím]
pertrechos (m pl)	municion (m)	[munitsión]
bombardero (m)	avion bombardues (m)	[avión bombardúɛs]
avión (m) de caza	avion luftarak (m)	[avión luftarák]
helicóptero (m)	helikopter (m)	[hɛlikcptér]
antiaéreo (m)	armë anti-ajrore (f)	[árma ánti-ajrórɛ]
tanque (m)	tank (m)	[tank]
cañón (m) (de un tanque)	top tanku (m)	[top tánku]
artillería (f)	artileri (f)	[artilɛ·í]
cañón (m) (arma)	top (m)	[top]
dirigir (un misil, etc.)	vë në shënjestër	[va na ʃaɲéstar]
obús (m)	mortajë (f)	[mortája]
bomba (f) de mortero	bombë mortaje (f)	[bómɔa mortájɛ]
mortero (m)	mortajë (f)	[mortája]
trozo (m) de obús	copëz mortaje (f)	[tsópaz mortájɛ]
submarino (m)	nëndetëse (f)	[nandétasɛ]
torpedo (m)	silurë (f)	[silúra]
misil (m)	raketë (f)	[rakéta]
cargar (pistola)	mbush	[mbúʃ]
tirar (vi)	qëlloj	[catój]
apuntar a ...	drejtoj	[drɛjtój]
bayoneta (f)	bajonetë (f)	[bajcnéta]
espada (f) (duelo a ~)	shpatë (f)	[ʃpáta]
sable (m)	shpatë (f)	[ʃpáta]

167

lanza (f)	shtizë (f)	[ʃtízə]
arco (m)	hark (m)	[hárk]
flecha (f)	shigjetë (f)	[ʃiɟétə]
mosquete (m)	musketë (f)	[muskétə]
ballesta (f)	pushkë-shigjetë (f)	[púʃkə-ʃiɟétə]

187. Los pueblos antiguos

primitivo (adj)	prehistorik	[prɛhistorík]
prehistórico (adj)	prehistorike	[prɛhistoríkɛ]
antiguo (adj)	i lashtë	[i láʃtə]

Edad (f) de Piedra	Epoka e Gurit (f)	[ɛpóka ɛ gúrit]
Edad (f) de Bronce	Epoka e Bronzit (f)	[ɛpóka ɛ brónzit]
Edad (f) de Hielo	Epoka e akullit (f)	[ɛpóka ɛ ákuⱡit]

tribu (f)	klan (m)	[klan]
caníbal (m)	kanibal (m)	[kanibál]
cazador (m)	gjahtar (m)	[ɟahtár]
cazar (vi, vt)	dal për gjah	[dál pər ɟáh]
mamut (m)	mamut (m)	[mamút]

caverna (f)	shpellë (f)	[ʃpéⱡə]
fuego (m)	zjarr (m)	[zjar]
hoguera (f)	zjarr kampingu (m)	[zjar kampíŋu]
pintura (f) rupestre	vizatim në shpella (m)	[vizatím nə ʃpéⱡa]

útil (m)	vegël (f)	[végəl]
lanza (f)	shtizë (f)	[ʃtízə]
hacha (f) de piedra	sëpatë guri (f)	[səpátə gúri]

estar en guerra	në luftë	[nə lúftə]
domesticar (vt)	zbus	[zbus]

ídolo (m)	idhull (m)	[íðuⱡ]
adorar (vt)	adhuroj	[aðurój]

superstición (f)	besëtytni (f)	[bɛsətytní]
rito (m)	rit (m)	[rit]

evolución (f)	evolucion (m)	[ɛvolutsión]
desarrollo (m)	zhvillim (m)	[ʒviⱡím]

desaparición (f)	zhdukje (f)	[ʒdúkjɛ]
adaptarse (vr)	përshtatem	[pərʃtátɛm]

arqueología (f)	arkeologji (f)	[arkɛoloɟí]
arqueólogo (m)	arkeolog (m)	[arkɛológ]
arqueológico (adj)	arkeologjike	[arkɛoloɟíkɛ]

sitio (m) de excavación	vendi i gërmimeve (m)	[véndi i gərmímɛvɛ]
excavaciones (f pl)	gërmime (pl)	[gərmímɛ]
hallazgo (m)	zbulim (m)	[zbulím]
fragmento (m)	fragment (m)	[fragmént]

188. La edad media

pueblo (m)	popull (f)	[pópuɬ]
pueblos (m pl)	popuj (pl)	[pópuj]
tribu (f)	klan (m)	[klan]
tribus (f pl)	klane (pl)	[klánɛ]

bárbaros (m pl)	barbarë (pl)	[barbárɛ]
galos (m pl)	Galët (pl)	[gálət]
godos (m pl)	Gotët (pl)	[gótət]
eslavos (m pl)	Sllavët (pl)	[sɬávət]
vikingos (m pl)	Vikingët (pl)	[vikíŋət]

romanos (m pl)	Romakët (pl)	[romákət]
romano (adj)	romak	[romák]

bizantinos (m pl)	Bizantinët (pl)	[bizantínət]
Bizancio (m)	Bizanti (m)	[bizánti]
bizantino (adj)	bizantine	[bizantínɛ]

emperador (m)	perandor (m)	[pɛrancór]
jefe (m)	prijës (m)	[príjəs]
poderoso (adj)	i fuqishëm	[i fucíʃɛm]
rey (m)	mbret (m)	[mbrét]
gobernador (m)	sundimtar (m)	[sundimtár]

caballero (m)	kalorës (m)	[kalórəs]
señor (m) feudal	lord feudal (m)	[lórd fɛudál]
feudal (adj)	feudal	[fɛudál]
vasallo (m)	vasal (m)	[vasál]

duque (m)	dukë (f)	[dúkə]
conde (m)	kont (m)	[kont]
barón (m)	baron (m)	[barón]
obispo (m)	peshkop (m)	[pɛʃkóɔ]

armadura (f)	parzmore (f)	[parzmórɛ]
escudo (m)	mburojë (f)	[mburɔ́jə]
espada (f) (danza de ~s)	shpatë (f)	[ʃpátə]
visera (f)	ballnik (m)	[baɬník]
cota (f) de malla	thurak (m)	[θurák]

cruzada (f)	Kryqëzata (f)	[krycɛzáta]
cruzado (m)	kryqtar (m)	[kryctár]

territorio (m)	territor (m)	[tɛritór]
atacar (~ a un país)	sulmoj	[sulmój]
conquistar (vt)	mposht	[mpóʃt]
ocupar (invadir)	pushtoj	[puʃtój]

asedio (m), sitio (m)	nën rrethim (m)	[nən rɛθím]
sitiado (adj)	i rrethuar	[i rɛθɹar]
asediar, sitiar (vt)	rrethoj	[rɛθój]
inquisición (f)	inkuizicion (m)	[inku zitsión]
inquisidor (m)	inkuizitor (m)	[inkuizitór]

tortura (f)	torturë (f)	[tortúrə]
cruel (adj)	mizor	[mizór]
hereje (m)	heretik (m)	[hɛrɛtík]
herejía (f)	herezi (f)	[hɛrɛzí]

navegación (f) marítima	lundrim (m)	[lundrím]
pirata (m)	pirat (m)	[pirát]
piratería (f)	pirateri (f)	[piratɛrí]
abordaje (m)	sulm me anije (m)	[sulm mɛ aníjɛ]
botín (m)	plaçkë (f)	[plátʃkə]
tesoros (m pl)	thesare (pl)	[θɛsárɛ]

descubrimiento (m)	zbulim (m)	[zbulím]
descubrir (tierras nuevas)	zbuloj	[zbulój]
expedición (f)	ekspeditë (f)	[ɛkspɛdítə]

mosquetero (m)	musketar (m)	[muskɛtár]
cardenal (m)	kardinal (m)	[kardinál]
heráldica (f)	heraldikë (f)	[hɛraldíkə]
heráldico (adj)	heraldik	[hɛraldík]

189. El líder. El jefe. Las autoridades

rey (m)	mbret (m)	[mbrét]
reina (f)	mbretëreshë (f)	[mbrɛtəréʃə]
real (adj)	mbretërore	[mbrɛtərórɛ]
reino (m)	mbretëri (f)	[mbrɛtərí]

príncipe (m)	princ (m)	[prints]
princesa (f)	princeshë (f)	[printséʃə]

presidente (m)	president (m)	[prɛsidént]
vicepresidente (m)	zëvendës president (m)	[zəvéndəs prɛsidént]
senador (m)	senator (m)	[sɛnatór]

monarca (m)	monark (m)	[monárk]
gobernador (m)	sundimtar (m)	[sundimtár]
dictador (m)	diktator (m)	[diktatór]
tirano (m)	tiran (m)	[tirán]
magnate (m)	manjat (m)	[maɲát]

director (m)	drejtor (m)	[drɛjtór]
jefe (m)	udhëheqës (m)	[uðəhécəs]
gerente (m)	drejtor (m)	[drɛjtór]
amo (m)	bos (m)	[bos]
dueño (m)	pronar (m)	[pronár]

jefe (m), líder (m)	lider (m)	[lidér]
jefe (m) (~ de delegación)	kryetar (m)	[kryɛtár]
autoridades (f pl)	autoritetet (pl)	[autoritétɛt]
superiores (m pl)	eprorët (pl)	[ɛprórət]

gobernador (m)	guvernator (m)	[guvɛrnatór]
cónsul (m)	konsull (m)	[kónsuɫ]

diplomático (m)	diplomat (m)	[diplomát]
alcalde (m)	kryetar komune (m)	[kryɛtár komúnɛ]
sheriff (m)	sherif (m)	[ʃɛríf]

emperador (m)	perandor (m)	[pɛrandór]
zar (m)	car (m)	[tsár]
faraón (m)	faraon (m)	[faraón]
jan (m), kan (m)	khan (m)	[khán]

190. La calle. El camino. Las direcciones

| camino (m) | rrugë (f) | [rúgə] |
| vía (f) | drejtim (m) | [drɛjtím] |

carretera (f)	autostradë (f)	[autostrádə]
autovía (f)	autostradë (f)	[autostrádə]
camino (m) nacional	rrugë nacionale (f)	[rúgə natsionálɛ]

| camino (m) principal | rrugë kryesore (f) | [rúgə kryɛsórɛ] |
| camino (m) de tierra | rrugë fushe (f) | [rúgə fúʃɛ] |

| sendero (m) | shteg (m) | [ʃtɛg] |
| senda (f) | shteg (m) | [ʃtɛg] |

¿Dónde?	Ku?	[ku?]
¿A dónde?	Për ku?	[pər ku?]
¿De dónde?	Nga ku?	[ŋa kuʔ]

| dirección (f) | drejtim (m) | [drɛjtím] |
| mostrar (~ el camino) | tregoj | [trɛgój] |

a la izquierda (girar ~)	në të majtë	[nə tə májtə]
a la derecha (girar)	në të djathtë	[nə tə djáθtə]
todo recto (adv)	drejt	[dréjt]
atrás (adv)	pas	[pas]

curva (f)	kthesë (f)	[kθésɛ]
girar (~ a la izquierda)	kthej	[kθɛj]
dar la vuelta en U	marr kthesë U	[mar kθésə u]

| divisarse (vr) | të dukshme | [tə dúkʃmɛ] |
| aparecer (vi) | shfaq | [ʃfac] |

alto (m)	ndalesë (f)	[ndalésə]
descansar (vi)	pushoj	[puʃój]
reposo (m)	pushim (m)	[puʃím]

perderse (vr)	humb rrugën	[húmb rúgən]
llevar a ... (el camino)	të çon	[tə tʃon]
llegar a ...	dal	[dal]
tramo (m) (~ del camino)	copëz (m)	[tsópəz]

| asfalto (m) | asfalt (m) | [asfált] |
| bordillo (m) | bordurë (f) | [bordúrə] |

cuneta (f)	kanal (m)	[kanál]
pozo (m) de alcantarillado	pusetë (f)	[pusétə]
arcén (m)	shpatull rrugore (f)	[ʃpátuɫ rugórɛ]
bache (m)	gropë (f)	[grópə]

ir (a pie)	ec në këmbë	[ɛts nə kémbə]
adelantar (vt)	tejkaloj	[tɛjkalój]

paso (m)	hap (m)	[hap]
a pie	në këmbë	[nə kémbə]

bloquear (vt)	bllokoj	[bɫokój]
barrera (f) (~ automática)	postbllok (m)	[postbɫók]
callejón (m) sin salida	rrugë pa krye (f)	[rúgə pa krýɛ]

191. Violar la ley. Los criminales. Unidad 1

bandido (m)	bandit (m)	[bandít]
crimen (m)	krim (m)	[krim]
criminal (m)	kriminel (m)	[kriminél]

ladrón (m)	hajdut (m)	[hajdút]
robar (vt)	vjedh	[vjɛð]
robo (m)	vjedhje (f)	[vjéðjɛ]

secuestrar (vt)	rrëmbej	[rəmbéj]
secuestro (m)	rrëmbim (m)	[rəmbím]
secuestrador (m)	rrëmbyes (m)	[rəmbýɛs]

rescate (m)	shpërblesë (f)	[ʃpərblésə]
exigir un rescate	kërkoj shpërblesë	[kərkój ʃpərblésə]

robar (vt)	grabis	[grabís]
robo (m)	grabitje (f)	[grabítjɛ]
atracador (m)	grabitës (m)	[grabítəs]

extorsionar (vt)	zhvat	[ʒvat]
extorsionista (m)	zhvatës (m)	[ʒvátəs]
extorsión (f)	zhvatje (f)	[ʒvátjɛ]

matar, asesinar (vt)	vras	[vras]
asesinato (m)	vrasje (f)	[vrásjɛ]
asesino (m)	vrasës (m)	[vrásəs]

tiro (m), disparo (m)	e shtënë (f)	[ɛ ʃténə]
disparar (vi)	qëlloj	[cəɫój]
matar (a tiros)	qëlloj për vdekje	[cəɫój pər vdékjɛ]
tirar (vi)	qëlloj	[cəɫój]
tiroteo (m)	të shtëna (pl)	[tə ʃténa]

incidente (m)	incident (m)	[intsidént]
pelea (f)	përleshje (f)	[pərléʃjɛ]
¡Socorro!	Ndihmë!	[ndíhmə!]
víctima (f)	viktimë (f)	[viktímə]

perjudicar (vt)	dëmtoj	[dəmtój]
daño (m)	dëm (m)	[dəm]
cadáver (m)	kufomë (f)	[kufómɛ]
grave (un delito ~)	i rëndë	[i rɛ́ndə]

atacar (vt)	sulmoj	[sulmój]
pegar (golpear)	rrah	[rah]
apporear (vt)	sakatoj	[sakatɔ́]
quitar (robar)	rrëmbej	[rəmbéj]
acuchillar (vt)	ther për vdekje	[θɛr pəɾ vdékjɛ]
mutilar (vt)	gjymtoj	[jymtój]
herir (vt)	plagos	[plagós]

chantaje (m)	shantazh (m)	[ʃantáʒ]
hacer chantaje	bëj shantazh	[bəj ʃaɾtáʒ]
chantajista (m)	shantazhist (m)	[ʃantaʒ st]

extorsión (f)	rrjet mashtrimi (m)	[rjét maʃtrími]
extorsionador (m)	mashtrues (m)	[maʃtrúɛs]
gángster (m)	gangster (m)	[gaŋsteɾ]
mafia (f)	mafia (f)	[máfia]

carterista (m)	vjedhës xhepash (m)	[vjéðəs dʒépaʃ]
ladrón (m) de viviendas	hajdut (m)	[hajdúˠ]
contrabandismo (m)	trafikim (m)	[trafikím]
contrabandista (m)	trafikues (m)	[trafikúɛs]

falsificación (f)	falsifikim (m)	[falsifikím]
falsificar (vt)	falsifikoj	[falsifikój]
falso (falsificado)	fals	[fáls]

192. Violar la ley. Los criminales. Unidad 2

violación (f)	përdhunim (m)	[pərðuním]
violar (vt)	përdhunoj	[pərðunój]
violador (m)	përdhunues (m)	[pərðunúɛs]
maníaco (m)	maniak (m)	[maniák]

prostituta (f)	prostitutë (f)	[prosťítútə]
prostitución (f)	prostitucion (m)	[prosťítutsión]
chulo (m), proxeneta (m)	tutor (m)	[tutór]

| drogadicto (m) | narkoman (m) | [narkɔmán] |
| narcotraficante (m) | trafikant droge (m) | [trafikánt drógɛ] |

hacer explotar	shpërthej	[ʃpərθéj]
explosión (f)	shpërthim (m)	[ʃpərθím]
incendiar (vt)	vë flakën	[və flákən]
incendiario (m)	zjarrvënës (m)	[zjarvénəs]

terrorismo (m)	terrorizëm (m)	[tɛrorízəm]
terrorista (m)	terrorist (m)	[tɛroríst]
rehén (m)	peng (m)	[pɛŋ]
estafar (vt)	mashtroj	[maʃˠrój]

| estafa (f) | mashtrim (m) | [maʃtrím] |
| estafador (m) | mashtrues (m) | [maʃtrúɛs] |

sobornar (vt)	jap ryshfet	[jap ryʃfét]
soborno (m) (delito)	ryshfet (m)	[ryʃfét]
soborno (m) (dinero, etc.)	ryshfet (m)	[ryʃfét]

veneno (m)	helm (m)	[hɛlm]
envenenar (vt)	helmoj	[hɛlmój]
envenenarse (vr)	helmohem	[hɛlmóhɛm]

| suicidio (m) | vetëvrasje (f) | [vɛtəvrásjɛ] |
| suicida (m, f) | vetëvrasës (m) | [vɛtəvrásəs] |

amenazar (vt)	kërcënoj	[kərtsənój]
amenaza (f)	kërcënim (m)	[kərtsəním]
atentar (vi)	tentoj	[tɛntój]
atentado (m)	atentat (m)	[atɛntát]

| robar (un coche) | vjedh | [vjɛð] |
| secuestrar (un avión) | rrëmbej | [rəmbéj] |

| venganza (f) | hakmarrje (f) | [hakmárjɛ] |
| vengar (vt) | hakmerrem | [hakmérɛm] |

torturar (vt)	torturoj	[torturój]
tortura (f)	torturë (f)	[tortúrə]
atormentar (vt)	torturoj	[torturój]

pirata (m)	pirat (m)	[pirát]
gamberro (m)	huligan (m)	[huligán]
armado (adj)	i armatosur	[i armatósur]
violencia (f)	dhunë (f)	[ðúnə]
ilegal (adj)	ilegal	[ilɛgál]

| espionaje (m) | spiunazh (m) | [spiunáʒ] |
| espiar (vi, vt) | spiunoj | [spiunój] |

193. La policía. La ley. Unidad 1

| justicia (f) | drejtësi (f) | [drɛjtəsí] |
| tribunal (m) | gjykatë (f) | [ɟykátə] |

juez (m)	gjykatës (m)	[ɟykátəs]
jurados (m pl)	anëtar jurie (m)	[anətár juríɛ]
tribunal (m) de jurados	gjyq me juri (m)	[ɟýc mɛ jurí]
juzgar (vt)	gjykoj	[ɟykój]

abogado (m)	avokat (m)	[avokát]
acusado (m)	pandehur (m)	[pandéhur]
banquillo (m) de los acusados	bankë e të pandehurit (f)	[bánkə ɛ tə pandéhurit]

| inculpación (f) | akuzë (f) | [akúzə] |
| inculpado (m) | i akuzuar (m) | [i akuzúar] |

sentencia (f)	vendim (m)	[vɛndím]
sentenciar (vt)	dënoj	[dənój]
culpable (m)	fajtor (m)	[fajtór]
castigar (vt)	ndëshkoj	[ndəʃkój]
castigo (m)	ndëshkim (m)	[ndəʃkírr]
multa (f)	gjobë (f)	[ɟóbə]
cadena (f) perpetua	burgim i përjetshëm (m)	[burgím i pərjétʃəm]
pena (f) de muerte	dënim me vdekje (m)	[dəním mɛ vdékjɛ]
silla (f) eléctrica	karrige elektrike (f)	[karígɛ ɛlɛktríkɛ]
horca (f)	varje (f)	[várjɛ]
ejecutar (vt)	ekzekutoj	[ɛkzɛkuːój]
ejecución (f)	ekzekutim (m)	[ɛkzɛkuːím]
prisión (f)	burg (m)	[búrg]
celda (f)	qeli (f)	[cɛlí]
escolta (f)	eskortë (f)	[ɛskórtə]
guardia (m) de prisiones	gardian burgu (m)	[gardián búrgu]
prisionero (m)	i burgosur (m)	[i burgósur]
esposas (f pl)	pranga (f)	[práŋa]
esposar (vt)	vë prangat	[və práŋat]
escape (m)	arratisje nga burgu (f)	[aratísjɛ ŋa búrgu]
escaparse (vr)	arratisem	[aratísɛm]
desaparecer (vi)	zhduk	[ʒduk]
liberar (vt)	dal nga burgu	[dál ŋa búrgu]
amnistía (f)	amnisti (f)	[amnistí]
policía (f) (~ nacional)	polici (f)	[politsí]
policía (m)	polic (m)	[políts]
comisaría (f) de policía	komisariat (m)	[komisariát]
porra (f)	shkop gome (m)	[ʃkop çómɛ]
megáfono (m)	altoparlant (m)	[altoparlánt]
coche (m) patrulla	makinë patrullimi (f)	[makínə patruɫími]
sirena (f)	alarm (m)	[alárrr]
poner la sirena	ndez sirenën	[ndɛz sirénən]
canto (m) de la sirena	zhurmë alarmi (f)	[ʒúrmə alármi]
escena (f) del delito	skenë krimi (f)	[skénə krími]
testigo (m)	dëshmitar (m)	[dəʃm tár]
libertad (f)	liri (f)	[lirí]
cómplice (m)	bashkëpunëtor (m)	[baʃkəpunətór]
escapar de ...	zhdukem	[ʒdúkɛm]
rastro (m)	gjurmë (f)	[ɟúrmə]

194. La policía. La ley. Unidad 2

búsqueda (f)	kërkim (m)	[kərkím]
buscar (~ el criminal)	kërkoj ...	[kərkój ...]

sospecha (f)	dyshim (m)	[dyʃím]
sospechoso (adj)	i dyshuar	[i dyʃúar]
parar (~ en la calle)	ndaloj	[ndalój]
retener (vt)	mbaj të ndaluar	[mbáj tə ndalúar]

causa (f) (~ penal)	padi (f)	[padí]
investigación (f)	hetim (m)	[hɛtím]
detective (m)	detektiv (m)	[dɛtɛktív]
investigador (m)	hetues (m)	[hɛtúɛs]
versión (f)	hipotezë (f)	[hipotézə]

motivo (m)	motiv (m)	[motív]
interrogatorio (m)	marrje në pyetje (f)	[márjɛ nə pýɛtjɛ]
interrogar (vt)	marr në pyetje	[mar nə pýɛtjɛ]
interrogar (al testigo)	pyes	[pýɛs]
control (m) (de vehículos, etc.)	verifikim (m)	[vɛrifikím]

redada (f)	kontroll në grup (m)	[kontróɫ nə grúp]
registro (m) (~ de la casa)	bastisje (f)	[bastísjɛ]
persecución (f)	ndjekje (f)	[ndjékjɛ]
perseguir (vt)	ndjek	[ndjék]
rastrear (~ al criminal)	ndjek	[ndjék]

arresto (m)	arrestim (m)	[arɛstím]
arrestar (vt)	arrestoj	[arɛstój]
capturar (vt)	kap	[kap]
captura (f)	kapje (f)	[kápjɛ]

documento (m)	dokument (m)	[dokumént]
prueba (f)	provë (f)	[próvə]
probar (vt)	dëshmoj	[dəʃmój]
huella (f) (pisada)	gjurmë (f)	[ɟúrmə]
huellas (f pl) digitales	shenja gishtash (pl)	[ʃéɲa gíʃtaʃ]
elemento (m) de prueba	provë (f)	[próvə]

coartada (f)	alibi (f)	[alibí]
inocente (no culpable)	i pafajshëm	[i pafájʃəm]
injusticia (f)	padrejtësi (f)	[padrɛjtəsí]
injusto (adj)	i padrejtë	[i padréjtə]

criminal (adj)	kriminale	[kriminálɛ]
confiscar (vt)	konfiskoj	[konfiskój]
narcótico (f)	drogë (f)	[drógə]
arma (f)	armë (f)	[ármə]
desarmar (vt)	çarmatos	[tʃarmatós]
ordenar (vt)	urdhëroj	[urðərój]
desaparecer (vi)	zhduk	[ʒduk]

ley (f)	ligj (m)	[liɟ]
legal (adj)	ligjor	[liɟór]
ilegal (adj)	i paligjshëm	[i palíɟʃəm]

responsabilidad (f)	përgjegjësi (f)	[pərɟɛɟəsí]
responsable (adj)	përgjegjës	[pərɟéɟəs]

LA NATURALEZA

La tierra. Unidad 1

195. El espacio

cosmos (m)	hapësirë (f)	[hapəsírə]
espacial, cósmico (adj)	hapësinor	[hapəsinór]
espacio (m) cósmico	kozmos (m)	[kozmós]
mundo (m)	botë (f)	[bótə]
universo (m)	univers	[univérs]
galaxia (f)	galaksi (f)	[galaks]
estrella (f)	yll (m)	[yɫ]
constelación (f)	yllësi (f)	[yɫəsí]
planeta (m)	planet (m)	[planét]
satélite (m)	satelit (m)	[satɛlít]
meteorito (m)	meteor (m)	[mɛtɛór]
cometa (f)	kometë (f)	[kométə]
asteroide (m)	asteroid (m)	[astɛroíd]
órbita (f)	orbitë (f)	[orbítə]
girar (vi)	rrotullohet	[rotuɫóhɛt]
atmósfera (f)	atmosferë (f)	[atmosférə]
Sol (m)	Dielli (m)	[diéɫi]
Sistema (m) Solar	sistemi diellor (m)	[sistémi diɛɫór]
eclipse (m) de Sol	eklips diellor (m)	[ɛklíps diɛɫór]
Tierra (f)	Toka (f)	[tóka]
Luna (f)	Hëna (f)	[hə́na]
Marte (m)	Marsi (m)	[mársi]
Venus (f)	Venera (f)	[vɛnéra]
Júpiter (m)	Jupiteri (m)	[jupitéri]
Saturno (m)	Saturni (m)	[satúrni]
Mercurio (m)	Merkuri (m)	[mɛrkúri]
Urano (m)	Urani (m)	[uráni]
Neptuno (m)	Neptuni (m)	[nɛptúni]
Plutón (m)	Pluto (f)	[plútc]
la Vía Láctea	Rruga e Qumështit (f)	[rúga ɛ cúməʃtit]
la Osa Mayor	Arusha e Madhe (f)	[arúʃa ɛ máðɛ]
la Estrella Polar	ylli i Veriut (m)	[ýɫi i vériut]
marciano (m)	Marsian (m)	[marsián]
extraterrestre (m)	jashtëtokësor (m)	[jaʃtətokəsór]

| planetícola (m) | alien (m) | [alién] |
| platillo (m) volante | disk fluturues (m) | [dísk fluturúɛs] |

nave (f) espacial	anije kozmike (f)	[aníjɛ kozmíkɛ]
estación (f) orbital	stacion kozmik (m)	[statsión kozmík]
despegue (m)	ngritje (f)	[ŋrítjɛ]

motor (m)	motor (m)	[motór]
tobera (f)	dizë (f)	[dízə]
combustible (m)	karburant (m)	[karburánt]

carlinga (f)	kabinë pilotimi (f)	[kabínə pilotími]
antena (f)	antenë (f)	[anténə]
ventana (f)	dritare anësore (f)	[dritárɛ anəsórɛ]
batería (f) solar	panel solar (m)	[panél solár]
escafandra (f)	veshje astronauti (f)	[véʃjɛ astronáuti]

| ingravidez (f) | mungesë graviteti (f) | [muŋésə gravitéti] |
| oxígeno (m) | oksigjen (m) | [oksiɟén] |

| atraque (m) | ndërlidhje në hapësirë (f) | [ndərlíðjɛ nə hapəsírə] |
| realizar el atraque | stacionohem | [statsionóhɛm] |

observatorio (m)	observator (m)	[obsɛrvatór]
telescopio (m)	teleskop (m)	[tɛlɛskóp]
observar (vt)	vëzhgoj	[vəʒgój]
explorar (~ el universo)	eksploroj	[ɛksplorój]

196. La tierra

Tierra (f)	Toka (f)	[tóka]
globo (m) terrestre	globi (f)	[glóbi]
planeta (m)	planet (m)	[planét]

atmósfera (f)	atmosferë (f)	[atmosférə]
geografía (f)	gjeografi (f)	[ɟɛografí]
naturaleza (f)	natyrë (f)	[natýrə]

globo (m) terráqueo	glob (m)	[glob]
mapa (m)	hartë (f)	[hártə]
atlas (m)	atlas (m)	[atlás]

| Europa (f) | Evropa (f) | [ɛvrópa] |
| Asia (f) | Azia (f) | [azía] |

| África (f) | Afrika (f) | [afríka] |
| Australia (f) | Australia (f) | [australía] |

América (f)	Amerika (f)	[amɛríka]
América (f) del Norte	Amerika Veriore (f)	[amɛríka vɛriórɛ]
América (f) del Sur	Amerika Jugore (f)	[amɛríka jugórɛ]

| Antártida (f) | Antarktika (f) | [antarktíka] |
| Ártico (m) | Arktiku (m) | [arktíku] |

197. Los puntos cardinales

norte (m)	veri (m)	[vɛrí]
al norte	drejt veriut	[dréjt vériut]
en el norte	në veri	[nə vɛrí͞]
del norte (adj)	verior	[vɛrióɾ]
sur (m)	jug (m)	[jug]
al sur	drejt jugut	[dréjt júʒut]
en el sur	në jug	[nə jug]
del sur (adj)	jugor	[jugóɾ]
oeste (m)	perëndim (m)	[pɛrəndím]
al oeste	drejt perëndimit	[dréjt pɛrəndímit]
en el oeste	në perëndim	[nə pɛrəndím]
del oeste (adj)	perëndimor	[pɛrəndʑimóɾ]
este (m)	lindje (f)	[líndjɛ]
al este	drejt lindjes	[dréjt líʈdjɛs]
en el este	në lindje	[nə líndjɛ]
del este (adj)	lindor	[lindóɾ]

198. El mar. El océano

mar (m)	det (m)	[dét]
océano (m)	oqean (m)	[ocɛáɾ]
golfo (m)	gji (m)	[ɟi]
estrecho (m)	ngushticë (f)	[ɲuʃtítsə]
tierra (f) firme	tokë (f)	[tókə]
continente (m)	kontinent (m)	[kontinént]
isla (f)	ishull (m)	[íʃuɫ]
península (f)	gadishull (m)	[gadíʃuɫ]
archipiélago (m)	arkipelag (m)	[arkipɕlág]
bahía (f)	gji (m)	[ɟi]
puerto (m)	port (m)	[port]
laguna (f)	lagunë (f)	[lagúnə]
cabo (m)	kep (m)	[kɛp]
atolón (m)	atol (m)	[atól]
arrecife (m)	shkëmb nënujor (m)	[ʃkəmb nənujóɾ]
coral (m)	koral (m)	[korá]
arrecife (m) de coral	korale nënujorë (f)	[korá ɛ nənujórə]
profundo (adj)	i thellë	[i θéɫə]
profundidad (f)	thellësi (f)	[θɛɫəsí]
abismo (m)	humnerë (f)	[humnérə]
fosa (f) oceánica	hendek (m)	[hɛndék]
corriente (f)	rrymë (f)	[rýmə]
bañar (rodear)	rrethohet	[rɛθɕhɛt]

orilla (f)	breg (m)	[brɛg]
costa (f)	bregdet (m)	[brɛgdét]
flujo (m)	batica (f)	[batítsa]
reflujo (m)	zbaticë (f)	[zbatítsə]
banco (m) de arena	cekëtinë (f)	[tsɛkətínə]
fondo (m)	fund i detit (m)	[fúnd i détit]
ola (f)	dallgë (f)	[dáɫgə]
cresta (f) de la ola	kreshtë (f)	[kréʃtə]
espuma (f)	shkumë (f)	[ʃkúmə]
tempestad (f)	stuhi (f)	[stuhí]
huracán (m)	uragan (m)	[uragán]
tsunami (m)	cunam (m)	[tsunám]
bonanza (f)	qetësi (f)	[cɛtəsí]
calmo, tranquilo	i qetë	[i cétə]
polo (m)	pol (m)	[pol]
polar (adj)	polar	[polár]
latitud (f)	gjerësi (f)	[ɟɛrəsí]
longitud (f)	gjatësi (f)	[ɟatəsí]
paralelo (m)	paralele (f)	[paralélɛ]
ecuador (m)	ekuator (m)	[ɛkuatór]
cielo (m)	qiell (m)	[cíɛɫ]
horizonte (m)	horizont (m)	[horizónt]
aire (m)	ajër (m)	[ájər]
faro (m)	fanar (m)	[fanár]
bucear (vi)	zhytem	[ʒýtɛm]
hundirse (vr)	fundosje	[fundósjɛ]
tesoros (m pl)	thesare (pl)	[θɛsárɛ]

199. Los nombres de los mares y los océanos

océano (m) Atlántico	Oqeani Atlantik (m)	[ocɛáni atlantík]
océano (m) Índico	Oqeani Indian (m)	[ocɛáni indián]
océano (m) Pacífico	Oqeani Paqësor (m)	[ocɛáni pacəsór]
océano (m) Glacial Ártico	Oqeani Arktik (m)	[ocɛáni arktík]
mar (m) Negro	Deti i Zi (m)	[déti i zí]
mar (m) Rojo	Deti i Kuq (m)	[déti i kúc]
mar (m) Amarillo	Deti i Verdhë (m)	[déti i vérðə]
mar (m) Blanco	Deti i Bardhë (m)	[déti i bárðə]
mar (m) Caspio	Deti Kaspik (m)	[déti kaspík]
mar (m) Muerto	Deti i Vdekur (m)	[déti i vdékur]
mar (m) Mediterráneo	Deti Mesdhe (m)	[déti mɛsðé]
mar (m) Egeo	Deti Egje (m)	[déti ɛɟé]
mar (m) Adriático	Deti Adriatik (m)	[déti adriatík]
mar (m) Arábigo	Deti Arab (m)	[déti aráb]

mar (m) del Japón	Deti i Japonisë (m)	[déti i japonísə]
mar (m) de Bering	Deti Bering (m)	[déti bérin]
mar (m) de la China Meridional	Deti i Kinës Jugore (m)	[déti i kínəs jugórɛ]

mar (m) del Coral	Deti Koral (m)	[déti korál]
mar (m) de Tasmania	Deti Tasman (m)	[déti tasmán]
mar (m) Caribe	Deti i Karaibeve (m)	[déti i kɐraíbɛvɛ]

mar (m) de Barents	Deti Barents (m)	[déti barénts]
mar (m) de Kara	Deti Kara (m)	[déti kárɐ]

mar (m) del Norte	Deti i Veriut (m)	[déti i vériut]
mar (m) Báltico	Deti Baltik (m)	[déti baltík]
mar (m) de Noruega	Deti Norvegjez (m)	[déti norvɛɟéz]

200. Las montañas

montaña (f)	mal (m)	[mal]
cadena (f) de montañas	vargmal (m)	[vargmál]
cresta (f) de montañas	kresht malor (m)	[kréʃt malór]

cima (f)	majë (f)	[májə]
pico (m)	maja më e lartë (f)	[mája mə ɛ lártə]
pie (m)	rrëza e malit (f)	[rəza ɛ málit]
cuesta (f)	shpat (m)	[ʃpat]

volcán (m)	vullkan (m)	[vułkán]
volcán (m) activo	vullkan aktiv (m)	[vułkán aktív]
volcán (m) apagado	vullkan i fjetur (m)	[vułkán i fjétur]

erupción (f)	shpërthim (m)	[ʃpərθím]
cráter (m)	krater (m)	[kratérˌ]
magma (f)	magmë (f)	[mágmə]
lava (f)	llavë (f)	[łávə]
fundido (lava ~a)	i shkrirë	[i ʃkrírɛ]

cañón (m)	kanion (m)	[kanióˀ]
desfiladero (m)	grykë (f)	[grýkə]
grieta (f)	çarje (f)	[tʃárjɛ]
precipicio (m)	humnerë (f)	[humrérə]

puerto (m) (paso)	kalim (m)	[kalím]
meseta (f)	pllajë (f)	[płájə]
roca (f)	shkëmb (m)	[ʃkəmb]
colina (f)	kodër (f)	[kódə·]

glaciar (m)	akullnajë (f)	[akułnájə]
cascada (f)	ujëvarë (f)	[ujəvárə]
geiser (m)	gejzer (m)	[gɛjzér]
lago (m)	liqen (m)	[licén]

llanura (f)	fushë (f)	[fúʃə]
paisaje (m)	peizazh (m)	[pɛizaʒ]

eco (m)	jehonë (f)	[jɛhónə]
alpinista (m)	alpinist (m)	[alpiníst]
escalador (m)	alpinist shkëmbßinjsh (m)	[alpiníst ʃkəmbiɲʃ]
conquistar (vt)	pushtoj majën	[puʃtój májən]
ascensión (f)	ngjitje (f)	[nɟítjɛ]

201. Los nombres de las montañas

Alpes (m pl)	Alpet (pl)	[alpét]
Montblanc (m)	Montblanc (m)	[montblánk]
Pirineos (m pl)	Pirenejet (pl)	[pirɛnéjɛt]

Cárpatos (m pl)	Karpatet (m)	[karpátɛt]
Urales (m pl)	Malet Urale (pl)	[málɛt urálɛ]
Cáucaso (m)	Malet Kaukaze (pl)	[málɛt kaukázɛ]
Elbrus (m)	Mali Elbrus (m)	[máli ɛlbrús]

Altai (m)	Malet Altai (pl)	[málɛt altái]
Tian-Shan (m)	Tian Shani (m)	[tían ʃáni]
Pamir (m)	Malet e Pamirit (m)	[málɛt ɛ pamírit]
Himalayos (m pl)	Himalajet (pl)	[himalájɛt]
Everest (m)	Mali Everest (m)	[máli ɛvɛrést]

| Andes (m pl) | andet (pl) | [ándɛt] |
| Kilimanjaro (m) | Mali Kilimanxharo (m) | [máli kilimandʒáro] |

202. Los ríos

río (m)	lum (m)	[lum]
manantial (m)	burim (m)	[burím]
lecho (m) (curso de agua)	shtrat lumi (m)	[ʃtrat lúmi]
cuenca (f) fluvial	basen (m)	[basén]
desembocar en …	rrjedh …	[rjéð …]

| afluente (m) | derdhje (f) | [dérðjɛ] |
| ribera (f) | breg (m) | [brɛg] |

corriente (f)	rrymë (f)	[rýmə]
río abajo (adv)	rrjedhje e poshtme	[rjéðjɛ ɛ póʃtmɛ]
río arriba (adv)	rrjedhje e sipërme	[rjéðjɛ ɛ sípərmɛ]

inundación (f)	vërshim (m)	[vərʃím]
riada (f)	përmbytje (f)	[pərmbýtjɛ]
desbordarse (vr)	vërshon	[vərʃón]
inundar (vt)	përmbytet	[pərmbýtɛt]

| bajo (m) arenoso | cekëtinë (f) | [tsɛkətínə] |
| rápido (m) | rrjedhë (f) | [rjéðə] |

presa (f)	digë (f)	[dígə]
canal (m)	kanal (m)	[kanál]
lago (m) artificiale	rezervuar (m)	[rɛzɛrvuár]

esclusa (f)	pendë ujore (f)	[péndə ᴜjórɛ]
cuerpo (m) de agua	plan hidrik (m)	[plan hidrík]
pantano (m)	kënetë (f)	[kənétə]
ciénaga (m)	moçal (m)	[motʃál]
remolino (m)	vorbull (f)	[vórbuɫ]
arroyo (m)	përrua (f)	[pərúa]
potable (adj)	i pijshëm	[i píʃʃəm]
dulce (agua ~)	i freskët	[i fréskə]
hielo (m)	akull (m)	[ákuɫ]
helarse (el lago, etc.)	ngrihet	[ŋríhɛt]

203. Los nombres de los ríos

Sena (m)	Sena (f)	[séna]
Loira (m)	Loire (f)	[luar]
Támesis (m)	Temza (f)	[témza]
Rin (m)	Rajnë (m)	[rájnə]
Danubio (m)	Danubi (m)	[danúbi]
Volga (m)	Volga (f)	[vólga]
Don (m)	Doni (m)	[dóni]
Lena (m)	Lena (f)	[léna]
Río (m) Amarillo	Lumi i Verdhë (m)	[lúmi i vérðə]
Río (m) Azul	Jangce (f)	[jaŋtséj]
Mekong (m)	Mekong (m)	[mɛkórɹ]
Ganges (m)	Gang (m)	[gaŋ]
Nilo (m)	Lumi Nil (m)	[lúmi nil]
Congo (m)	Lumi Kongo (m)	[lúmi kóŋo]
Okavango (m)	Lumi Okavango (m)	[lúmi ckaváŋo]
Zambeze (m)	Lumi Zambezi (m)	[lúmi zambézi]
Limpopo (m)	Lumi Limpopo (m)	[lúmi limpópo]
Misisipí (m)	Lumi Misisipi (m)	[lúmi misisípi]

204. El bosque

bosque (m)	pyll (m)	[pyɫ]
de bosque (adj)	pyjor	[pyjór]
espesura (f)	pyll i ngjeshur (m)	[pyɫ i ɲéʃur]
bosquecillo (m)	zabel (m)	[zabé]
claro (m)	lëndinë (f)	[ləndínə]
maleza (f)	pyllëz (m)	[pýɫəz]
matorral (m)	shkurre (f)	[ʃkúrɛ]
senda (f)	shteg (m)	[ʃtɛg]
barranco (m)	hon (m)	[hon]

árbol (m)	pemë (f)	[pémə]
hoja (f)	gjeth (m)	[ɟɛθ]
follaje (m)	gjethe (pl)	[ɟéθɛ]

caída (f) de hojas	rënie e gjetheve (f)	[rəníɛ ɛ ɟéθɛvɛ]
caer (las hojas)	bien	[bíɛn]
cima (f)	maje (f)	[májɛ]

rama (f)	degë (f)	[dégə]
rama (f) (gruesa)	degë (f)	[dégə]
brote (m)	syth (m)	[syθ]
aguja (f)	shtiza pishe (f)	[ʃtíza píʃɛ]
piña (f)	lule pishe (f)	[lúlɛ píʃɛ]

agujero (m)	zgavër (f)	[zgávər]
nido (m)	fole (f)	[folé]
madriguera (f)	strofull (f)	[strófuɫ]

tronco (m)	trung (m)	[truŋ]
raíz (f)	rrënjë (f)	[rə́ɲə]
corteza (f)	lëvore (f)	[ləvórɛ]
musgo (m)	myshk (m)	[myʃk]

extirpar (vt)	shkul	[ʃkul]
talar (vt)	pres	[prɛs]
deforestar (vt)	shpyllëzoj	[ʃpyɫəzój]
tocón (m)	cung (m)	[tsúŋ]

hoguera (f)	zjarr kampingu (m)	[zjar kampíŋu]
incendio (m)	zjarr në pyll (m)	[zjar nə pyɫ]
apagar (~ el incendio)	shuaj	[ʃúaj]

guarda (m) forestal	roje pyjore (f)	[rójɛ pyjórɛ]
protección (f)	mbrojtje (f)	[mbrójtjɛ]
proteger (vt)	mbroj	[mbrój]
cazador (m) furtivo	gjahtar i jashtëligjshëm (m)	[ɟahtár i jaʃtəlíɟʃəm]
cepo (m)	grackë (f)	[grátskə]

| recoger (setas, bayas) | mbledh | [mbléð] |
| perderse (vr) | humb rrugën | [húmb rúgən] |

205. Los recursos naturales

recursos (m pl) naturales	burime natyrore (pl)	[burímɛ natyrórɛ]
minerales (m pl)	minerale (pl)	[minɛrálɛ]
depósitos (m pl)	depozita (pl)	[dɛpozíta]
yacimiento (m)	fushë (f)	[fúʃə]

extraer (vt)	nxjerr	[ndzjér]
extracción (f)	nxjerrje mineralesh (f)	[ndzjérjɛ minɛrálɛʃ]
mineral (m)	xehe (f)	[dzéhɛ]
mina (f)	minierë (f)	[miniérə]
pozo (m) de mina	nivel (m)	[nivél]
minero (m)	minator (m)	[minatór]

| gas (m) | gaz (m) | [gaz] |
| gasoducto (m) | gazsjellës (m) | [gazsjétəs] |

petróleo (m)	naftë (f)	[náftə]
oleoducto (m)	naftësjellës (f)	[naftəsjétəs]
torre (f) petrolera	pus nafte (m)	[pus náᴴɛ]
torre (f) de sondeo	burim nafte (m)	[burím náftɛ]
petrolero (m)	anije-cisternë (f)	[aníjɛ-tsistérnə]

arena (f)	rërë (f)	[rérə]
caliza (f)	gur gëlqeror (m)	[gur gəlcɛrór]
grava (f)	zhavorr (m)	[ʒavór]
turba (f)	torfë (f)	[tórfə]
arcilla (f)	argjilë (f)	[aɲílə]
carbón (m)	qymyr (m)	[cymýr]

hierro (m)	hekur (m)	[hékur]
oro (m)	ar (m)	[ár]
plata (f)	argjend (m)	[aɲéndʲ]
níquel (m)	nikel (m)	[nikél]
cobre (m)	bakër (m)	[bákər]

zinc (m)	zink (m)	[zink]
manganeso (m)	mangan (m)	[maɲán]
mercurio (m)	merkur (m)	[mɛrkúr]
plomo (m)	plumb (m)	[plúmb]

mineral (m)	mineral (m)	[minɛrál]
cristal (m)	kristal (m)	[kristál]
mármol (m)	mermer (m)	[mɛrmər]
uranio (m)	uranium (m)	[uranium]

185

La tierra. Unidad 2

206. El tiempo

tiempo (m)	moti (m)	[móti]
previsión (m) del tiempo	parashikimi i motit (m)	[paraʃikími i mótit]
temperatura (f)	temperaturë (f)	[tɛmpɛratúrə]
termómetro (m)	termometër (m)	[tɛrmométər]
barómetro (m)	barometër (m)	[barométər]
húmedo (adj)	i lagësht	[i lágəʃt]
humedad (f)	lagështi (f)	[lagəʃtí]
bochorno (m)	vapë (f)	[vápə]
tórrido (adj)	shumë nxehtë	[ʃúmə ndzéhtə]
hace mucho calor	është nxehtë	[əʃtə ndzéhtə]
hace calor (templado)	është ngrohtë	[əʃtə ŋróhtə]
templado (adj)	ngrohtë	[ŋróhtə]
hace frío	bën ftohtë	[bən ftóhtə]
frío (adj)	i ftohtë	[i ftóhtə]
sol (m)	diell (m)	[díɛɫ]
brillar (vi)	ndriçon	[ndritʃón]
soleado (un día ~)	me diell	[mɛ díɛɫ]
elevarse (el sol)	agon	[agón]
ponerse (vr)	perëndon	[pɛrəndón]
nube (f)	re (f)	[rɛ]
nuboso (adj)	vranët	[vránət]
nubarrón (m)	re shiu (f)	[rɛ ʃíu]
nublado (adj)	vranët	[vránət]
lluvia (f)	shi (m)	[ʃi]
está lloviendo	bie shi	[bíɛ ʃi]
lluvioso (adj)	me shi	[mɛ ʃi]
lloviznar (vi)	shi i imët	[ʃi i ímət]
aguacero (m)	shi litar (m)	[ʃi litár]
chaparrón (m)	stuhi shiu (f)	[stuhí ʃíu]
fuerte (la lluvia ~)	i fortë	[i fórtə]
charco (m)	brakë (f)	[brákə]
mojarse (vr)	lagem	[lágɛm]
niebla (f)	mjegull (f)	[mjéguɫ]
nebuloso (adj)	e mjegullt	[ɛ mjéguɫt]
nieve (f)	borë (f)	[bórə]
está nevando	bie borë	[bíɛ bórə]

207. Los eventos climáticos severos. Los desastres naturales

tormenta (f)	stuhi (f)	[stuhí]
relámpago (m)	vetëtimë (f)	[vɛtətímə]
relampaguear (vi)	vetëton	[vɛtətón]
trueno (m)	bubullimë (f)	[bubuɬírᴧə]
tronar (vi)	bubullon	[bubuɬóᴧ]
está tronando	bubullon	[bubuɬóᴧ]
granizo (m)	breshër (m)	[bréʃər]
está granizando	po bie breshër	[po biɛ bréʃər]
inundar (vt)	përmbytet	[pərmbʏtɛt]
inundación (f)	përmbytje (f)	[pərmbʏtjɛ]
terremoto (m)	tërmet (m)	[tərmét]
sacudida (f)	lëkundje (f)	[ləkúnʤɛ]
epicentro (m)	epiqendër (f)	[ɛpicéndər]
erupción (f)	shpërthim (m)	[ʃpərθírm]
lava (f)	llavë (f)	[ɬávə]
torbellino (m)	vorbull (f)	[vórbuɬ]
tornado (m)	tornado (f)	[tornáco]
tifón (m)	tajfun (m)	[tajfún]
huracán (m)	uragan (m)	[uragán]
tempestad (f)	stuhi (f)	[stuhí]
tsunami (m)	cunam (m)	[tsunám]
ciclón (m)	ciklon (m)	[tsiklóᴧ]
mal tiempo (m)	mot i keq (m)	[mot i kɛc]
incendio (m)	zjarr (m)	[zjar]
catástrofe (f)	fatkeqësi (f)	[fatkɛcəsí]
meteorito (m)	meteor (m)	[mɛtɛór]
avalancha (f)	ortek (m)	[orték]
alud (m) de nieve	rrëshqitje bore (f)	[rəʃcíʨɛ bórɛ]
ventisca (f)	stuhi bore (f)	[stuhí bórɛ]
nevasca (f)	stuhi bore (f)	[stuhi bórɛ]

208. Los ruidos. Los sonidos

silencio (m)	qetësi (f)	[cɛtəsí]
sonido (m)	tingull (m)	[tíŋu-]
ruido (m)	zhurmë (f)	[ʒúrᴧə]
hacer ruido	bëj zhurmë	[bəj ʒúrmə]
ruidoso (adj)	i zhurmshëm	[i ʒú·mʃəm]
alto (adv)	me zë të lartë	[mɛ zə tə lártə]
fuerte (~ voz)	i lartë	[i lártə]
constante (ruido, etc.)	e përhershme	[ɛ pərhérʃmɛ]

grito (m)	britmë (f)	[brítmə]
gritar (vi)	bërtas	[bərtás]
susurro (m)	pëshpërimë (f)	[pəʃpərímə]
susurrar (vi, vt)	pëshpëris	[pəʃpərís]

| ladrido (m) | lehje (f) | [léhjɛ] |
| ladrar (vi) | leh | [lɛh] |

gemido (m)	rënkim (m)	[rənkím]
gemir (vi)	rënkoj	[rənkój]
tos (f)	kollë (f)	[kótə]
toser (vi)	kollitem	[kotítɛm]

silbido (m)	fishkëllimë (f)	[fiʃkətímə]
silbar (vi)	fishkëlloj	[fiʃkətój]
llamada (f) (golpes)	trokitje (f)	[trokítjɛ]
golpear (la puerta)	trokas	[trokás]

| crepitar (vi) | çahet | [tʃáhɛt] |
| crepitación (f) | krisje (f) | [krísjɛ] |

sirena (f)	alarm (m)	[alárm]
pito (m) (de la fábrica)	fishkëllimë (f)	[fiʃkətímə]
pitar (un tren, etc.)	fishkëllen	[fiʃkətén]
bocinazo (m)	bori (f)	[boríʃ]
tocar la bocina	i bie borisë	[i bíɛ borísə]

209. El invierno

invierno (m)	dimër (m)	[dímər]
de invierno (adj)	dimëror	[dimərór]
en invierno	në dimër	[nə dímər]

nieve (f)	borë (f)	[bórə]
está nevando	bie borë	[bíɛ bórə]
nevada (f)	reshje bore (f)	[réʃɛ bórɛ]
montón (m) de nieve	mal dëbore (m)	[mal dəbórɛ]

copo (m) de nieve	flok bore (m)	[flók bórɛ]
bola (f) de nieve	top bore (m)	[top bórɛ]
monigote (m) de nieve	dordolec (m)	[dordoléts]
carámbano (m)	akull (m)	[ákuɫ]

diciembre (m)	Dhjetor (m)	[ðjɛtór]
enero (m)	Janar (m)	[janár]
febrero (m)	Shkurt (m)	[ʃkurt]

| helada (f) | ngricë (f) | [ŋrítsə] |
| helado (~a noche) | me ngrica | [mɛ ŋrítsa] |

bajo cero (adv)	nën zero	[nən zéro]
primeras heladas (f pl)	ngrica e parë (f)	[ŋrítsa ɛ párə]
escarcha (f)	brymë (f)	[brýmə]
frío (m)	ftohtë (f)	[ftóhtə]

hace frío	bën ftohtë	[bən ftóʜtə]
abrigo (m) de piel	gëzof (m)	[gəzóf]
manoplas (f pl)	doreza (f)	[doréza]
enfermarse (vr)	sëmurem	[səmúrɛm]
resfriado (m)	ftohje (f)	[ftóhjɛ]
resfriarse (vr)	ftohem	[ftóhɛm]
hielo (m)	akull (m)	[ákuɬ]
hielo (m) negro	akull transparent (m)	[ákuɬ trɛnsparént]
helarse (el lago, etc.)	ngrihet	[ŋríhɛt]
bloque (m) de hielo	bllok akulli (m)	[bɬók ákuɬi]
esquís (m pl)	ski (pl)	[ski]
esquiador (m)	skiator (m)	[skiatór̩
esquiar (vi)	bëj ski	[bəj skí̩
patinar (vi)	bëj patinazh	[bəj patináʒ]

La fauna

210. Los mamíferos. Los predadores

carnívoro (m)	grabitqar (m)	[grabitcár]
tigre (m)	tigër (m)	[tígər]
león (m)	luan (m)	[luán]
lobo (m)	ujk (m)	[ujk]
zorro (m)	dhelpër (f)	[ðélpər]
jaguar (m)	jaguar (m)	[jaguár]
leopardo (m)	leopard (m)	[lɛopárd]
guepardo (m)	gepard (m)	[gɛpárd]
pantera (f)	panterë e zezë (f)	[pantérə ɛ zézə]
puma (f)	puma (f)	[púma]
leopardo (m) de las nieves	leopard i borës (m)	[lɛopárd i bórəs]
lince (m)	rrëqebull (m)	[rəcébuɫ]
coyote (m)	kojotë (f)	[kojótə]
chacal (m)	çakall (m)	[tʃakáɫ]
hiena (f)	hienë (f)	[hiénə]

211. Los animales salvajes

animal (m)	kafshë (f)	[káfʃə]
bestia (f)	bishë (f)	[bíʃə]
ardilla (f)	ketër (m)	[kétər]
erizo (m)	iriq (m)	[iríc]
liebre (f)	lepur i egër (m)	[lépur i égər]
conejo (m)	lepur (m)	[lépur]
tejón (m)	vjedull (f)	[vjéduɫ]
mapache (m)	rakun (m)	[rakún]
hámster (m)	hamster (m)	[hamstér]
marmota (f)	marmot (m)	[marmót]
topo (m)	urith (m)	[uríθ]
ratón (m)	mi (m)	[mi]
rata (f)	mi (m)	[mi]
murciélago (m)	lakuriq (m)	[lakuríc]
armiño (m)	herminë (f)	[hɛrmínə]
cebellina (f)	kunadhe (f)	[kunáðɛ]
marta (f)	shqarth (m)	[ʃcarθ]
comadreja (f)	nuselalë (f)	[nusɛlálə]
visón (m)	vizon (m)	[vizón]

| castor (m) | kastor (m) | [kastór] |
| nutria (f) | vidër (f) | [vídər] |

caballo (m)	kali (m)	[káli]
alce (m)	dre brilopatë (m)	[drɛ brilopátə]
ciervo (m)	dre (f)	[drɛ]
camello (m)	deve (f)	[dévɛ]

bisonte (m)	bizon (m)	[bizón]
uro (m)	bizon evropian (m)	[bizón ɛvropián]
búfalo (m)	buall (m)	[búaɫ]

cebra (f)	zebër (f)	[zébər]
antílope (m)	antilopë (f)	[antilópə]
corzo (m)	dre (f)	[drɛ]
gamo (m)	dre ugar (m)	[drɛ ugár]
gamuza (f)	kamosh (m)	[kamóʃ]
jabalí (m)	derr i egër (m)	[dér i égər]

ballena (f)	balenë (f)	[balénə]
foca (f)	fokë (f)	[fókə]
morsa (f)	lopë deti (f)	[lópə déti]
oso (m) marino	fokë (f)	[fókə]
delfín (m)	delfin (m)	[dɛlfín]

oso (m)	ari (m)	[arí]
oso (m) blanco	ari polar (m)	[arí polár]
panda (f)	panda (f)	[pánda]

mono (m)	majmun (m)	[majmún]
chimpancé (m)	shimpanze (f)	[ʃimpánzɛ]
orangután (m)	orangutan (m)	[oraŋután]
gorila (m)	gorillë (f)	[goríɫə]
macaco (m)	majmun makao (m)	[majmún makáo]
gibón (m)	gibon (m)	[gibón]

elefante (m)	elefant (m)	[ɛlɛfánt]
rinoceronte (m)	rinoqeront (m)	[rinocɛrónt]
jirafa (f)	gjirafë (f)	[ɟiráfə]
hipopótamo (m)	hipopotam (m)	[hipopotám]

| canguro (m) | kangur (m) | [kaŋúr] |
| koala (f) | koala (f) | [koála] |

mangosta (f)	mangustë (f)	[maŋústə]
chinchilla (f)	çinçila (f)	[tʃintʃíla]
mofeta (f)	qelbës (m)	[célbəs]
espín (m)	ferrëgjatë (m)	[fɛrəɟátə]

212. Los animales domésticos

gata (f)	mace (f)	[mátsɛ]
gato (m)	maçok (m)	[matʃók]
perro (m)	qen (m)	[cɛn]

caballo (m)	kali (m)	[káli]
garañón (m)	hamshor (m)	[hamʃór]
yegua (f)	pelë (f)	[pélə]

vaca (f)	lopë (f)	[lópə]
toro (m)	dem (m)	[dém]
buey (m)	ka (m)	[ka]

oveja (f)	dele (f)	[délɛ]
carnero (m)	dash (m)	[daʃ]
cabra (f)	dhi (f)	[ði]
cabrón (m)	cjap (m)	[tsjáp]

| asno (m) | gomar (m) | [gomár] |
| mulo (m) | mushkë (f) | [múʃkə] |

cerdo (m)	derr (m)	[dɛr]
cerdito (m)	derrkuc (m)	[dɛrkúts]
conejo (m)	lepur (m)	[lépur]

| gallina (f) | pulë (f) | [púlə] |
| gallo (m) | gjel (m) | [ɟél] |

pato (m)	rosë (f)	[rósə]
ánade (m)	rosak (m)	[rosák]
ganso (m)	patë (f)	[pátə]

| pavo (m) | gjel deti i egër (m) | [ɟél déti i égər] |
| pava (f) | gjel deti (m) | [ɟél déti] |

animales (m pl) domésticos	kafshë shtëpiake (f)	[káfʃə ʃtəpiákɛ]
domesticado (adj)	i zbutur	[i zbútur]
domesticar (vt)	zbus	[zbus]
criar (vt)	rrit	[rit]

granja (f)	fermë (f)	[férmə]
aves (f pl) de corral	pulari (f)	[pularí]
ganado (m)	bagëti (f)	[bagətí]
rebaño (m)	kope (f)	[kopé]

caballeriza (f)	stallë (f)	[stáłə]
porqueriza (f)	stallë e derrave (f)	[stáłə ɛ déravɛ]
vaquería (f)	stallë e lopëve (f)	[stáłə ɛ lópəvɛ]
conejal (m)	kolibe lepujsh (f)	[kolíbɛ lépujʃ]
gallinero (m)	kotec (m)	[kotéts]

213. Los perros. Las razas de perros

perro (m)	qen (m)	[cɛn]
perro (m) pastor	qen dhensh (m)	[cɛn ðɛnʃ]
pastor (m) alemán	pastor gjerman (m)	[pastór ɟermán]
caniche (m), poodle (m)	pudël (f)	[púdəl]
teckel (m)	dakshund (m)	[dákshund]
buldog (m)	bulldog (m)	[búɫdóg]

bóxer (m)	bokser (m)	[boksér]
mastín (m) inglés	mastif (m)	[mastíf]
rottweiler (m)	rotvailer (m)	[rotvailér]
dóberman (m)	doberman (m)	[dobɛrmän]

basset hound (m)	baset (m)	[basét]
Bobtail (m)	bishtshkurtër (m)	[biʃtʃkúrtər]
dálmata (m)	dalmat (m)	[dalmát]
cocker spaniel (m)	koker spaniel (m)	[kokér sɔaniél]

| Terranova (m) | terranova (f) | [tɛranóva] |
| san bernardo (m) | Seint-Bernard (m) | [séint-bɛrnárd] |

husky (m)	haski (m)	[háski]
chow chow (m)	çau çau (m)	[tʃáu tʃáu]
pomerania (m)	dhelpërush (m)	[ðɛlpərúʃ]
pug (m), carlino (m)	karlino (m)	[karlíno]

214. Los sonidos de los animales

ladrido (m)	lehje (f)	[léhjɛ]
ladrar (vi)	leh	[lɛh]
maullar (vi)	mjaullin	[mjauʈn]
ronronear (vi)	gërhimë	[gərhímə]

mugir (vi)	bën mu	[bən mú]
bramar (toro)	pëllet	[pəɫét]
rugir (vi)	hungërin	[huŋərín]

aullido (m)	hungërimë (f)	[huŋərímə]
aullar (vi)	hungëroj	[huŋərój]
gañir (vi)	angullin	[aŋuɫíʔ]

balar (vi)	blegërin	[blɛgɛrín]
gruñir (cerdo)	hungërin	[huŋərín]
chillar (vi)	klith	[kliθ]

croar (vi)	bën kuak	[bən kuák]
zumbar (vi)	zukat	[zukát]
chirriar (vi)	gumëzhin	[guməʒín]

215. Los animales jóvenes

cría (f)	këlysh (m)	[kəlýʔ]
gatito (m)	kotele (f)	[kotélɛ]
ratoncillo (m)	miush (m)	[miúʃ]
cachorro (m)	këlysh qeni (m)	[kəlýʃ céni]

cría (f) de liebre	lepurush (m)	[lɛpɫrúʃ]
conejito (m)	lepurush i butë (m)	[lɛpurúʃ i bútə]
lobato (m)	këlysh ujku (m)	[kəlýʃ újku]
cría (f) de zorro	këlysh dhelpre (m)	[kəlýʃ ðélprɛ]

osito (m)	këlysh ariu (m)	[kəlýʃ aríu]
cachorro (m) de león	këlysh luani (m)	[kəlýʃ luáni]
cachorro (m) de tigre	këlysh tigri (m)	[kəlýʃ tígri]
elefantino (m)	këlysh elefanti (m)	[kəlýʃ ɛlɛfánti]

cerdito (m)	derrkuc (m)	[dɛrkúts]
ternero (m)	viç (m)	[vitʃ]
cabrito (m)	kec (m)	[kéts]
cordero (m)	qengj (m)	[cɛɲɟ]
cervato (m)	kaproll (m)	[kapróɫ]
cría (f) de camello	këlysh deveje (m)	[kəlýʃ dɛvéjɛ]

serpezuela (f)	gjarpër i vogël (m)	[ɟárpər i vógəl]
ranita (f)	këlysh bretkose (m)	[kəlýʃ brɛtkósɛ]

pajarillo (m)	zog i vogël (m)	[zog i vógəl]
pollo (m)	zog pule (m)	[zog púlɛ]
patito (m)	zog rose (m)	[zog rósɛ]

216. Los pájaros

pájaro (m)	zog (m)	[zog]
paloma (f)	pëllumb (m)	[pəɫúmb]
gorrión (m)	harabel (m)	[harabél]
paro (m)	xhixhimës (m)	[dʒidʒimés]
cotorra (f)	laraskë (f)	[laráskə]

cuervo (m)	korb (m)	[korb]
corneja (f)	sorrë (f)	[sórə]
chova (f)	galë (f)	[gálə]
grajo (m)	sorrë (f)	[sórə]

pato (m)	rosë (f)	[rósə]
ganso (m)	patë (f)	[pátə]
faisán (m)	fazan (m)	[fazán]

águila (f)	shqiponjë (f)	[ʃcipóɲə]
azor (m)	gjeraqinë (f)	[ɟɛracínə]
halcón (m)	fajkua (f)	[fajkúa]
buitre (m)	hutë (f)	[hútə]
cóndor (m)	kondor (m)	[kondór]

cisne (m)	mjellmë (f)	[mjéɫmə]
grulla (f)	lejlek (m)	[lɛjlék]
cigüeña (f)	lejlek (m)	[lɛjlék]

loro (m), papagayo (m)	papagall (m)	[papagáɫ]
colibrí (m)	kolibri (m)	[kolíbri]
pavo (m) real	pallua (m)	[paɫúa]

avestruz (m)	struc (m)	[struts]
garza (f)	çafkë (f)	[tʃáfkə]
flamenco (m)	flamingo (m)	[flamíɲo]
pelícano (m)	pelikan (m)	[pɛlikán]

| ruiseñor (m) | bilbil (m) | [bilbíl] |
| golondrina (f) | dallëndyshe (f) | [dałǝndýʃɛ] |

tordo (m)	mëllenjë (f)	[mǝtéɲǝ]
zorzal (m)	grifsha (f)	[grífʃa]
mirlo (m)	mëllenjë (f)	[mǝtéɲǝ]

vencejo (m)	dallëndyshe (f)	[dałǝndýʃɛ]
alondra (f)	thëllëzë (f)	[θǝtézǝ]
codorniz (f)	trumcak (m)	[trumtsák]

pico (m)	qukapik (m)	[cukapík]
cuco (m)	kukuvajkë (f)	[kukuvájkǝ]
lechuza (f)	buf (m)	[buf]
búho (m)	buf mbretëror (m)	[buf mbrɛtǝrór]
urogallo (m)	fazan i pyllit (m)	[fazán i pýtit]
gallo lira (m)	fazan i zi (m)	[fazán i zí]
perdiz (f)	thëllëzë (f)	[θǝtézɛ]

estornino (m)	gargull (m)	[gárgut]
canario (m)	kanarinë (f)	[kanaríɁǝ]
ortega (f)	fazan mali (m)	[fazán máli]
pinzón (m)	trishtil (m)	[triʃtíl]
camachuelo (m)	trishtil dimri (m)	[triʃtíl d mri]

gaviota (f)	pulëbardhë (f)	[pulǝbarðǝ]
albatros (m)	albatros (m)	[albatrós]
pingüino (m)	penguin (m)	[pɛŋuín]

217. Los pájaros. El canto y los sonidos

cantar (vi)	këndoj	[kǝndój]
gritar, llamar (vi)	thërras	[θǝrás]
cantar (el gallo)	kakaris	[kakarís]
quiquiriquí (m)	kikiriku	[kikiríku]

cloquear (vi)	kakaris	[kakaˈís]
graznar (vi)	krokas	[krokas]
graznar, parpar (vi)	bën kuak kuak	[bǝn kuák kuák]
piar (vi)	pisket	[piskǝt]
gorjear (vi)	cicëroj	[tsitsǝrój]

218. Los peces. Los animales marinos

brema (f)	krapuliq (m)	[kraɕulíɕ]
carpa (f)	krap (m)	[kraɕ]
perca (f)	perç (m)	[pɛrʈ]
siluro (m)	mustak (m)	[musták]
lucio (m)	mlysh (m)	[mlý]

| salmón (m) | salmon (m) | [salmón] |
| esturión (m) | bli (m) | [blí] |

arenque (m)	harengë (f)	[haréŋə]
salmón (m) del Atlántico	salmon Atlantiku (m)	[salmón atlantíku]
caballa (f)	skumbri (m)	[skúmbri]
lenguado (m)	shojzë (f)	[ʃójzə]

lucioperca (m)	troftë (f)	[tróftə]
bacalao (m)	merluc (m)	[mɛrlúts]
atún (m)	tunë (f)	[túnə]
trucha (f)	troftë (f)	[tróftə]

anguila (f)	ngjalë (f)	[ɲálə]
tembladera (f)	peshk elektrik (m)	[pɛʃk ɛlɛktrík]
morena (f)	ngjalë morel (f)	[ɲálə morél]
piraña (f)	piranja (f)	[piráɲa]

tiburón (m)	peshkaqen (m)	[pɛʃkacén]
delfín (m)	delfin (m)	[dɛlfín]
ballena (f)	balenë (f)	[balénə]

centolla (f)	gaforre (f)	[gafórɛ]
medusa (f)	kandil deti (m)	[kandíl déti]
pulpo (m)	oktapod (m)	[oktapód]

estrella (f) de mar	yll deti (m)	[yɫ déti]
erizo (m) de mar	iriq deti (m)	[iríc déti]
caballito (m) de mar	kalë deti (m)	[kálə déti]

ostra (f)	midhje (f)	[míðjɛ]
camarón (m)	karkalec (m)	[karkaléts]
bogavante (m)	karavidhe (f)	[karavíðɛ]
langosta (f)	karavidhe (f)	[karavíðɛ]

219. Los anfibios. Los reptiles

| serpiente (f) | gjarpër (m) | [ɟárpər] |
| venenoso (adj) | helmues | [hɛlmúɛs] |

víbora (f)	nepërka (f)	[nɛpə́rka]
cobra (f)	kobra (f)	[kóbra]
pitón (m)	piton (m)	[pitón]
boa (f)	boa (f)	[bóa]

culebra (f)	kular (m)	[kulár]
serpiente (m) de cascabel	gjarpër me zile (m)	[ɟárpər mɛ zílɛ]
anaconda (f)	anakonda (f)	[anakónda]

lagarto (f)	hardhucë (f)	[harðútsə]
iguana (f)	iguana (f)	[iguána]
varano (m)	varan (m)	[varán]
salamandra (f)	salamandër (f)	[salamándər]
camaleón (m)	kameleon (m)	[kamɛlɛón]
escorpión (m)	akrep (m)	[akrép]
tortuga (f)	breshkë (f)	[bréʃkə]
rana (f)	bretkosë (f)	[brɛtkósə]

| sapo (m) | zhabë (f) | [ʒábə] |
| cocodrilo (m) | krokodil (m) | [krokodíl] |

220. Los insectos

insecto (m)	insekt (m)	[insékt]
mariposa (f)	flutur (f)	[flútur]
hormiga (f)	milingonë (f)	[miliɲórˉə]
mosca (f)	mizë (f)	[mízə]
mosquito (m) (picadura de ~)	mushkonjë (f)	[muʃkóɲə]
escarabajo (m)	brumbull (m)	[brúmbuł]

avispa (f)	grerëz (f)	[grérəzˉ
abeja (f)	bletë (f)	[blétə]
abejorro (m)	greth (m)	[grɛθ]
moscardón (m)	zekth (m)	[zɛkθ]

| araña (f) | merimangë (f) | [mɛrimáɲə] |
| telaraña (f) | rrjetë merimange (f) | [rjétə mɛrimáɲɛ] |

libélula (f)	pilivesë (f)	[pilivésə]
saltamontes (m)	karkalec (m)	[karkaléts]
mariposa (f) nocturna	molë (f)	[mólə]

cucaracha (f)	kacabu (f)	[katsabú]
garrapata (f)	rriqër (m)	[rícər]
pulga (f)	plesht (m)	[plɛʃt]
mosca (f) negra	mushicë (f)	[muʃítsə]

langosta (f)	gjinkallë (f)	[ɟinkáłə]
caracol (m)	kërmill (m)	[kərmiɫ]
grillo (m)	bulkth (m)	[búlkθ]
luciérnaga (f)	xixëllonjë (f)	[dzidzəłóɲə]
mariquita (f)	mollëkuqe (f)	[mołəkúcɛ]
escarabajo (m) sanjuanero	vizhë (f)	[víʒə]

sanguijuela (f)	shushunjë (f)	[ʃuʃúɲə]
oruga (f)	vemje (f)	[vémjɛ]
gusano (m)	krimb toke (m)	[krímb tókɛ]
larva (f)	larvë (f)	[lárvə]

221. Los animales. Las partes del cuerpo

pico (m)	sqep (m)	[scɛp]
alas (f pl)	flatra (pl)	[flátra]
pata (f)	këmbë (f)	[kémbə]
plumaje (m)	pupla (pl)	[púpla]
pluma (f)	pupël (f)	[púpəl]
penacho (m)	kreshtë (f)	[kréʃtə]

| branquias (f pl) | velëz (f) | [vélɛz] |
| huevas (f pl) | vezë peshku (f) | [vézə péʃku] |

larva (f)	larvë (f)	[lárvə]
aleta (f)	krah (m)	[krah]
escamas (f pl)	luspë (f)	[lúspə]

colmillo (m)	dhëmb prerës (m)	[ðəmb prérəs]
garra (f), pata (f)	shputë (f)	[ʃpútə]
hocico (m)	turi (m)	[turí]
boca (f)	gojë (f)	[gójə]
cola (f)	bisht (m)	[biʃt]
bigotes (m pl)	mustaqe (f)	[mustácɛ]

| casco (m) (pezuña) | thundër (f) | [θúndər] |
| cuerno (m) | bri (m) | [brí] |

caparazón (m)	karapaks (m)	[karapáks]
concha (f) (de moluscos)	guaskë (f)	[guáskə]
cáscara (f) (de huevo)	lëvozhgë veze (f)	[ləvóʒgə vézɛ]

| pelo (m) (de perro) | qime (f) | [címɛ] |
| piel (f) (de vaca, etc.) | lëkurë kafshe (f) | [ləkúrə káfʃɛ] |

222. Las costumbres de los animales

| volar (vi) | fluturoj | [fluturój] |
| dar vueltas | fluturoj përreth | [fluturój pəréθ] |

| echar a volar | fluturoj tutje | [fluturój tútjɛ] |
| batir las alas | rrah | [rah] |

| picotear (vt) | qukas | [cukás] |
| empollar (vt) | ngroh vezët | [ŋróh vézət] |

| salir del cascarón | çelin vezët | [tʃélin vézət] |
| hacer el nido | ngre fole | [ŋré folé] |

reptar (serpiente)	gjarpëroj	[ɟarpərój]
picar (vt)	pickoj	[pitskój]
morder (animal)	kafshoj	[kafʃój]

olfatear (vt)	nuhas	[nuhás]
ladrar (vi)	leh	[lɛh]
sisear (culebra)	fërshëllej	[fərʃətéj]

| asustar (vt) | tremb | [trɛmb] |
| atacar (vt) | sulmoj | [sulmój] |

roer (vt)	brej	[brɛj]
arañar (vt)	gërvisht	[gərvíʃt]
esconderse (vr)	fsheh	[fʃéh]

jugar (gatitos, etc.)	luaj	[lúaj]
cazar (vi, vt)	dal për gjah	[dál pər ɟáh]
hibernar (vi)	fle gjumë letargjik	[flɛ ɟúmə lɛtarɟík]
extinguirse (vr)	zhdukem	[ʒdúkɛm]

223. Los animales. El hábitat

| hábitat (m) | banesë (f) | [banésə] |
| migración (f) | migrim (m) | [migrím] |

montaña (f)	mal (m)	[mal]
arrecife (m)	shkëmb nënujor (m)	[ʃkəmb nənujór]
roca (f)	shkëmb (m)	[ʃkəmb]

bosque (m)	pyll (m)	[pyɫ]
jungla (f)	xhungël (f)	[dʒúŋəl]
sabana (f)	savana (f)	[savánɛ]
tundra (f)	tundra (f)	[túndra]

estepa (f)	stepa (f)	[stépa]
desierto (m)	shkretëtirë (f)	[ʃkrɛtətí˙ə]
oasis (m)	oazë (f)	[oázə]

mar (m)	det (m)	[dét]
lago (m)	liqen (m)	[licén]
océano (m)	oqean (m)	[ocɛán]

pantano (m)	kënetë (f)	[kənétə]
de agua dulce (adj)	ujëra të ëmbla	[újəra tə əmbla]
estanque (m)	pellg (m)	[pɛɫg]
río (m)	lum (m)	[lum]

cubil (m)	strofull (f)	[strófu˧]
nido (m)	fole (f)	[folé]
agujero (m)	zgavër (f)	[zgávɛr]
madriguera (f)	strofull (f)	[strófuɫ]
hormiguero (m)	mal milingonash (m)	[mal miliŋónaʃ]

224. El cuidado de los animales

| zoo (m) | kopsht zoologjik (m) | [kópʃt zooloɟík] |
| reserva (f) natural | rezervat natyror (m) | [rɛzɛrʋát natyrór] |

club (m) de criadores	mbarështues (m)	[mbarəʃtúɛs]
jaula (f) al aire libre	kafaz i hapur (m)	[kafáz i hápur]
jaula (f)	kafaz (m)	[kafáz]
perrera (f)	kolibe qeni (f)	[kolíbɛ céni]

palomar (m)	kafaz pëllumbash (m)	[kafáz pəɫúmbaʃ]
acuario (m)	akuarium (m)	[akuɛriúm]
delfinario (m)	akuarium për delfinë (m)	[akuɛriúm pər dɛlfinə]

criar (~ animales)	mbarështoj	[mbarəʃtój]
crías (f pl)	këlysh (m)	[kəlýʃ]
domesticar (vt)	zbus	[zbus]
adiestrar (~ animales)	stërvit	[stərʋít]
pienso (m), comida (f)	ushqim (m)	[uʃcím]
dar de comer	ushqej	[uʃcéj]

tienda (f) de animales	dyqan kafshësh (m)	[dycán káfʃəʃ]
bozal (m) de perro	maskë turiri (f)	[máskə turíri]
collar (m)	kollare (f)	[koɬárɛ]
nombre (m) (de perro, etc.)	emri (m)	[émri]
pedigrí (m)	raca (f)	[rátsa]

225. Los animales. Miscelánea

manada (f) (de lobos)	tufë (f)	[túfə]
bandada (f) (de pájaros)	tufë (f)	[túfə]
banco (m) de peces	grup (m)	[grup]
caballada (f)	tufë (f)	[túfə]

macho (m)	mashkull (m)	[máʃkuɬ]
hembra (f)	femër (f)	[fémər]

hambriento (adj)	i uritur	[i urítur]
salvaje (adj)	i egër	[i égər]
peligroso (adj)	i rrezikshëm	[i rɛzíkʃəm]

226. Los caballos

caballo (m)	kali (m)	[káli]
raza (f)	raca (f)	[rátsa]

potro (m)	mëzi (m)	[mézi]
yegua (f)	pelë (f)	[pélə]

caballo mustang (m)	kalë mustang (m)	[kálə mustáŋ]
poni (m)	poni (m)	[póni]
caballo (m) de tiro	kalë pune (f)	[kálə púnɛ]

crin (f)	kreshtë (f)	[kréʃtə]
cola (f)	bisht (m)	[biʃt]

casco (m) (pezuña)	thundër (f)	[θúndər]
herradura (f)	patkua (f)	[patkúa]
herrar (vt)	mbath	[mbáθ]
herrero (m)	farkëtar (m)	[farkətár]

silla (f)	shalë (f)	[ʃálə]
estribo (m)	yzengji (f)	[yzɛɲʝí]
bridón (m)	gojëz (f)	[gójez]
riendas (f pl)	frenat (pl)	[frénat]
fusta (f)	kamxhik (m)	[kamdʒík]

jinete (m)	kalorës (m)	[kalórəs]
ensillar (vt)	shaloj	[ʃalój]
montar al caballo	hip në kalë	[hip nə kálə]

galope (m)	galop (m)	[galóp]
ir al galope	ec me galop	[ɛts mɛ galóp]

trote (m)	trok (m)	[trok]
al trote (adv)	me trok	[mɛ trók]
ir al trote, trotar (vi)	ec me trok	[ɛts mɛ trók]
caballo (m) de carreras	kalë garash (m)	[kálə gáraʃ]
carreras (f pl)	garë kuajsh (f)	[gárə kʊajʃ]
caballeriza (f)	stallë (f)	[státə]
dar de comer	ushqej	[uʃcéj]
heno (m)	kashtë (f)	[káʃtə]
dar de beber	i jap ujë	[i jap újə]
limpiar (el caballo)	laj	[laj]
carro (m)	karrocë me kalë (f)	[karótsə mɛ kálə]
pastar (vi)	kullos	[kʊtós]
relinchar (vi)	hingëlloj	[hiŋətój]
cocear (vi)	gjuaj me shkelma	[ɟúaj mɛ ʃkélma]

La flora

227. Los árboles

árbol (m)	pemë (f)	[pémə]
foliáceo (adj)	gjethor	[ɟɛθór]
conífero (adj)	halor	[halór]
de hoja perenne	përherë të gjelbra	[pərhérə tə ɟélbra]

manzano (m)	pemë molle (f)	[pémə móɫɛ]
peral (m)	pemë dardhe (f)	[pémə dárðɛ]
cerezo (m)	pemë qershie (f)	[pémə cɛrʃíɛ]
guindo (m)	pemë qershi vishnje (f)	[pémə cɛrʃí víʃɲɛ]
ciruelo (m)	pemë kumbulle (f)	[pémə kúmbuɫɛ]

abedul (m)	mështekna (f)	[məʃtékna]
roble (m)	lis (m)	[lis]
tilo (m)	bli (m)	[blí]
pobo (m)	plep i egër (m)	[plɛp i égər]
arce (m)	panjë (f)	[páɲə]
picea (m)	bredh (m)	[brɛð]
pino (m)	pishë (f)	[píʃə]
alerce (m)	larsh (m)	[lárʃ]
abeto (m)	bredh i bardhë (m)	[brɛð i bárðə]
cedro (m)	kedër (m)	[kédər]

álamo (m)	plep (m)	[plɛp]
serbal (m)	vadhë (f)	[váðə]
sauce (m)	shelg (m)	[ʃɛlg]
aliso (m)	verr (m)	[vɛr]
haya (f)	ah (m)	[ah]
olmo (m)	elm (m)	[élm]
fresno (m)	shelg (m)	[ʃɛlg]
castaño (m)	gështenjë (f)	[gəʃtéɲə]

magnolia (f)	manjolia (f)	[maɲólia]
palmera (f)	palma (f)	[pálma]
ciprés (m)	qiparis (m)	[ciparís]

mangle (m)	rizoforë (f)	[rizofórə]
baobab (m)	baobab (m)	[baobáb]
eucalipto (m)	eukalipt (m)	[ɛukalípt]
secoya (f)	sekuojë (f)	[sɛkuójə]

228. Los arbustos

mata (f)	shkurre (f)	[ʃkúrɛ]
arbusto (m)	kaçube (f)	[katʃúbɛ]

| vid (f) | hardhi (f) | [harðí] |
| viñedo (m) | vreshtë (f) | [vréʃtə] |

frambueso (m)	mjedër (f)	[mjédər̩
grosella (f) negra	kaliboba e zezë (f)	[kalibóba ε zézə]
grosellero (f) rojo	kaliboba e kuqe (f)	[kalibóba ε kúcε]
grosellero (m) espinoso	shkurre kulumbrie (f)	[ʃkúrε kulumbríε]

acacia (f)	akacie (f)	[akátsiε]
berberís (m)	krespinë (f)	[krεspír̩ə]
jazmín (m)	jasemin (m)	[jasεmín]

enebro (m)	dëllinjë (f)	[dəłíɲə̩
rosal (m)	trëndafil (m)	[trəndafíl]
escaramujo (m)	trëndafil i egër (m)	[trəndafíl i égər]

229. Los hongos

seta (f)	kërpudhë (f)	[kərpúðə]
seta (f) comestible	kërpudhë ushqyese (f)	[kərpúðə uʃcýεsε]
seta (f) venenosa	kërpudhë helmuese (f)	[kərpúðə hεlmúεsε]
sombrerete (m)	koka e kërpudhës (f)	[kóka ε kərpúðəs]
estipe (m)	bishti i kërpudhës (m)	[bíʃti i kərpúðəs]

seta calabaza (f)	porcini (m)	[portsíni]
boleto (m) castaño	kërpudhë kapuç-verdhë (f)	[kərpúðə kapútʃ-vérðə]
boleto (m) áspero	porcinela (f)	[portsinéla]
rebozuelo (m)	shanterele (f)	[ʃantεrélε]
rúsula (f)	rusula (f)	[rúsulε]

colmenilla (f)	morele (f)	[morélε]
matamoscas (m)	kësulkuqe (f)	[kəsulkúcε]
oronja (f) verde	kërpudha e vdekjes (f)	[kərpúða ε vdékjεs]

230. Las frutas. Las bayas

| fruto (m) | frut (m) | [frut] |
| frutos (m pl) | fruta (pl) | [frúta] |

manzana (f)	mollë (f)	[mółə]
pera (f)	dardhë (f)	[dárðə]
ciruela (f)	kumbull (f)	[kúmbuł]

fresa (f)	luleshtrydhe (f)	[lulεʃtrýðε]
guinda (f)	qershi vishnje (f)	[cεrʃí víʃɲε]
cereza (f)	qershi (f)	[cεrʃí]
uva (f)	rrush (m)	[ruʃ]

frambuesa (f)	mjedër (f)	[mjécər]
grosella (f) negra	kaliboba e zezë (f)	[kalibóba ε zézə]
grosella (f) roja	kaliboba e kuqe (f)	[kalibóba ε kúcε]
grosella (f) espinosa	kulumbri (f)	[kuluɲbrí]

arándano (m) agrio	boronica (f)	[boronítsa]
naranja (f)	portokall (m)	[portokáł]
mandarina (f)	mandarinë (f)	[mandarínə]
ananás (m)	ananas (m)	[ananás]
banana (f)	banane (f)	[banánɛ]
dátil (m)	hurmë (f)	[húrmə]

limón (m)	limon (m)	[limón]
albaricoque (m)	kajsi (f)	[kajsí]
melocotón (m)	pjeshkë (f)	[pjéʃkə]
kiwi (m)	kivi (m)	[kívi]
pomelo (m)	grejpfrut (m)	[grɛjpfrút]

baya (f)	manë (f)	[mánə]
bayas (f pl)	mana (f)	[mána]
arándano (m) rojo	boronicë mirtile (f)	[boronítsə mirtílɛ]
fresa (f) silvestre	luleshtrydhe e egër (f)	[lulɛʃtrýðɛ ɛ égər]
arándano (m)	boronicë (f)	[boronítsə]

231. Las flores. Las plantas

| flor (f) | lule (f) | [lúlɛ] |
| ramo (m) de flores | buqetë (f) | [bucétə] |

rosa (f)	trëndafil (m)	[trəndafíl]
tulipán (m)	tulipan (m)	[tulipán]
clavel (m)	karafil (m)	[karafíl]
gladiolo (m)	gladiolë (f)	[gladiólə]

aciano (m)	lule misri (f)	[lúlɛ mísɾi]
campanilla (f)	lule këmborë (f)	[lúlɛ kəmbórə]
diente (m) de león	luleradhiqe (f)	[lulɛraðícɛ]
manzanilla (f)	kamomil (m)	[kamomíl]

áloe (m)	aloe (f)	[alóɛ]
cacto (m)	kaktus (m)	[kaktús]
ficus (m)	fikus (m)	[fíkus]

azucena (f)	zambak (m)	[zambák]
geranio (m)	barbarozë (f)	[barbarózə]
jacinto (m)	zymbyl (m)	[zymbýl]

mimosa (f)	mimoza (f)	[mimóza]
narciso (m)	narcis (m)	[nartsís]
capuchina (f)	lule këmbore (f)	[lúlɛ kəmbórɛ]

orquídea (f)	orkide (f)	[orkidé]
peonía (f)	bozhure (f)	[boʒúrɛ]
violeta (f)	vjollcë (f)	[vjółtsə]

trinitaria (f)	lule vjollca (f)	[lúlɛ vjółtsa]
nomeolvides (f)	mosmëharro (f)	[mosməharó]
margarita (f)	margaritë (f)	[margarítə]
amapola (f)	lulëkuqe (f)	[luləkúcɛ]

| cáñamo (m) | kërp (m) | [kə́rp] |
| menta (f) | mendër (f) | [méndər] |

| muguete (m) | zambak i fushës (m) | [zambák i fúʃəs] |
| campanilla (f) de las nieves | luleborë (f) | [lulɛbórɛ] |

ortiga (f)	hithra (f)	[híθra]
acedera (f)	lëpjeta (f)	[ləpjéta]
nenúfar (m)	zambak uji (m)	[zambák új̶i]
helecho (m)	fier (m)	[fíɛr]
liquen (m)	likene (f)	[likénɛ]

invernadero (m) tropical	serrë (f)	[sérə]
césped (m)	lëndinë (f)	[ləndínə]
macizo (m) de flores	kënd lulishteje (m)	[kənd luliʃtɛjɛ]

planta (f)	bimë (f)	[bímə]
hierba (f)	bar (m)	[bar]
hoja (f) de hierba	fije bari (f)	[fíjɛ bári]

hoja (f)	gjeth (m)	[ɟɛθ]
pétalo (m)	petale (f)	[pɛtálɛ]
tallo (m)	bisht (m)	[biʃt]
tubérculo (m)	zhardhok (m)	[ʒarðók]

| retoño (m) | filiz (m) | [filíz] |
| espina (f) | gjemb (m) | [ɟémb] |

florecer (vi)	lulëzoj	[luləzɕj]
marchitarse (vr)	vyshket	[výʃkɛt̪]
olor (m)	aromë (f)	[arómə]
cortar (vt)	pres lulet	[prɛs lúlɛt]
coger (una flor)	mbledh lule	[mbléð lúlɛ]

232. Los cereales, los granos

grano (m)	drithë (m)	[dríθe]
cereales (m pl) (plantas)	drithëra (pl)	[dríθɛra]
espiga (f)	kaush (m)	[kaúʃ]

trigo (m)	grurë (f)	[grúrə]
centeno (m)	thekër (f)	[θékɛr]
avena (f)	tërshërë (f)	[tərʃə́-ə]
mijo (m)	mel (m)	[mɛl]
cebada (f)	elb (m)	[ɛlb]
maíz (m)	misër (m)	[mísər]
arroz (m)	oriz (m)	[oríz]
alforfón (m)	hikërr (m)	[híkɛr]

guisante (m)	bizele (f)	[bizélɛ]
fréjol (m)	groshë (f)	[gróʃə]
soya (f)	sojë (f)	[sójɛ]
lenteja (f)	thjerrëz (f)	[θjérəz]
habas (f pl)	fasule (f)	[fasulɛ]

233. Los vegetales. Las verduras

| legumbres (f pl) | perime (pl) | [pɛrímɛ] |
| verduras (f pl) | zarzavate (pl) | [zarzavátɛ] |

tomate (m)	domate (f)	[domátɛ]
pepino (m)	kastravec (m)	[kastravéts]
zanahoria (f)	karotë (f)	[karótə]
patata (f)	patate (f)	[patátɛ]
cebolla (f)	qepë (f)	[cépə]
ajo (m)	hudhër (f)	[húðər]

col (f)	lakër (f)	[lákər]
coliflor (f)	lulelakër (f)	[lulɛlákər]
col (f) de Bruselas	lakër Brukseli (f)	[lákər brukséli]
brócoli (m)	brokoli (m)	[brókoli]

remolacha (f)	panxhar (m)	[pandʒár]
berenjena (f)	patëllxhan (m)	[patəɫdʒán]
calabacín (m)	kungulleshë (m)	[kuɲuɫéʃə]
calabaza (f)	kungull (m)	[kúɲuɫ]
nabo (m)	rrepë (f)	[répə]

perejil (m)	majdanoz (m)	[majdanóz]
eneldo (m)	kopër (f)	[kópər]
lechuga (f)	sallatë jeshile (f)	[saɫátə jɛʃílɛ]
apio (m)	selino (f)	[sɛlíno]
espárrago (m)	asparagus (m)	[asparágus]
espinaca (f)	spinaq (m)	[spinác]

guisante (m)	bizele (f)	[bizélɛ]
habas (f pl)	fasule (f)	[fasúlɛ]
maíz (m)	misër (m)	[mísər]
fréjol (m)	groshë (f)	[gróʃə]

pimentón (m)	spec (m)	[spɛts]
rábano (m)	rrepkë (f)	[répkə]
alcachofa (f)	angjinare (f)	[aɲɟinárɛ]

GEOGRAFÍA REGIONAL

Los países. Las nacionalidades

234. Europa occidental

Europa (f)	Evropa (f)	[ɛvrópa]
Unión (f) Europea	Bashkimi Evropian (m)	[baʃkím ɛvropián]
europeo (m)	Evropian (m)	[ɛvropián]
europeo (adj)	evropian	[ɛvropián]
Austria (f)	Austri (f)	[austrí]
austriaco (m)	Austriak (m)	[austriɛ́k]
austriaca (f)	Austriake (f)	[austriɛ́kɛ]
austriaco (adj)	austriak	[austriɛ́k]
Gran Bretaña (f)	Britani e Madhe (f)	[brítani ɛ máðɛ]
Inglaterra (f)	Angli (f)	[aŋlí]
inglés (m)	Britanik (m)	[britaník]
inglesa (f)	Britanike (f)	[britaníkɛ]
inglés (adj)	anglez	[aŋléz]
Bélgica (f)	Belgjikë (f)	[bɛlɟíkə]
belga (m)	Belg (m)	[bɛlg]
belga (f)	Belge (f)	[bélgɛ˙]
belga (adj)	belg	[bɛlg]
Alemania (f)	Gjermani (f)	[ɟɛrmaní]
alemán (m)	Gjerman (m)	[ɟɛrmán]
alemana (f)	Gjermane (f)	[ɟɛrmánɛ]
alemán (adj)	gjerman	[ɟɛrmén]
Países Bajos (m pl)	Holandë (f)	[holár˙də]
Holanda (f)	Holandë (f)	[holár˙də]
holandés (m)	Holandez (m)	[holar˙déz]
holandesa (f)	Holandeze (f)	[holar˙dézɛ]
holandés (adj)	holandez	[holar˙déz]
Grecia (f)	Greqi (f)	[grɛcí]
griego (m)	Grek (m)	[grɛk]
griega (f)	Greke (f)	[grékɛ˙]
griego (adj)	grek	[grɛk˙]
Dinamarca (f)	Danimarkë (f)	[daniˑárkə]
danés (m)	Danez (m)	[danez]
danesa (f)	Daneze (f)	[danézɛ]
danés (adj)	danez	[danéz]
Irlanda (f)	Irlandë (f)	[irlár˙də]
irlandés (m)	Irlandez (m)	[irlar˙déz]

| irlandesa (f) | Irlandeze (f) | [irlandézɛ] |
| irlandés (adj) | irlandez | [irlandéz] |

Islandia (f)	Islandë (f)	[islándə]
islandés (m)	Islandez (m)	[islandéz]
islandesa (f)	Islandeze (f)	[islandézɛ]
islandés (adj)	islandez	[islandéz]

España (f)	Spanjë (f)	[spáɲə]
español (m)	Spanjoll (m)	[spaɲóɫ]
española (f)	Spanjolle (f)	[spaɲóɫɛ]
español (adj)	spanjoll	[spaɲóɫ]

Italia (f)	Itali (f)	[italí]
italiano (m)	Italian (m)	[italián]
italiana (f)	Italiane (f)	[italiánɛ]
italiano (adj)	italian	[italián]

Chipre (m)	Qipro (f)	[cípro]
chipriota (m)	Qipriot (m)	[cipriót]
chipriota (f)	Qipriote (f)	[cipriótɛ]
chipriota (adj)	qipriot	[cipriót]

Malta (f)	Maltë (f)	[máltə]
maltés (m)	Maltez (m)	[maltéz]
maltesa (f)	Malteze (f)	[maltézɛ]
maltés (adj)	maltez	[maltéz]

Noruega (f)	Norvegji (f)	[norvɛɟí]
noruego (m)	Norvegjez (m)	[norvɛɟéz]
noruega (f)	Norvegjeze (f)	[norvɛɟézɛ]
noruego (adj)	norvegjez	[norvɛɟéz]

Portugal (f)	Portugali (f)	[portugalí]
portugués (m)	Portugez (m)	[portugéz]
portuguesa (f)	Portugeze (f)	[portugézɛ]
portugués (adj)	portugez	[portugéz]

Finlandia (f)	Finlandë (f)	[finlándə]
finlandés (m)	Finlandez (m)	[finlandéz]
finlandesa (f)	Finlandeze (f)	[finlandézɛ]
finlandés (adj)	finlandez	[finlandéz]

Francia (f)	Francë (f)	[frántsə]
francés (m)	Francez (m)	[frantséz]
francesa (f)	Franceze (f)	[frantsézɛ]
francés (adj)	francez	[frantséz]

Suecia (f)	Suedi (f)	[suɛdí]
sueco (m)	Suedez (m)	[suɛdéz]
sueca (f)	Suedeze (f)	[suɛdézɛ]
sueco (adj)	suedez	[suɛdéz]

Suiza (f)	Zvicër (f)	[zvítsər]
suizo (m)	Zviceran (m)	[zvitsɛrán]
suiza (f)	Zvicerane (f)	[zvitsɛránɛ]

suizo (adj)	zviceran	[zvitsɛrán]
Escocia (f)	Skoci (f)	[skotsí]
escocés (m)	Skocez (m)	[skotséz]
escocesa (f)	Skoceze (f)	[skotsézɛ]
escocés (adj)	skocez	[skotséz]

Vaticano (m)	Vatikan (m)	[vatikár]
Liechtenstein (m)	Lichtenstein (m)	[litshtɛrstéin]
Luxemburgo (m)	Luksemburg (m)	[luksɛrbúrg]
Mónaco (m)	Monako (f)	[monáko]

235. Europa central y oriental

Albania (f)	Shqipëri (f)	[ʃcipərí]
albanés (m)	Shqiptar (m)	[ʃciptár]
albanesa (f)	Shqiptare (f)	[ʃciptárɛ]
albanés (adj)	shqiptar	[ʃciptár]

Bulgaria (f)	Bullgari (f)	[buɫgaí]
búlgaro (m)	Bullgar (m)	[buɫgá]
búlgara (f)	Bullgare (f)	[buɫgáɛ]
búlgaro (adj)	bullgar	[buɫgár]

Hungría (f)	Hungari (f)	[huŋarí]
húngaro (m)	Hungarez (m)	[huŋaréz]
húngara (f)	Hungareze (f)	[huŋarézɛ]
húngaro (adj)	hungarez	[huŋaréz]

Letonia (f)	Letoni (f)	[lɛtoní]
letón (m)	Letonez (m)	[lɛtonez]
letona (f)	Letoneze (f)	[lɛtonezɛ]
letón (adj)	letonez	[lɛtonez]

Lituania (f)	Lituani (f)	[lituarí]
lituano (m)	Lituanez (m)	[lituaréz]
lituana (f)	Lituaneze (f)	[lituarézɛ]
lituano (adj)	lituanez	[lituaréz]

Polonia (f)	Poloni (f)	[poloní]
polaco (m)	Polak (m)	[polák]
polaca (f)	Polake (f)	[polákɛ]
polaco (adj)	polak	[polák]

Rumania (f)	Rumani (f)	[rumaní]
rumano (m)	Rumun (m)	[rumun]
rumana (f)	Rumune (f)	[rumúnɛ]
rumano (adj)	rumun	[rumún]

Serbia (f)	Serbi (f)	[sɛrbí]
serbio (m)	Serb (m)	[sɛrb]
serbia (f)	Serbe (f)	[sérbɛ]
serbio (adj)	serb	[sɛrb]
Eslovaquia (f)	Sllovaki (f)	[sɫovakí]
eslovaco (m)	Sllovak (m)	[sɫovák]

| eslovaca (f) | Sllovake (f) | [sɫováke] |
| eslovaco (adj) | sllovak | [sɫovák] |

Croacia (f)	Kroaci (f)	[kroatsí]
croata (m)	Kroat (m)	[kroát]
croata (f)	Kroate (f)	[kroáte]
croata (adj)	kroat	[kroát]

Chequia (f)	Republika Çeke (f)	[rɛpublíka tʃéke]
checo (m)	Çek (m)	[tʃɛk]
checa (f)	Çeke (f)	[tʃéke]
checo (adj)	çek	[tʃɛk]

Estonia (f)	Estoni (f)	[ɛstoní]
estonio (m)	Estonez (m)	[ɛstonéz]
estonia (f)	Estoneze (f)	[ɛstonéze]
estonio (adj)	estonez	[ɛstonéz]

Bosnia y Herzegovina	Bosnje Herzegovina (f)	[bósɲe hɛrzegovína]
Macedonia	Maqedonia (f)	[macɛdonía]
Eslovenia	Sllovenia (f)	[sɫovɛnía]
Montenegro (m)	Mali i Zi (m)	[máli i zí]

236. Los países de la antes Unión Soviética

Azerbaidzhán (m)	Azerbajxhan (m)	[azɛrbajdʒán]
azerbaidzhano (m)	Azerbajxhanas (m)	[azɛrbajdʒánas]
azerbaidzhana (f)	Azerbajxhanase (f)	[azɛrbajdʒánase]
azerbaidzhano (adj)	azerbajxhanas	[azɛrbajdʒánas]

Armenia (f)	Armeni (f)	[armɛní]
armenio (m)	Armen (m)	[armén]
armenia (f)	Armene (f)	[arméne]
armenio (adj)	armen	[armén]

Bielorrusia (f)	Bjellorusi (f)	[bjɛɫorusí]
bielorruso (m)	Bjellorus (m)	[bjɛɫorús]
bielorrusa (f)	Bjelloruse (f)	[bjɛɫorúse]
bielorruso (adj)	bjellorus	[bjɛɫorús]

Georgia (f)	Gjeorgji (f)	[ɟeorɟí]
georgiano (m)	Gjeorgjian (m)	[ɟeorɟián]
georgiana (f)	Gjeorgjiane (f)	[ɟeorɟiáne]
georgiano (adj)	gjeorgjian	[ɟeorɟián]

Kazajstán (m)	Kazakistan (m)	[kazakistán]
kazajo (m)	Kazakistanez (m)	[kazakistanéz]
kazaja (f)	Kazakistaneze (f)	[kazakistanéze]
kazajo (adj)	kazakistanez	[kazakistanéz]

Kirguizistán (m)	Kirgistan (m)	[kirgistán]
kirguís (m)	Kirgistanez (m)	[kirgistanéz]
kirguisa (f)	Kirgistaneze (f)	[kirgistanéze]
kirguís (adj)	kirgistanez	[kirgistanéz]

Moldavia (f)	Moldavi (f)	[moldaví]
moldavo (m)	Moldav (m)	[moldáv]
moldava (f)	Moldave (f)	[moldávɛ]
moldavo (adj)	moldav	[moldáv]
Rusia (f)	Rusi (f)	[rusí]
ruso (m)	Rus (m)	[rus]
rusa (f)	Ruse (f)	[rúsɛ]
ruso (adj)	rus	[rus]
Tayikistán (m)	Taxhikistan (m)	[tadʒikistán]
tayiko (m)	Taxhikistanez (m)	[tadʒikistanéz]
tayika (f)	Taxhikistaneze (f)	[tadʒikistanézɛ]
tayiko (adj)	taxhikistanez	[tadʒikistanéz]
Turkmenia (f)	Turkmenistan (m)	[turkmɛnistán]
turkmeno (m)	Turkmen (m)	[turkmén]
turkmena (f)	Turkmene (f)	[turkménɛ]
turkmeno (adj)	Turkmen	[turkmén]
Uzbekistán (m)	Uzbekistan (m)	[uzbɛkistán]
uzbeko (m)	Uzbek (m)	[uzbék]
uzbeka (f)	Uzbeke (f)	[uzbékɛ]
uzbeko (adj)	uzbek	[uzbék]
Ucrania (f)	Ukrainë (f)	[ukraírə]
ucraniano (m)	Ukrainas (m)	[ukraíras]
ucraniana (f)	Ukrainase (f)	[ukraírasɛ]
ucraniano (adj)	ukrainas	[ukraínas]

237. Asia

Asia (f)	Azia (f)	[azía]
asiático (adj)	Aziatik	[aziatík]
Vietnam (m)	Vietnam (m)	[viɛtnám]
vietnamita (m)	Vietnamez (m)	[viɛtnaméz]
vietnamita (f)	Vietnameze (f)	[viɛtnamézɛ]
vietnamita (adj)	vietnamez	[viɛtnaméz]
India (f)	Indi (f)	[indí]
indio (m)	Indian (m)	[indién]
india (f)	Indiane (f)	[indiénɛ]
indio (adj)	indian	[indién]
Israel (m)	Izrael (m)	[izrael]
israelí (m)	Izaelit (m)	[izaɛ ít]
israelí (f)	Izraelite (f)	[izraɛlítɛ]
israelí (adj)	izraelit	[izraɛlít]
hebreo (m)	hebre (m)	[hɛb'é]
hebrea (f)	hebre (f)	[hɛb'é]
hebreo (adj)	hebraike	[hɛbraíkɛ]
China (f)	Kinë (f)	[kínə]

chino (m)	Kinez (m)	[kinéz]
china (f)	Kineze (f)	[kinézɛ]
chino (adj)	kinez	[kinéz]

coreano (m)	Korean (m)	[korɛán]
coreana (f)	Koreane (f)	[korɛánɛ]
coreano (adj)	korean	[korɛán]

Líbano (m)	Liban (m)	[libán]
libanés (m)	Libanez (m)	[libanéz]
libanesa (f)	Libaneze (f)	[libanézɛ]
libanés (adj)	libanez	[libanéz]

Mongolia (f)	Mongoli (f)	[moŋolí]
mongol (m)	Mongol (m)	[moŋól]
mongola (f)	Mongole (f)	[moŋólɛ]
mongol (adj)	mongol	[moŋól]

Malasia (f)	Malajzi (f)	[malajzí]
malayo (m)	Malajzian (m)	[malajzián]
malaya (f)	Malajziane (f)	[malajziánɛ]
malayo (adj)	malajzian	[malajzián]

Pakistán (m)	Pakistan (m)	[pakistán]
pakistaní (m)	Pakistanez (m)	[pakistanéz]
pakistaní (f)	Pakistaneze (f)	[pakistanézɛ]
pakistaní (adj)	pakistanez	[pakistanéz]

Arabia (f) Saudita	Arabia Saudite (f)	[arabía saudítɛ]
árabe (m)	Arab (m)	[aráb]
árabe (f)	Arabe (f)	[arábɛ]
árabe (adj)	arabik	[arabík]

Tailandia (f)	Tajlandë (f)	[tajlándə]
tailandés (m)	Tajlandez (m)	[tajlandéz]
tailandesa (f)	Tajlandeze (f)	[tajlandézɛ]
tailandés (adj)	tajlandez	[tajlandéz]

Taiwán (m)	Tajvan (m)	[tajván]
taiwanés (m)	Tajvanez (m)	[tajvanéz]
taiwanesa (f)	Tajvaneze (f)	[tajvanézɛ]
taiwanés (adj)	tajvanez	[tajvanéz]

Turquía (f)	Turqi (f)	[turcí]
turco (m)	Turk (m)	[turk]
turca (f)	Turke (f)	[túrkɛ]
turco (adj)	turk	[turk]

Japón (m)	Japoni (f)	[japoní]
japonés (m)	Japonez (m)	[japonéz]
japonesa (f)	Japoneze (f)	[japonézɛ]
japonés (adj)	japonez	[japonéz]

Afganistán (m)	Afganistan (m)	[afganistán]
Bangladesh (m)	Bangladesh (m)	[baŋladéʃ]
Indonesia (f)	Indonezi (f)	[indonɛzí]

Jordania (f)	Jordani (f)	[jordaní]
Irak (m)	Irak (m)	[irak]
Irán (m)	Iran (m)	[irán]
Camboya (f)	Kamboxhia (f)	[kambódʒia]
Kuwait (m)	Kuvajt (m)	[kuvájt]

Laos (m)	Laos (m)	[láos]
Myanmar (m)	Mianmar (m)	[mianmár]
Nepal (m)	Nepal (m)	[nɛpál]
Emiratos (m pl) Árabes Unidos	Emiratet e Bashkuara Arabe (pl)	[ɛmirátɛt ɛ baʃkúara arábɛ]

Siria (f)	Siri (f)	[sirí]
Palestina (f)	Palestinë (f)	[palɛstínə]
Corea (f) del Sur	Korea e Jugut (f)	[koréa ɛ júgut]
Corea (f) del Norte	Korea e Veriut (f)	[koréa ɛ vériut]

238. América del Norte

Estados Unidos de América (m pl)	Shtetet e Bashkuara të Amerikës	[ʃtétɛt ɛ baʃkúara tə amɛ‑íkəs]
americano (m)	Amerikan (m)	[amɛrikán]
americana (f)	Amerikane (f)	[amɛrikánɛ]
americano (adj)	amerikan	[amɛrikán]

Canadá (f)	Kanada (f)	[kanadá]
canadiense (m)	Kanadez (m)	[kanadéz]
canadiense (f)	Kanadeze (f)	[kanadézɛ]
canadiense (adj)	kanadez	[kanadéz]

Méjico (m)	Meksikë (f)	[mɛksikə]
mejicano (m)	Meksikan (m)	[mɛksikán]
mejicana (f)	Meksikane (f)	[mɛksikánɛ]
mejicano (adj)	meksikan	[mɛks kán]

239. Centroamérica y Sudamérica

Argentina (f)	Argjentinë (f)	[arɟɛn‑ínə]
argentino (m)	Argjentinas (m)	[arɟɛntínas]
argentina (f)	Argjentinase (f)	[arɟɛntínasɛ]
argentino (adj)	argjentinas	[arɟɛntínas]

Brasil (f)	Brazil (m)	[brazíl]
brasileño (m)	Brazilian (m)	[brazilián]
brasileña (f)	Braziliane (f)	[braz liánɛ]
brasileño (adj)	brazilian	[braz lián]

Colombia (f)	Kolumbi (f)	[kolumbí]
colombiano (m)	Kolumbian (m)	[kolumbián]
colombiana (f)	Kolumbiane (f)	[kolumbiánɛ]
colombiano (adj)	kolumbian	[kolumbián]
Cuba (f)	Kuba (f)	[kúba]

cubano (m)	Kuban (m)	[kubán]
cubana (f)	Kubane (f)	[kubánɛ]
cubano (adj)	kuban	[kubán]

Chile (m)	Kili (m)	[kíli]
chileno (m)	Kilian (m)	[kilián]
chilena (f)	Kiliane (f)	[kiliánɛ]
chileno (adj)	kilian	[kilián]

Bolivia (f)	Bolivi (f)	[bolivi]
Venezuela (f)	Venezuelë (f)	[vɛnɛzuélə]
Paraguay (m)	Paraguai (m)	[paraguái]
Perú (m)	Peru (f)	[pɛrú]
Surinam (m)	Surinam (m)	[surinám]
Uruguay (m)	Uruguai (m)	[uruguái]
Ecuador (m)	Ekuador (m)	[ɛkuadór]

Islas (f pl) Bahamas	Bahamas (m)	[bahámas]
Haití (m)	Haiti (m)	[haíti]
República (f) Dominicana	Republika Dominikane (f)	[rɛpublíka dominikánɛ]
Panamá (f)	Panama (f)	[panamá]
Jamaica (f)	Xhamajka (f)	[dʒamájka]

240. África

Egipto (m)	Egjipt (m)	[ɛɉípt]
egipcio (m)	Egjiptian (m)	[ɛɉiptián]
egipcia (f)	Egjiptiane (f)	[ɛɉiptiánɛ]
egipcio (adj)	egjiptian	[ɛɉiptián]

Marruecos (m)	Marok (m)	[marók]
marroquí (m)	Maroken (m)	[marokén]
marroquí (f)	Marokene (f)	[marokénɛ]
marroquí (adj)	maroken	[marokén]

Túnez (m)	Tunizi (f)	[tunizí]
tunecino (m)	Tunizian (m)	[tunizián]
tunecina (f)	Tuniziane (f)	[tuniziánɛ]
tunecino (adj)	tunizian	[tunizián]

Ghana (f)	Gana (f)	[gána]
Zanzíbar (m)	Zanzibar (m)	[zanzibár]
Kenia (f)	Kenia (f)	[kénia]
Libia (f)	Libia (f)	[libía]
Madagascar (m)	Madagaskar (m)	[madagaskár]

Namibia (f)	Namibia (f)	[namíbia]
Senegal	Senegal (m)	[sɛnɛgál]
Tanzania (f)	Tanzani (f)	[tanzaní]
República (f) Sudafricana	Afrika e Jugut (f)	[afríka ɛ júgut]

africano (m)	Afrikan (m)	[afrikán]
africana (f)	Afrikane (f)	[afrikánɛ]
africano (adj)	Afrikan	[afrikán]

241. Australia. Oceanía

Australia (f)	Australia (f)	[austral a]
australiano (m)	Australian (m)	[austral án]
australiana (f)	Australiane (f)	[austral ánɛ]
australiano (adj)	australian	[austral án]
Nueva Zelanda (f)	Zelandë e Re (f)	[zɛlándə ɛ ré]
neocelandés (m)	Zelandez (m)	[zɛlandə́z]
neocelandesa (f)	Zelandeze (f)	[zɛlandə́zɛ]
neocelandés (adj)	zelandez	[zɛlandə́z]
Tasmania (f)	Tasmani (f)	[tasmaní]
Polinesia (f) Francesa	Polinezia Franceze (f)	[polinɛzía frantsézɛ]

242. Las ciudades

Ámsterdam	Amsterdam (m)	[amstɛ˞dám]
Ankara	Ankara (f)	[ankará]
Atenas	Athinë (f)	[aθínə˞
Bagdad	Bagdad (m)	[bagdád]
Bangkok	Bangkok (m)	[baŋkɔ́k]
Barcelona	Barcelonë (f)	[bartsɛlónə]
Beirut	Bejrut (m)	[bɛjrút˞
Berlín	Berlin (m)	[bɛrlín]
Bombay	Mumbai (m)	[mumbái]
Bonn	Bon (m)	[bon]
Bratislava	Bratislavë (f)	[bratislávə]
Bruselas	Bruksel (m)	[bruksél]
Bucarest	Bukuresht (m)	[bukuréʃt]
Budapest	Budapest (m)	[budaɔést]
Burdeos	Bordo (f)	[bordó]
El Cairo	Kajro (f)	[kájro˞
Calcuta	Kalkutë (f)	[kalkútə]
Chicago	Çikago (f)	[tʃikáço]
Copenhague	Kopenhagen (m)	[kopɛnhágɛn]
Dar-es-Salam	Dar es Salam (m)	[dar ɛs salám]
Delhi	Delhi (f)	[délhi]
Dubai	Dubai (m)	[dubə́i]
Dublín	Dublin (m)	[dúblin]
Dusseldorf	Dyseldorf (m)	[dysɛldórf]
Estambul	Stamboll (m)	[stambóɫ]
Estocolmo	Stokholm (m)	[stoknólm]
Florencia	Firence (f)	[firéntsɛ]
Fráncfort del Meno	Frankfurt (m)	[frankfúrt]
Ginebra	Gjenevë (f)	[ɟɛnévə]
La Habana	Havana (f)	[havána]
Hamburgo	Hamburg (m)	[ham˞búrg]

Hanói	Hanoi (m)	[hanói]
La Haya	Hagë (f)	[hágə]
Helsinki	Helsinki (m)	[hɛlsínki]
Hiroshima	Hiroshimë (f)	[hiroʃímə]
Hong Kong (m)	Hong Kong (m)	[hoŋ kóŋ]

Jerusalén	Jerusalem (m)	[jɛrusalém]
Kiev	Kiev (m)	[kíɛv]
Kuala Lumpur	Kuala Lumpur (m)	[kuála lumpúr]

Lisboa	Lisbonë (f)	[lisbónə]
Londres	Londër (f)	[lóndər]
Los Ángeles	Los Anxhelos (m)	[lós andʒɛlós]
Lyon	Lion (m)	[lión]

Madrid	Madrid (m)	[madríd]
Marsella	Marsejë (f)	[marséjə]
Méjico	Meksiko Siti (m)	[méksiko síti]
Miami	Majami (m)	[majámi]
Montreal	Montreal (m)	[montrɛál]
Moscú	Moskë (f)	[móskə]
Munich	Munih (m)	[muníh]

Nairobi	Najrobi (m)	[najróbi]
Nápoles	Napoli (m)	[nápoli]
Niza	Nisë (m)	[nísə]
Nueva York	Nju Jork (m)	[ɲu jork]

Oslo	oslo (f)	[óslo]
Ottawa	Otava (f)	[otáva]
París	Paris (m)	[parís]
Pekín	Pekin (m)	[pɛkín]
Praga	Pragë (f)	[prágə]

Río de Janeiro	Rio de Zhaneiro (m)	[río dɛ ʒanéiro]
Roma	Romë (f)	[rómə]
San Petersburgo	Shën Petersburg (m)	[ʃən pɛtɛrsbúrg]
Seúl	Seul (m)	[sɛúl]
Shanghái	Shangai (m)	[ʃaŋái]
Singapur	Singapor (m)	[siŋapór]
Sydney	Sidney (m)	[sidnéy]

Taipei	Taipei (m)	[taipéi]
Tokio	Tokio (f)	[tókio]
Toronto	Toronto (f)	[torónto]
Varsovia	Varshavë (f)	[varʃávə]
Venecia	Venecia (f)	[vɛnétsia]
Viena	Vjenë (f)	[vjénə]
Washington	Uashington (m)	[vaʃiɳtón]

243. La política. El gobierno. Unidad 1

| política (f) | politikë (f) | [politíkə] |
| político (adj) | politike | [politíkɛ] |

216

político (m)	politikan (m)	[politikán]
Estado (m)	shtet (m)	[ʃtɛt]
ciudadano (m)	nënshtetas (m)	[nənʃtétɛs]
ciudadanía (f)	nënshtetësi (f)	[nənʃtɛtɛsí]

| escudo (m) nacional | simbol kombëtar (m) | [simból kombətár] |
| himno (m) nacional | himni kombëtar (m) | [hímni kɔmbətár] |

gobierno (m)	qeveri (f)	[cɛvɛrí]
jefe (m) de estado	kreu i shtetit (m)	[kréu i ʃtətit]
parlamento (m)	parlament (m)	[parlamént]
partido (m)	parti (f)	[partí]

| capitalismo (m) | kapitalizëm (m) | [kapitalízəm] |
| capitalista (adj) | kapitalist | [kapitalíst] |

| socialismo (m) | socializëm (m) | [sotsialízəm] |
| socialista (adj) | socialist | [sotsialíst] |

comunismo (m)	komunizëm (m)	[komunízəm]
comunista (adj)	komunist	[komuníst]
comunista (m)	komunist (m)	[komuríst]

democracia (f)	demokraci (f)	[dɛmokratsí]
demócrata (m)	demokrat (m)	[dɛmokrát]
democrático (adj)	demokratik	[dɛmokratík]
partido (m) democrático	parti demokratike (f)	[partí dɛmokratíkɛ]

| liberal (m) | liberal (m) | [libɛrál] |
| liberal (adj) | liberal | [libɛrál] |

| conservador (m) | konservativ (m) | [konsɛrvatív] |
| conservador (adj) | konservativ | [konsɛrvatív] |

república (f)	republikë (f)	[rɛpub íkə]
republicano (m)	republikan (m)	[rɛpub ikán]
partido (m) republicano	parti republikane (f)	[partí rɛpublikánɛ]

elecciones (f pl)	zgjedhje (f)	[zɟéðjɛ]
elegir (vi)	zgjedh	[zɟɛð]
elector (m)	zgjedhës (m)	[zɟéðəs]
campaña (f) electoral	fushatë zgjedhore (f)	[fuʃátə zɟɛðórɛ]

votación (f)	votim (m)	[votím]
votar (vi)	votoj	[votój]
derecho (m) a voto	e drejta e votës (f)	[ɛ dré.ta ɛ vótəs]

candidato (m)	kandidat (m)	[kand dát]
presentar su candidatura	jam kandidat	[jam kandidát]
campaña (f)	fushatë (f)	[fuʃátə]

| de oposición (adj) | opozitar | [opozitár] |
| oposición (f) | opozitë (f) | [opozítə] |

| visita (f) | vizitë (f) | [vizítə] |
| visita (f) oficial | vizitë zyrtare (f) | [vizítə zyrtárɛ] |

internacional (adj)	ndërkombëtar	[ndərkombetár]
negociaciones (f pl)	negociata (f)	[nɛgotsiáta]
negociar (vi)	negocioj	[nɛgotsiój]

244. La política. El gobierno. Unidad 2

sociedad (f)	shoqëri (f)	[ʃocərí]
constitución (f)	kushtetutë (f)	[kuʃtɛtútə]
poder (m)	pushtet (m)	[puʃtét]
corrupción (f)	korrupsion (m)	[korupsión]

| ley (f) | ligj (m) | [liɟ] |
| legal (adj) | ligjor | [liɟór] |

| justicia (f) | drejtësi (f) | [drɛjtəsí] |
| justo (adj) | e drejtë | [ɛ dréjtə] |

comité (m)	komitet (m)	[komitét]
proyecto (m) de ley	projektligj (m)	[projɛktlíɟ]
presupuesto (m)	buxhet (m)	[budʒét]
política (f)	politikë (f)	[politíkə]
reforma (f)	reformë (f)	[rɛfórmə]
radical (adj)	radikal	[radikál]

potencia (f) (~ militar, etc.)	fuqi (f)	[fucí]
poderoso (adj)	i fuqishëm	[i fucíʃəm]
partidario (m)	mbështetës (m)	[mbəʃtétəs]
influencia (f)	ndikim (m)	[ndikím]

régimen (m)	regjim (m)	[rɛɟím]
conflicto (m)	konflikt (m)	[konflíkt]
complot (m)	komplot (m)	[komplót]
provocación (f)	provokim (m)	[provokím]

derrocar (al régimen)	rrëzoj	[rəzój]
derrocamiento (m)	rrëzim (m)	[rəzím]
revolución (f)	revolucion (m)	[rɛvolutsión]

| golpe (m) de estado | grusht shteti (m) | [grúʃt ʃtéti] |
| golpe (m) militar | puç ushtarak (m) | [putʃ uʃtarák] |

crisis (m)	krizë (f)	[krízə]
recesión (f) económica	recesion ekonomik (m)	[rɛtsɛsión ɛkonomík]
manifestante (m)	protestues (m)	[protɛstúɛs]
manifestación (f)	protestë (f)	[protéstə]
ley (m) marcial	ligj ushtarak (m)	[liɟ uʃtarák]
base (f) militar	bazë ushtarake (f)	[bázə uʃtarákɛ]

| estabilidad (f) | stabilitet (m) | [stabilitét] |
| estable (adj) | stabil | [stabíl] |

explotación (f)	shfrytëzim (m)	[ʃfrytəzím]
explotar (vt)	shfrytëzoj	[ʃfrytəzój]
racismo (m)	racizëm (m)	[ratsízəm]

racista (m)	racist (m)	[ratsíst]
fascismo (m)	fashizëm (m)	[faʃízəm]
fascista (m)	fashist (m)	[faʃíst]

245. Los países. Miscelánea

extranjero (m)	i huaj (m)	[i húaj]
extranjero (adj)	huaj	[húaj]
en el extranjero	jashtë shteti	[jáʃtə ʃtéʈi]
emigrante (m)	emigrant (m)	[ɛmigránt]
emigración (f)	emigracion (m)	[ɛmigra·sión]
emigrar (vi)	emigroj	[ɛmigró]
Oeste (m)	Perëndimi (m)	[pɛrəndími]
Este (m)	Lindja (f)	[líndja]
Extremo Oriente (m)	Lindja e Largët (f)	[líndja ɛ lárgət]
civilización (f)	civilizim (m)	[tsivilizím]
humanidad (f)	njerëzia (f)	[nɛrəzía]
mundo (m)	bota (f)	[bóta]
paz (f)	paqe (f)	[pácɛ]
mundial (adj)	botëror	[botəró·]
patria (f)	atdhe (f)	[atðé]
pueblo (m)	njerëz (m)	[ɲérəz]
población (f)	popullsi (f)	[popuɫsí]
gente (f)	njerëz (m)	[ɲérəz]
nación (f)	komb (m)	[komb]
generación (f)	brez (m)	[brɛz]
territorio (m)	zonë (f)	[zónə]
región (m)	rajon (m)	[rajón]
estado (m) (parte de un país)	shtet (m)	[ʃtɛt]
tradición (f)	traditë (f)	[tradítə]
costumbre (f)	zakon (m)	[zakón]
ecología (f)	ekologjia (f)	[ɛkoloɟía]
indio (m)	Indian të Amerikës (m)	[indiár tə amɛríkəs]
gitano (m)	jevg (m)	[jɛvg]
gitana (f)	jevge (f)	[jévgɛ]
gitano (adj)	jevg	[jɛvg]
imperio (m)	perandori (f)	[pɛrandorí]
colonia (f)	koloni (f)	[kolorí]
esclavitud (f)	skllevëri (m)	[skɫɛvərí]
invasión (f)	pushtim (m)	[puʃtím]
hambruna (f)	uria (f)	[uría]

246. Grupos religiosos principales. Las confesiones

religión (f)	religjion (m)	[rɛliɟión]
religioso (adj)	religjioz	[rɛliɟióz]

creencia (f)	fe, besim (m)	[fé], [bɛsím]
creer (en Dios)	besoj	[bɛsój]
creyente (m)	besimtar (m)	[bɛsimtár]

| ateísmo (m) | ateizëm (m) | [atɛízəm] |
| ateo (m) | ateist (m) | [atɛíst] |

cristianismo (m)	Krishterimi (m)	[kriʃtɛrími]
cristiano (m)	i krishterë (m)	[i kriʃtérə]
cristiano (adj)	krishterë	[kriʃtérə]

catolicismo (m)	Katolicizëm (m)	[katolitsízəm]
católico (m)	Katolik (m)	[katolík]
católico (adj)	katolik	[katolík]

protestantismo (m)	Protestantizëm (m)	[protɛstantízəm]
Iglesia (f) Protestante	Kishë Protestante (f)	[kíʃə protɛstántɛ]
protestante (m)	Protestant (m)	[protɛstánt]

Ortodoxia (f)	Ortodoksia (f)	[ortodoksía]
Iglesia (f) Ortodoxa	Kishë Ortodokse (f)	[kíʃə ortodóksɛ]
ortodoxo (m)	Ortodoks (m)	[ortodóks]

Presbiterianismo (m)	Presbiterian (m)	[prɛsbitɛrián]
Iglesia (f) Presbiteriana	Kishë Presbiteriane (f)	[kíʃə prɛsbitɛriánɛ]
presbiteriano (m)	Presbiterian (m)	[prɛsbitɛrián]

| Iglesia (f) Luterana | Luterianizëm (m) | [lutɛrianízəm] |
| luterano (m) | Luterian (m) | [lutɛrián] |

| Iglesia (f) Bautista | Kishë Baptiste (f) | [kíʃə baptístɛ] |
| bautista (m) | Baptist (m) | [baptíst] |

| Iglesia (f) Anglicana | Kishë Anglikane (f) | [kíʃə aŋlikánɛ] |
| anglicano (m) | Anglikan (m) | [aŋlikán] |

| mormonismo (m) | Mormonizëm (m) | [mormonízəm] |
| mormón (m) | Mormon (m) | [mormón] |

| judaísmo (m) | Judaizëm (m) | [judaízəm] |
| judío (m) | çifut (m) | [tʃifút] |

| Budismo (m) | Budizëm (m) | [budízəm] |
| budista (m) | Budist (m) | [budíst] |

| Hinduismo (m) | Hinduizëm (m) | [hinduízəm] |
| hinduista (m) | Hindu (m) | [híndu] |

Islam (m)	Islam (m)	[islám]
musulmán (m)	Mysliman (m)	[myslimán]
musulmán (adj)	Mysliman	[myslimán]

chiísmo (m)	Islami Shia (m)	[islámi ʃía]
chiita (m)	Shiitë (f)	[ʃiítə]
sunismo (m)	Islami Suni (m)	[islámi súni]
suní (m, f)	Sunit (m)	[sunít]

247. Las religiones. Los sacerdotes

| sacerdote (m) | prift (m) | [prift] |
| Papa (m) | Papa (f) | [pápa] |

monje (m)	murg, frat (m)	[murg], 'frat]
monja (f)	murgeshë (f)	[murgéʃə]
pastor (m)	pastor (m)	[pastór]

abad (m)	abat (m)	[abát]
vicario (m)	famullitar (m)	[famuɫitár]
obispo (m)	peshkop (m)	[pɛʃkóp]
cardenal (m)	kardinal (m)	[kardinal]

predicador (m)	predikues (m)	[prɛdikuɛs]
prédica (f)	predikim (m)	[prɛdikím]
parroquianos (m pl)	faullistë (f)	[fauɫístə]

| creyente (m) | besimtar (m) | [bɛsimtár] |
| ateo (m) | ateist (m) | [atɛíst] |

248. La fé. El cristianismo. El islamismo

| Adán | Adam (m) | [adám] |
| Eva | eva (f) | [éva] |

Dios (m)	Zot (m)	[zot]
Señor (m)	Zoti (m)	[zóti]
el Todopoderoso	i Plotfuqishmi (m)	[i plotfucíʃmi]

pecado (m)	mëkat (m)	[məká:]
pecar (vi)	mëkatoj	[məka:ój]
pecador (m)	mëkatar (m)	[məkaɫár]
pecadora (f)	mëkatare (f)	[məkaɫárɛ]

| infierno (m) | ferr (m) | [fɛr] |
| paraíso (m) | parajsë (f) | [parájsə] |

| Jesús | Jezus (m) | [jézus] |
| Jesucristo (m) | Jezu Krishti (m) | [jézu kríʃti] |

Espíritu (m) Santo	Shpirti i Shenjtë (m)	[ʃpírti ʃéɲtə]
el Salvador	Shpëtimtar (m)	[ʃpətimtár]
la Virgen María	e Virgjëra Meri (f)	[ɛ víɾɟəra méri]

diablo (m)	Djalli (m)	[djáɫi]
diabólico (adj)	i djallit	[i djáɫit]
Satán (m)	Satani (m)	[satáni]
satánico (adj)	satanik	[sataník]

ángel (m)	engjëll (m)	[éɲɟə-]
ángel (m) custodio	engjëlli mbrojtës (m)	[éɲɟəɾi mbrójtəs]
angelical (adj)	engjëllor	[ɛɲɟə-ór]

apóstol (m)	apostull (m)	[apóstuɫ]
arcángel (m)	kryeengjëll (m)	[kryɛénɉəɫ]
anticristo (m)	Antikrishti (m)	[antikríʃti]
Iglesia (f)	Kishë (f)	[kíʃə]
Biblia (f)	Bibla (f)	[bíbla]
bíblico (adj)	biblik	[biblík]
Antiguo Testamento (m)	Dhiata e Vjetër (f)	[ðiáta ɛ vjétər]
Nuevo Testamento (m)	Dhiata e Re (f)	[ðiáta ɛ ré]
Evangelio (m)	ungjill (m)	[unɉíɫ]
Sagrada Escritura (f)	Libri i Shenjtë (m)	[líbri i ʃéɲtə]
cielo (m)	parajsa (f)	[parájsa]
mandamiento (m)	urdhëresë (f)	[urðərésə]
profeta (m)	profet (m)	[profét]
profecía (f)	profeci (f)	[profɛtsí]
Alá	Allah (m)	[aɫáh]
Mahoma	Muhamed (m)	[muhaméd]
Corán (m)	Kurani (m)	[kuráni]
mezquita (f)	xhami (f)	[dʒamí]
mulá (m), mullah (m)	hoxhë (m)	[hódʒə]
oración (f)	lutje (f)	[lútjɛ]
orar (vi)	lutem	[lútɛm]
peregrinación (f)	pelegrinazh (m)	[pɛlɛgrináʒ]
peregrino (m)	pelegrin (m)	[pɛlɛgrín]
La Meca	Mekë (f)	[mékə]
iglesia (f)	kishë (f)	[kíʃə]
templo (m)	tempull (m)	[témpuɫ]
catedral (f)	katedrale (f)	[katɛdrálɛ]
gótico (adj)	Gotik	[gotík]
sinagoga (f)	sinagogë (f)	[sinagógə]
mezquita (f)	xhami (f)	[dʒamí]
capilla (f)	kishëz (m)	[kíʃəz]
abadía (f)	abaci (f)	[ábatsi]
monasterio (m)	manastir (m)	[manastír]
campana (f)	kambanë (f)	[kambánə]
campanario (m)	kulla e kambanës (f)	[kúɫa ɛ kambánəs]
sonar (vi)	bien	[bíɛn]
cruz (f)	kryq (m)	[kryc]
cúpula (f)	kupola (f)	[kupóla]
icono (m)	ikona (f)	[ikóna]
alma (f)	shpirt (m)	[ʃpirt]
destino (m)	fat (m)	[fat]
maldad (f)	e keqe (f)	[ɛ kécɛ]
bien (m)	e mirë (f)	[ɛ mírə]
vampiro (m)	vampir (m)	[vampír]
bruja (f)	shtrigë (f)	[ʃtrígə]

| demonio (m) | djall (m) | [djáł] |
| espíritu (m) | shpirt (m) | [ʃpirt] |

| redención (f) | shëlbim (m) | [ʃəlbím] |
| redimir (vt) | shëlbej | [ʃəlbéj] |

culto (m), misa (f)	meshë (f)	[méʃə]
decir misa	lus meshë	[lús méʃə]
confesión (f)	rrëfim (m)	[rəfím]
confesarse (vr)	rrëfej	[rəféj]

santo (m)	shenjt (m)	[ʃɛɲt]
sagrado (adj)	i shenjtë	[i ʃéɲtə]
agua (f) santa	ujë i bekuar (m)	[újə i bɛkúar]

rito (m)	ritual (m)	[rituál]
ritual (adj)	ritual	[rituál]
sacrificio (m)	sakrificë (f)	[sakrifítsə]

superstición (f)	besëtytni (f)	[bɛsətyːní]
supersticioso (adj)	supersticioz	[supɛrstitsióz]
vida (f) de ultratumba	jeta e përtejme (f)	[jéta ɛ pərtéjmɛ]
vida (f) eterna	përjetësia (f)	[pərjɛtɛsía]

MISCELÁNEA

249. Varias palabras útiles

alto (m) (descanso)	pauzë (f)	[paúzə]
ayuda (f)	ndihmë (f)	[ndíhmə]
balance (m)	ekuilibër (m)	[ɛkuilíbər]
barrera (f)	pengesë (f)	[pɛŋésə]
base (f) (~ científica)	bazë (f)	[bázə]
categoría (f)	kategori (f)	[katɛgorí]
causa (f)	shkak (m)	[ʃkak]
coincidencia (f)	rastësi (f)	[rastəsí]
comienzo (m) (principio)	fillim (m)	[fiɫím]
comparación (f)	krahasim (m)	[krahasím]
compensación (f)	shpërblim (m)	[ʃpərblím]
confortable (adj)	i rehatshëm	[i rɛhátʃəm]
cosa (f) (objeto)	gjë (f)	[ɟə]
crecimiento (m)	rritje (f)	[rítjɛ]
desarrollo (m)	zhvillim (m)	[ʒviɫím]
diferencia (f)	ndryshim (m)	[ndryʃím]
efecto (m)	efekt (m)	[ɛfékt]
ejemplo (m)	shembull (m)	[ʃémbuɫ]
elección (f)	zgjedhje (f)	[zɟéðjɛ]
elemento (m)	element (m)	[ɛlɛmént]
error (m)	gabim (m)	[gabím]
esfuerzo (m)	përpjekje (f)	[pərpjékjɛ]
estándar (adj)	standard	[standárd]
estándar (m)	standard (m)	[standárd]
estilo (m)	stil (m)	[stil]
fin (m)	fund (m)	[fund]
fondo (m) (color de ~)	sfond (m)	[sfónd]
forma (f) (contorno)	formë (f)	[fórmə]
frecuente (adj)	i shpeshtë	[i ʃpéʃtə]
grado (m) (en mayor ~)	nivel (m)	[nivél]
hecho (m)	fakt (m)	[fakt]
ideal (m)	ideal (m)	[idɛál]
laberinto (m)	labirint (m)	[labirínt]
modo (m) (de otro ~)	rrugëzgjidhje (f)	[rugəzɟíðjɛ]
momento (m)	moment (m)	[momént]
objeto (m)	objekt (m)	[objékt]
obstáculo (m)	pengesë (f)	[pɛŋésə]
original (m)	origjinal (m)	[oriɟinál]
parte (f)	pjesë (f)	[pjésə]

partícula (f)	grimcë (f)	[grímtsə]
pausa (f)	pushim (m)	[puʃím]
posición (f)	pozicion (m)	[pozitsićn]
principio (m) (tener por ~)	parim (m)	[parím]
problema (m)	problem (m)	[problém]

proceso (m)	proces (m)	[protsés]
progreso (m)	ecje përpara (f)	[étsjɛ pərpára]
propiedad (f) (cualidad)	cilësi (f)	[tsiləsí]
reacción (f)	reagim (m)	[rɛagím]

riesgo (m)	rrezik (m)	[rɛzík]
secreto (m)	sekret (m)	[sɛkrét]
serie (f)	seri (f)	[sɛrí]
sistema (m)	sistem (m)	[sistém]
situación (f)	situatë (f)	[situátə]

solución (f)	zgjidhje (f)	[zʝíðjɛ]
tabla (f) (~ de multiplicar)	tabelë (f)	[tabélə]
tempo (m) (ritmo)	ritëm (m)	[rítəm]
término (m)	term (m)	[tɛrm]

tipo (m) (~ de deportes)	lloj (m)	[ɬoj]
tipo (m) (no es mi ~)	tip (m)	[tip]
turno (m) (esperar su ~)	kthesë (f)	[kθésə]
urgente (adj)	urgjent	[urɟént]

urgentemente	urgjentisht	[urɟɛntíʃt]
utilidad (f)	vegël (f)	[végəl]
variante (f)	variant (m)	[variánt]
verdad (f)	e vërtetë (f)	[ɛ vərtetə]
zona (f)	zonë (f)	[zónə]

250. Los modificadores. Los adjetivos. Unidad 1

abierto (adj)	i hapur	[i hápur]
adicional (adj)	shtesë	[ʃtésə]
agradable (~ voz)	i bukur	[i búkur]
agradecido (adj)	mirënjohës	[mirəɲóhəs]

agrio (sabor ~)	i hidhur	[i híður]
agudo (adj)	i mprehtë	[i mprɛ́htə]
alegre (adj)	i gëzuar	[i gəzúar]
amargo (adj)	i hidhur	[i híður]

amplio (~a habitación)	i bollshëm	[i bóɬʃəm]
ancho (camino ~)	i gjerë	[i ɟérə]
antiguo (adj)	i lashtë	[i láʃtɛ]
apretado (falda ~a)	ngushtë	[ɲúʃtə]

arriesgado (adj)	i rrezikshëm	[i rɛzíkʃəm]
artificial (adj)	artificial	[artifiɬsiál]
azucarado (adj)	i ëmbël	[i ə́mbəl]
bajo (voz ~a)	i ulët	[i úləʃ]

225

barato (adj)	i lirë	[i lírə]
bello (hermoso)	i bukur	[i búkur]
blando (adj)	i butë	[i bútə]
bronceado (adj)	i nxirë	[i ndzírə]
bueno (de buen corazón)	i mirë	[i mírə]

bueno (un libro, etc.)	i mirë	[i mírə]
caliente (adj)	i nxehtë	[i ndzéhtə]
calmo, tranquilo	i qetë	[i cétə]
cansado (adj)	i lodhur	[i lóður]

cariñoso (un padre ~)	i dashur	[i dáʃur]
caro (adj)	i shtrenjtë	[i ʃtréɲtə]
central (adj)	qendror	[cɛndrór]
cerrado (adj)	i mbyllur	[i mbýɫur]
ciego (adj)	i verbër	[i vérbər]

civil (derecho ~)	civil	[tsivíl]
clandestino (adj)	klandestin	[klandɛstín]
claro (color)	i çelët	[i tʃélət]
claro (explicación, etc.)	i qartë	[i cártə]
compatible (adj)	i përshtatshëm	[i pərʃtátʃəm]

congelado (pescado ~)	i ngrirë	[i ŋrírə]
conjunto (decisión ~a)	i përbashkët	[i pərbáʃkət]
considerable (adj)	i rëndësishëm	[i rəndəsíʃəm]
contento (adj)	i kënaqur	[i kənácur]
continuo (adj)	i zgjatur	[i zɟátur]

continuo (incesante)	i vazhdueshëm	[i vaʒdúɛʃəm]
conveniente (apto)	i përshtatshëm	[i pərʃtátʃəm]
correcto (adj)	i saktë	[i sáktə]
cortés (adj)	i sjellshëm	[i sjéɫʃəm]
corto (adj)	i shkurtër	[i ʃkúrtər]

crudo (huevos ~s)	i gjallë	[i ɟáɫə]
de atrás (adj)	i pasmë	[i pásmə]
de corta duración (adj)	jetëshkurtër	[jɛtəʃkúrtər]
de segunda mano	i përdorur	[i pərdórur]
delgado (adj)	i dobët	[i dóbət]

demasiado magro	i hollë	[i hóɫə]
denso (~a niebla)	i dendur	[i déndur]
derecho (adj)	djathtë	[djáθtə]
diferente (adj)	i ndryshëm	[i ndrýʃəm]
difícil (decisión)	i vështirë	[i vəʃtírə]

difícil (problema ~)	i vështirë	[i vəʃtírə]
distante (adj)	larg	[larg]
dulce (agua ~)	i freskët	[i fréskət]
duro (material, etc.)	i fortë	[i fórtə]

el más alto	më i larti	[mə i lárti]
el más importante	më i rëndësishmi	[mə i rəndəsíʃmi]
el más próximo	më i afërti	[mə i áfərti]
enfermo (adj)	i sëmurë	[i səmúrə]

enorme (adj)	i madh	[i máð]
entero (adj)	i plotë	[i plótə]
especial (adj)	i veçantë	[i vɛtʃántə]
espeso (niebla ~a)	i trashë	[i tráʃə]
estrecho (calle, etc.)	i ngushtë	[i ŋúʃtə]
exacto (adj)	i saktë	[i sáktə]
excelente (adj)	i shkëlqyer	[i ʃkəlcýɛr]
excesivo (adj)	i tepërt	[i tépərt]
exterior (adj)	i jashtëm	[i jáʃtəm]
extranjero (adj)	huaj	[húaj]
fácil (adj)	i lehtë	[i léhtə]
fatigoso (adj)	i mundimshëm	[i muncímʃəm]
feliz (adj)	i lumtur	[i lúmtʊr]
fértil (la tierra ~)	pjellore	[pjɛłórɛ]
frágil (florero, etc.)	delikat	[dɛlikáʃ]
fresco (está ~ hoy)	i ftohtë	[i ftóhtə]
fresco (pan, etc.)	i freskët	[i fréskət]
frío (bebida ~a, etc.)	i ftohtë	[i ftóhtə]
fuerte (~ voz)	i lartë	[i lártə]
fuerte (adj)	i fortë	[i fórtə]
grande (en dimensiones)	i madh	[i máð]
graso (alimento ~)	i yndyrshëm	[i yndýrʃəm]
gratis (adj)	falas	[fálas]
grueso (muro, etc.)	i trashë	[i tráʃə]
hambriento (adj)	i uritur	[i urítur]
hermoso (~ palacio)	i bukur	[i búkur]
hostil (adj)	armiqësor	[armicəsór]
húmedo (adj)	i lagësht	[i lágəʃt]
igual, idéntico (adj)	i njëjtë	[i ɲéjtə]
importante (adj)	i rëndësishëm	[i rəncəsíʃəm]
imposible (adj)	i pamundur	[i parrúndur]
imprescindible (adj)	i pazëvendësueshëm	[i pazəvɛndəsúɛʃərn]
indescifrable (adj)	i pakuptueshëm	[i pakʊptúɛʃəm]
infantil (adj)	i fëmijëve	[i fəmíjəvɛ]
inmóvil (adj)	i palëvizshëm	[i palɛvízʃəm]
insignificante (adj)	i parëndësishëm	[i parəndəsíʃəm]
inteligente (adj)	i zgjuar	[i zɟúar]
interior (adj)	i brendshëm	[i bréndʃəm]
izquierdo (adj)	majtë	[májtə]
joven (adj)	i ri	[i rí]

251. Los modificadores. Los adjetivos. Unidad 2

largo (camino)	i gjatë	[i ɟátə]
legal (adj)	ligjor	[liɟór]
lejano (adj)	i largët	[i lárgət]

libre (acceso ~)	i lirë	[i lírə]
ligero (un metal ~)	i lehtë	[i léhtə]
limitado (adj)	i kufizuar	[i kufizúar]
limpio (camisa ~)	i pastër	[i pástər]
líquido (adj)	i lëngët	[i léŋət]
liso (piel, pelo, etc.)	i lëmuar	[i ləmúar]
lleno (adj)	i mbushur	[i mbúʃur]
maduro (fruto, etc.)	i pjekur	[i pjékur]
malo (adj)	i keq	[i kéc]
mas próximo	pranë	[pránə]
mate (sin brillo)	mat	[mat]
meticuloso (adj)	i hollësishëm	[i hoɫəsíʃəm]
miope (adj)	miop	[mióp]
misterioso (adj)	misterioz	[mistɛrióz]
mojado (adj)	i lagur	[i lágur]
moreno (adj)	zeshkan	[zɛʃkán]
muerto (adj)	i vdekur	[i vdékur]
natal (país ~)	autokton	[autoktón]
necesario (adj)	i nevojshëm	[i nɛvójʃəm]
negativo (adj)	negativ	[nɛgatív]
negligente (adj)	i pakujdesshëm	[i pakujdésʃəm]
nervioso (adj)	nervoz	[nɛrvóz]
no difícil (adj)	jo i vështirë	[jo i vəʃtírə]
no muy grande (adj)	jo i madh	[jo i máð]
normal (adj)	normal	[normál]
nuevo (adj)	i ri	[i rí]
obligatorio (adj)	i detyrueshëm	[i dɛtyrúɛʃəm]
opuesto (adj)	i kundërt	[i kúndərt]
ordinario (adj)	i zakonshëm	[i zakónʃəm]
original (inusual)	origjinal	[oriɟinál]
oscuro (cuarto ~)	i errët	[i érət]
pasado (tiempo ~)	kaluar	[kalúar]
peligroso (adj)	i rrezikshëm	[i rɛzíkʃəm]
pequeño (adj)	i vogël	[i vógəl]
perfecto (adj)	i përsosur	[i pərsósur]
permanente (adj)	i përhershëm	[i pərhérʃəm]
personal (adj)	personal	[pɛrsonál]
pesado (adj)	i rëndë	[i réndə]
plano (pantalla ~a)	i sheshtë	[i ʃéʃtə]
plano (superficie ~a)	i barabartë	[i barabártə]
pobre (adj)	i varfër	[i várfər]
indigente (adj)	i mjerë	[i mjérə]
poco claro (adj)	i paqartë	[i pacártə]
poco profundo (adj)	i cekët	[i tsékət]
posible (adj)	i mundur	[i múndur]
precedente (adj)	i mëparshëm	[i məpárʃəm]
presente (momento ~)	i pranishëm	[i praníʃəm]

principal (~ idea)	kryesor	[kryɛsór]
principal (la entrada ~)	kryesor	[kryɛsór]
privado (avión ~)	privat	[prívat]
probable (adj)	i mundshëm	[i múndʃəm]
próximo (cercano)	i afërt	[i áfərt]

público (adj)	publik	[publík]
puntual (adj)	i përpiktë	[i pərpíktə]
rápido (adj)	i shpejtë	[i ʃpéjtə]
raro (adj)	i rrallë	[i ráɫə]
recto (línea ~a)	i drejtë	[i dréjtə]

sabroso (adj)	i shijshëm	[i ʃíjʃəm]
salado (adj)	kripur	[krípur]
satisfecho (cliente)	i kënaqur	[i kənácur]
seco (adj)	i thatë	[i θátə]
seguro (no peligroso)	i sigurt	[i sígurt]

siguiente (avión, etc.)	tjetër	[tjétər]
similar (adj)	i ngjashëm	[i ɲɟáʃəm]
simpático, amable (adj)	i mirë	[i mírə]
simple (adj)	i thjeshtë	[i θjéʃtə]
sin experiencia (adj)	i papërvojë	[i papərvójə]

sin nubes (adj)	pa re	[pa rɛ]
soleado (un día ~)	me diell	[mɛ díɫ]
sólido (~a pared)	i ngjeshur	[i ɲɟéʃur]
sombrío (adj)	i vrazhdë	[i vráʒcə]
sucio (no limpio)	i pistë	[i pístə]

templado (adj)	ngrohtë	[ŋróhtə]
tenue (una ~ luz)	i zbehtë	[i zbéh:ə]
tierno (afectuoso)	i ndjeshëm	[i ndjéʃəm]
tonto (adj)	budalla	[budaɫá]
tranquilo (adj)	i qetë	[i cétə]

transparente (adj)	i tejdukshëm	[i tɛjdúʃəm]
triste (adj)	i mërzitur	[i mərzítur]
triste (mirada ~)	i mërzitur	[i mərzítur]
último (~a oportunidad)	i fundit	[i fúnd t]
último (~a vez)	i fundit	[i fúnd t]

único (excepcional)	unik	[uník]
vacío (vaso medio ~)	zbrazët	[zbrázət]
vario (adj)	i ndryshëm	[i ndrýʃəm]
vecino (casa ~a)	fqinj	[fcíɲ]
viejo (casa ~a)	i vjetër	[i vjétər]

229

LOS 500 VERBOS PRINCIPALES

252. Los verbos A-C

abandonar (vt)	lë	[lə]
abrazar (vt)	përqafoj	[pərcafój]
abrir (vt)	hap	[hap]
aburrirse (vr)	mërzitem	[mərzítɛm]
acariciar (~ el cabello)	përkëdhel	[pərkəðél]
acercarse (vr)	afrohem	[afróhɛm]
acompañar (vt)	shoqëroj	[ʃocərój]
aconsejar (vt)	këshilloj	[kəʃiɫój]
actuar (vi)	veproj	[vɛprój]
acusar (vt)	akuzoj	[akuzój]
adiestrar (~ animales)	stërvit	[stərvít]
adivinar (vt)	hamendësoj	[hamɛndəsój]
admirar (vt)	admiroj	[admirój]
adular (vt)	lajkatoj	[lajkatój]
advertir (avisar)	paralajmëroj	[paralajmərój]
afeitarse (vr)	rruhem	[rúhɛm]
afirmar (vt)	pohoj	[pohój]
agitar (la mano)	bëj me dorë	[bəj mɛ dórə]
agradecer (vt)	falënderoj	[faləndɛrój]
ahogarse (vr)	mbytem	[mbýtɛm]
aislar (al enfermo, etc.)	izoloj	[izolój]
alabarse (vr)	mburrem	[mbúrɛm]
alimentar (vt)	ushqej	[uʃcéj]
almorzar (vi)	ha drekë	[ha drékə]
alquilar (~ una casa)	marr me qira	[mar mɛ cirá]
alquilar (barco, etc.)	marr me qira	[mar mɛ cirá]
aludir (vi)	nënkuptoj	[nənkuptój]
alumbrar (vt)	ndriçoj	[ndritʃój]
amarrar (vt)	ankoroj	[ankorój]
amenazar (vt)	kërcënoj	[kərtsənój]
amputar (vt)	amputoj	[amputój]
añadir (vt)	shtoj	[ʃtoj]
anotar (vt)	shënoj	[ʃənój]
anular (vt)	anuloj	[anulój]
apagar (~ la luz)	fik	[fik]
aparecer (vi)	shfaq	[ʃfac]
aplastar (insecto, etc.)	shtyp	[ʃtyp]
aplaudir (vi, vt)	duartrokas	[duartrokás]

apoyar (la decisión)	mbështes	[mbəʃtéɛ]
apresurar (vt)	nxitoj	[ndzitój]
apuntar a …	vë në shënjestër	[və nə ʃɛɲéstər]
arañar (vt)	gërvisht	[gərvíʃt]
arrancar (vt)	gris	[gris]
arrepentirse (vr)	pendohem	[pɛndóhɛm]
arriesgar (vt)	rrezikoj	[rɛzikój]
asistir (vt)	ndihmoj	[ndihmćj]
aspirar (~ a algo)	synoj …	[synój …]
atacar (mil.)	sulmoj	[sulmój]
atar (cautivo)	prangos	[praŋós]
atar a …	lidh …	[lið …]
aumentar (vt)	rritem	[rítɛm]
aumentarse (vr)	shtoj	[ʃtoj]
autorizar (vt)	lejoj	[lɛjój]
avanzarse (vr)	ec përpara	[ɛts pərpára]
avistar (vt)	hedh një sy	[hɛð ɲə sý]
ayudar (vt)	ndihmoj	[ndihmoj]
bajar (vt)	ul	[ul]
bañar (~ al bebé)	lahem	[láhɛm]
bañarse (vr)	notoj	[notój]
beber (vi, vt)	pi	[pi]
borrar (vt)	fshij	[fʃíj]
brillar (vi)	shkëlqej	[ʃkəlcéj]
bromear (vi)	bëj shaka	[bəj ʃaká]
bucear (vi)	zhytem	[ʒýtɛm]
burlarse (vr)	tallem	[táɫɛm]
buscar (vt)	kërkoj …	[kərkój …]
calentar (vt)	ngroh	[ŋróh]
callarse (no decir nada)	hesht	[hɛʃt]
calmar (vt)	qetësoj	[cɛtəsoj]
cambiar (de opinión)	ndryshoj	[ndryʃćj]
cambiar (vt)	shkëmbej	[ʃkəmɛéj]
cansar (vt)	lodh	[loð]
cargar (camión, etc.)	ngarkoj	[ŋarkói]
cargar (pistola)	mbush	[mbúʃ]
casarse (con una mujer)	martohem	[martćhɛm]
castigar (vt)	ndëshkoj	[ndəʃkój]
cavar (fosa, etc.)	gërmoj	[gərmój]
cazar (vi, vt)	dal për gjah	[dál pər ɟáh]
ceder (vi, vt)	tërhiqem	[tərhícɛm]
cegar (deslumbrar)	zë rrugën	[zə rúʒən]
cenar (vi)	ha darkë	[ha dárkə]
cerrar (vt)	mbyll	[mbyɫ]
cesar (vt)	ndaloj	[ndalój]
citar (vt)	citoj	[tsitój]
coger (flores, etc.)	këpus	[kəpús]

coger (pelota, etc.)	kap	[kap]
colaborar (vi)	bashkëpunoj	[baʃkəpunój]
colgar (vt)	var	[var]

colocar (poner)	vendos	[vɛndós]
combatir (vi)	luftoj	[luftój]
comenzar (vt)	filloj	[fiɫój]
comer (vi, vt)	ha	[ha]
comparar (vt)	krahasoj	[krahasój]

compensar (vt)	kompensoj	[kompɛnsój]
competir (vi)	konkurroj	[konkuɫój]
compilar (~ una lista)	përgatis	[pərgatís]
complicar (vt)	komplikoj	[komplikój]

componer (música)	kompozoj	[kompozój]
comportarse (vr)	sillem	[síɫɛm]
comprar (vt)	blej	[blɛj]
comprender (vt)	kuptoj	[kuptój]

comprometer (vt)	komprometoj	[kompromɛtój]
comunicar (algo a algn)	njoftoj	[ɲoftój]
concentrarse (vr)	përqendrohem	[pərcɛndróhɛm]
condecorar (vt)	dekoroj	[dɛkorój]

conducir el coche	ngas makinën	[ŋas makínən]
confesar (un crimen)	rrëfehem	[rəféhɛm]
confiar (vt)	besoj	[bɛsój]
confundir (vt)	ngatërroj	[ŋatərój]

conocer (~ a alguien)	njoh	[ɲóh]
consultar (a un médico)	konsultohem	[konsultóhɛm]
contagiar (vt)	ndot	[ndot]
contagiarse (de ...)	infektohem ...	[infɛktóhɛm ...]

contar (dinero, etc.)	numëroj	[numərój]
contar (una historia)	tregoj	[trɛgój]
contar con ...	mbështetem ...	[mbəʃtétɛm ...]
continuar (vt)	vazhdoj	[vaʒdój]

contratar (~ a un abogado)	punësoj	[punəsój]
controlar (vt)	kontrolloj	[kontroɫój]
convencer (vt)	bind	[bínd]
convencerse (vr)	bindem	[bíndɛm]

coordinar (vt)	koordinoj	[koordinój]
corregir (un error)	korrigjoj	[koriɟój]

correr (vi)	vrapoj	[vrapój]
cortar (un dedo, etc.)	pres	[prɛs]

costar (vt)	kushton	[kuʃtón]
crear (vt)	krijoj	[krijój]
creer (vt)	besoj	[bɛsój]
cultivar (plantas)	rris	[ris]
curar (vt)	kuroj	[kurój]

253. Los verbos D-E

dar (algo a alguien)	jap	[jap]
darse prisa	nxitoj	[ndzitój]
darse un baño	lahem	[láhɛm]
datar de …	daton …	[datón …]
deber (v aux)	duhet	[dúhɛt]
decidir (vt)	vendos	[vɛndós]
decir (vt)	them	[θɛm]
decorar (para la fiesta)	zbukuroj	[zbukurój]
dedicar (vt)	dedikoj	[dɛdikó]
defender (vt)	mbroj	[mbrój]
defenderse (vr)	mbrohem	[mbróhɛm]
dejar caer	lëshoj	[ləʃój]
dejar de hablar	ndaloj së foluri	[ndalój sə fóluri]
denunciar (vt)	denoncoj	[dɛnontsój]
depender de …	varem nga …	[várɛm ŋa …]
derramar (líquido)	derdh	[dérð]
desamarrar (vt)	hedh poshtë	[hɛð pɛʃtə]
desaparecer (vi)	zhduk	[ʒduk]
desatar (vt)	zgjidh	[zɟið]
desayunar (vi)	ha mëngjes	[ha məɲés]
descansar (vi)	pushoj	[puʃój]
descender (vi)	zbres	[zbrɛs]
descubrir (tierras nuevas)	zbuloj	[zbulój]
desear (vt)	dëshiroj	[dəʃirój]
desparramarse (azúcar)	derdh	[dérð]
despedir (olor)	emetoj	[ɛmɛtó]
despegar (el avión)	nisem	[nísɛm]
despertar (vt)	zgjoj	[zɟoj]
despreciar (vt)	përbuz	[pərbúz]
destruir (~ las pruebas)	shkatërroj	[ʃkatərój]
devolver (paquete, etc.)	kthej mbrapsht	[kθɛj mbrápʃt]
diferenciarse (vr)	ndryshoj	[ndryʃój]
difundir (panfletos)	shpërndaj	[ʃpərncáj]
dirigir (administrar)	drejtoj	[drɛjtó]
dirigirse (~ al jurado)	i drejtohem	[i drɛjtóhɛm]
disculpar (vt)	fal	[fal]
disculparse (vr)	kërkoj falje	[kərkó fáljɛ]
discutir (vt)	diskutoj	[disku·ój]
disminuir (vt)	ul	[ul]
distribuir (comida, agua)	shpërndaj	[ʃpərndáj]
divertirse (vr)	kënaqem	[kənácɛm]
dividir (~ 7 entre 5)	pjesëtoj	[pjɛsə:ój]
doblar (p.ej. capital)	dyfishoj	[dyfiʃó]

dudar (vt)	dyshoj	[dyʃój]
elevarse (alzarse)	ngrihem mbi	[ŋríhɛm mbi]

eliminar (obstáculo)	largoj	[largój]
emerger (submarino)	dal në sipërfaqe	[dál nə sipərfácɛ]
empaquetar (vt)	mbështjell	[mbəʃtjéɫ]
emplear (utilizar)	përdor	[pərdór]

emprender (~ acciones)	ndërmarr	[ndərmár]
empujar (vt)	shtyj	[ʃtyj]
enamorarse (de …)	bie në dashuri	[bíɛ nə daʃurí]
encabezar (vt)	drejtoj	[drɛjtój]

encaminar (vt)	drejtoj	[drɛjtój]
encender (hoguera)	ndez	[ndɛz]
encender (radio, etc.)	ndez	[ndɛz]
encontrar (hallar)	gjej	[ɟéj]

enfadar (vt)	zemëroj	[zɛmərój]
enfadarse (con …)	revoltohem	[rɛvoltóhɛm]
engañar (vi, vt)	mashtroj	[maʃtrój]
enrojecer (vi)	skuqem	[skúcɛm]

enseñar (vi, vt)	mësoj	[məsój]
ensuciarse (vr)	bëhem pis	[béhɛm pis]
entrar (vi)	hyj	[hyj]
entrenar (vt)	stërvit	[stərvít]

entrenarse (vr)	stërvitem	[stərvítɛm]
entretener (vt)	argëtoj	[argətój]
enviar (carta, etc.)	dërgoj	[dərgój]
envidiar (vt)	xhelozoj	[dʒɛlozój]

equipar (vt)	pajis	[pajís]
equivocarse (vr)	gaboj	[gabój]
escoger (vt)	zgjedh	[zɟɛð]
esconder (vt)	fsheh	[fʃéh]
escribir (vt)	shkruaj	[ʃkrúaj]

escuchar (vt)	dëgjoj	[dəɟój]
escuchar a hurtadillas	dëgjoj fshehurazi	[dəɟój fʃéhurazi]
escupir (vi)	pështyj	[pəʃtýj]
esperar (aguardar)	pres	[prɛs]

esperar (anticipar)	pres	[prɛs]
esperar (tener esperanza)	shpresoj	[ʃprɛsój]
estar (~ sobre la mesa)	shtrihem	[ʃtríhɛm]

estar acostado	shtrihem	[ʃtríhɛm]
estar basado (en …)	bazuar	[bazúar]
estar cansado	lodhem	[lóðɛm]
estar conservado	ruhem	[rúhɛm]
estar de acuerdo	bie dakord	[bíɛ dakórd]

estar en guerra	në luftë	[nə lúftə]
estar perplejo	jam në mëdyshje	[jam nə mədýʃjɛ]

estar sentado	ulem	[úlɛm]
estremecerse (vr)	rrëqethem	[rəcéθɛ n]
estudiar (vt)	studioj	[studiój]

evitar (peligro, etc.)	shmang	[ʃmaŋ]
examinar (propuesta)	ekzaminoj	[ɛkzaminój]
excluir (vt)	përjashtohem	[pərjaʃtóhɛm]
exigir (vt)	kërkoj	[kərkój]

existir (vi)	ekzistoj	[ɛkzistój]
explicar (vt)	shpjegoj	[ʃpjɛgój]
expresar (vt)	shpreh	[ʃprɛh]
expulsar (ahuyentar)	largoj	[largój]

254. Los verbos F-M

facilitar (vt)	lehtësoj	[lɛhtəsɛ́j]
faltar (a las clases)	humbas	[humbás]
fascinar (vt)	tërheq	[tərhéc]
felicitar (vt)	përgëzoj	[pərgəzój]

firmar (~ el contrato)	nënshkruaj	[nənʃkruaj]
formar (vt)	formoj	[formój]
fortalecer (vt)	përforcoj	[pərfortsój]
forzar (obligar)	detyroj	[dɛtyrój]

fotografiar (vt)	bëj foto	[bəj fóto]
garantizar (vt)	garantoj	[garantój]
girar (~ a la izquierda)	kthej	[kθɛj]
golpear (la puerta)	trokas	[trokás]

gritar (vi)	bërtas	[bərtás]
guardar (cartas, etc.)	mbaj	[mbáj]
gustar (el tenis, etc.)	më pëlqen	[mə pəlcén]
gustar (vi)	pëlqej	[pəlcéj]
habitar (vi, vt)	jetoj	[jɛtój]

hablar con ...	bisedoj ...	[bisɛdój ...]
hacer (vt)	bëj	[bəj]
hacer conocimiento	njihem me	[ɲíhɛm mɛ]
hacer copias	shumëfishoj	[ʃuməfiʃój]

hacer la limpieza	rregulloj	[rɛguɫój]
hacer una conclusión	nxjerr konkluzion	[ndzjér konkluzión]
hacerse (vr)	bëhem	[bə́hɛm]
hachear (vt)	këpus	[kəpús]
heredar (vt)	trashëgoj	[traʃəgój]

imaginarse (vr)	imagjinoj	[imaɟinój]
imitar (vt)	imitoj	[imitój]
importar (vt)	importoj	[importój]
indignarse (vr)	zemërohem	[zɛməróhɛm]
influir (vt)	ndikoj	[ndikój]
informar (vt)	informoj	[informój]

| informarse (vr) | pyes për | [pýɛs pər] |
| inquietar (vt) | preokupoj | [prɛokupój] |

inquietarse (vr)	shqetësohem	[ʃcɛtəsóhɛm]
inscribir (en la lista)	përfshij	[pərfʃij]
insertar (~ la llave)	fus	[fus]
insistir (vi)	këmbëngul	[kəmbəŋúl]

inspirar (vt)	frymëzoj	[fryməzój]
instruir (enseñar)	udhëzoj	[uðəzój]
insultar (vt)	fyej	[fýɛj]
intentar (vt)	përpiqem	[pərpícɛm]
intercambiar (vt)	shkëmbej	[ʃkəmbéj]

interesar (vt)	interesohem	[intɛrɛsóhɛm]
interesarse (vr)	interesohem ...	[intɛrɛsóhɛm ...]
interpretar (actuar)	luaj	[lúaj]
intervenir (vi)	ndërhyj	[ndərhýj]
inventar (máquina, etc.)	shpik	[ʃpik]

invitar (vt)	ftoj	[ftoj]
ir (~ en taxi)	shkoj	[ʃkoj]
ir (a pie)	ec në këmbë	[ɛts nə kémbə]
irritar (vt)	acaroj	[atsarój]

irritarse (vr)	acarohem	[atsaróhɛm]
irse a la cama	shtrihem	[ʃtríhɛm]
jugar (divertirse)	luaj	[lúaj]
lanzar (comenzar)	nis	[nis]
lavar (vt)	laj	[laj]

lavar la ropa	laj rroba	[laj róba]
leer (vi, vt)	lexoj	[lɛdzój]
levantarse (de la cama)	ngrihem	[ŋríhɛm]
liberar (ciudad, etc.)	çliroj	[tʃlirój]
librarse de ...	heq qafe ...	[hɛc cáfɛ ...]

limitar (vt)	kufizoj	[kufizój]
limpiar (~ el horno)	pastroj	[pastrój]
limpiar (zapatos, etc.)	pastroj	[pastrój]
llamar (le llamamos ...)	emërtoj	[ɛmərtój]
llamar (por ayuda)	thërras	[θərás]

llamar (vt)	thërras	[θərás]
llegar (~ al Polo Norte)	arrij	[aríj]
llegar (tren)	arrij	[aríj]
llenar (p.ej. botella)	mbush	[mbúʃ]

llevarse (~ consigo)	heq	[hɛc]
llorar (vi)	qaj	[caj]
lograr (un objetivo)	arrij	[aríj]
luchar (combatir)	luftoj	[luftój]

luchar (sport)	ndeshem	[ndéʃɛm]
mantener (la paz)	ruaj	[rúaj]
marcar (en el mapa, etc.)	shënjoj	[ʃəɲój]

matar (vt)	vras	[vras]
memorizar (vt)	mbaj mend	[mbáj ménd]
mencionar (vt)	përmend	[pərménd]
mentir (vi)	gënjej	[gəɲéj]
merecer (vt)	meritoj	[mɛritój]

mezclar (vt)	përziej	[pərzíɛj]
mirar (vi, vt)	shikoj	[ʃikój]
mirar a hurtadillas	spiunoj	[spiunój]
molestar (vt)	shqetësoj	[ʃcɛtəsój]

mostrar (~ el camino)	tregoj	[trɛgój]
mostrar (demostrar)	tregoj	[trɛgój]
mover (el sofá, etc.)	lëviz	[ləvíz]
multiplicar (mat)	shumëzoj	[ʃuməzój]

255. Los verbos N-R

nadar (vi)	notoj	[notój]
negar (rechazar)	refuzoj	[rɛfuzój]
negar (vt)	mohoj	[mohój]
negociar (vi)	negocioj	[nɛgotsiój]

nombrar (designar)	caktoj	[tsaktój]
notar (divisar)	vërej	[vəréj]
obedecer (vi, vt)	bindem	[bíndɛn]
objetar (vt)	kundërshtoj	[kundəʃtój]

observar (vt)	vëzhgoj	[vəʒgó]
ofender (vt)	ofendoj	[ofɛndój]
oír (vt)	dëgjoj	[dəɟój]
oler (despedir olores)	mban erë	[mbán érə]
oler (percibir olores)	nuhas	[nuhás]

olvidar (dejar)	harroj	[harój]
olvidar (vt)	harroj	[harój]
omitir (vt)	heq	[hɛc]
orar (vi)	lutem	[lútɛm]

ordenar (mil.)	urdhëroj	[urðərój]
organizar (concierto, etc.)	organizoj	[organ zój]
osar (vi)	guxoj	[gudzɕj]
pagar (vi, vt)	paguaj	[pagúɛj]

pararse (vr)	ndaloj	[ndaló]
parecerse (vr)	ngjasoj	[nɟasó]
participar (vi)	marr pjesë	[mar pjésə]
partir (~ a Londres)	largohem	[largóhɛm]
pasar (~ el pueblo)	kaloj	[kalój]

pecar (vi)	mëkatoj	[məkatój]
pedir (ayuda, etc.)	pyes	[pýɛs]
pedir (en restaurante)	porosis	[porosís]
pegar (golpear)	rrah	[rah]

peinarse (vr)	kreh flokët	[kréh flókət]
pelear (vi)	luftoj	[luftój]
penetrar (vt)	depërtoj	[dɛpərtój]
pensar (creer)	besoj	[bɛsój]
pensar (vi, vt)	mendoj	[mɛndój]
perder (paraguas, etc.)	humb	[húmb]

perdonar (vt)	fal	[fal]
permitir (vt)	lejoj	[lɛjój]
pertenecer a ...	përkas ...	[pərkás ...]
pesar (tener peso)	peshoj	[pɛʃój]

pescar (vi)	peshkoj	[pɛʃkój]
planchar (vi, vt)	hekuros	[hɛkurós]
planear (vt)	planifikoj	[planifikój]
poder (v aux)	mund	[mund]
poner (colocar)	vendos	[vɛndós]

poner en orden	rregulloj	[rɛguɫój]
poseer (vt)	zotëroj	[zotərój]
predominar (vi)	mbizotëroj	[mbizotərój]
preferir (vt)	preferoj	[prɛfɛrój]

preocuparse (vr)	shqetësohem	[ʃcɛtəsóhɛm]
preparar (la cena)	përgatis	[pərgatís]
preparar (vt)	përgatis	[pərgatís]
presentar (~ a sus padres)	prezantoj	[prɛzantój]
presentar (vt) (persona)	prezantoj	[prɛzantój]

presentar un informe	raportoj	[raportój]
prestar (vt)	marr borxh	[mar bórdʒ]
prever (vt)	parashikoj	[paraʃikój]
privar (vt)	heq	[hɛc]

probar (una teoría, etc.)	dëshmoj	[dəʃmój]
prohibir (vt)	ndaloj	[ndalój]
prometer (vt)	premtoj	[prɛmtój]
pronunciar (vt)	shqiptoj	[ʃciptój]

proponer (vt)	propozoj	[propozój]
proteger (la naturaleza)	mbroj	[mbrój]
protestar (vi, vt)	protestoj	[protɛstój]
provocar (vt)	provokoj	[provokój]

proyectar (~ un edificio)	projektoj	[projɛktój]
publicitar (vt)	reklamoj	[rɛklamój]
quedar (una ropa, etc.)	më rri mirë	[mə ri mírə]
quejarse (vr)	ankohem	[ankóhɛm]

quemar (vt)	djeg	[djég]
querer (amar)	dashuroj	[daʃurój]
querer (desear)	dëshiroj	[dəʃirój]
quitar (~ una mancha)	heq	[hɛc]

quitar (cuadro de la pared)	heq	[hɛc]
quitar (retirar)	largoj	[largój]

rajarse (vr)	plasarit	[plasarît]
realizar (vt)	përmbush	[pərmbúʃ]

recomendar (vt)	rekomandoj	[rɛkomandój]
reconocer (admitir)	pranoj	[pranój]
reconocer (una voz, etc.)	njoh	[ɲóh]
recordar (tener en mente)	kujtoj	[kujtój]

recordar algo a algn	më kujton …	[mə ku tón …]
recordarse (vr)	kujtohem	[kujtóhɛm]
recuperarse (vr)	shërohem	[ʃəróhɛ·m]
reflexionar (vi)	humbas në mendime	[humbas nə mɛndímɛ]
regañar (vt)	qortoj	[cortój]

regar (plantas)	ujis	[ujís]
regresar (~ a la ciudad)	kthehem	[kθéhɛ·m]
rehacer (vt)	ribëj	[ribéj]
reírse (vr)	qesh	[cɛʃ]

reparar (arreglar)	riparoj	[riparó]
repetir (vt)	përsëris	[pərsə·ís]
reprochar (vt)	qortoj	[cortój]
reservar (~ una mesa)	rezervoj	[rɛzɛɾvój]

resolver (~ el problema)	zgjidh	[zɟið]
resolver (~ la discusión)	zgjidh	[zɟið]
respirar (vi)	marr frymë	[mar frýmə]
responder (vi, vt)	përgjigjem	[pərɟíɟɛm]

retener (impedir)	ruhem	[rúhɛm]
robar (vt)	vjedh	[vjɛð]
romper (mueble, etc.)	thyej	[θýɛj]
romperse (la cuerda)	këpus	[kəpús]

256. Los verbos S-V

saber (~ algo mas)	di	[di]
sacudir (agitar)	tund	[tund]
salir (libro)	del	[dɛl]
salir (vi)	dal	[dal]

saludar (vt)	përshëndes	[pərʃəndés]
salvar (vt)	shpëtoj	[ʃpətój]
satisfacer (vt)	kënaq	[kənác]
secar (ropa, pelo)	thaj	[θaj]

seguir …	ndjek …	[ndjék …]
seleccionar (vt)	zgjedh	[zɟɛð]
sembrar (semillas)	mbjell	[mbjéɫ]
sentarse (vr)	ulem	[úlɛm]

sentenciar (vt)	dënoj	[dənoj]
sentir (peligro, etc.)	parandiej	[parandíɛj]
ser causa de …	shkaktoj …	[ʃkak·ój …]

ser indispensable	kërkohet	[kərkóhɛt]
ser necesario	nevojitet	[nɛvojítɛt]
ser suficiente	mjafton	[mjaftón]
ser, estar (vi)	jam	[jam]

servir (~ a los clientes)	shërbej	[ʃərbéj]
significar (querer decir)	nënkuptoj	[nənkuptój]
significar (vt)	nënkuptoj	[nənkuptój]
simplificar (vt)	thjeshtoj	[θjɛʃtój]

sobreestimar (vt)	mbivlerësoj	[mbivlɛrəsój]
sofocar (un incendio)	shuaj	[ʃúaj]
soñar (durmiendo)	ëndërroj	[əndərój]
soñar (fantasear)	ëndërroj	[əndərój]

sonreír (vi)	buzëqesh	[buzəcéʃ]
soplar (viento)	fryn	[fryn]
soportar (~ el dolor)	duroj	[durój]
sorprender (vt)	befasoj	[bɛfasój]

sorprenderse (vr)	çuditem	[tʃudítɛm]
sospechar (vt)	dyshoj	[dyʃój]
subestimar (vt)	nënvlerësoj	[nənvlɛrəsój]
subrayar (vt)	nënvijëzoj	[nənvijəzój]

sufrir (dolores, etc.)	vuaj	[vúaj]
suplicar (vt)	përgjërohem	[pərɟəróhɛm]
suponer (vt)	supozoj	[supozój]
suspirar (vi)	psherëtij	[pʃɛrətíj]

temblar (de frío)	dridhem	[dríðɛm]
tener (vt)	kam	[kam]
tener miedo	kam frikë	[kam fríkə]
terminar (vt)	përfundoj	[pərfundój]

tirar (cuerda)	tërheq	[tərhéc]
tirar (disparar)	qëlloj	[cətój]
tirar (piedras, etc.)	hedh	[hɛð]

tocar (con la mano)	prek	[prɛk]
tomar (vt)	marr	[mar]
tomar nota	mbaj shënim	[mbáj ʃəním]
trabajar (vi)	punoj	[punój]

traducir (vt)	përkthej	[pərkθéj]
traer (un recuerdo, etc.)	sjell	[sjɛɫ]
transformar (vt)	shndërrohem	[ʃndəróhɛm]
tratar (de hacer algo)	përpiqem	[pərpícɛm]

unir (vt)	bashkoj	[baʃkój]
unirse (~ al grupo)	i bashkohem	[i baʃkóhɛm]
usar (la cuchara, etc.)	përdor	[pərdór]
vacunar (vt)	vaksinoj	[vaksinój]

| vender (vt) | shes | [ʃɛs] |
| vengar (vt) | hakmerrem | [hakmérɛm] |

| verter (agua, vino) | derdh | [dérð] |
| vivir (vi) | jetoj | [jɛtój] |

volar (pájaro, avión)	fluturoj	[fluturój]
volver (~ fondo arriba)	kthej	[kθɛj]
volverse de espaldas	largohem	[largóhɛm]
votar (vi)	votoj	[votój]